समकालीन सृजन-संदर्भ-1

(कथा-मासिक 'हंस' में 'औरों के बहाने' स्तंभ में प्रकाशित
समीक्षात्मक टिप्पणियाँ)

वाणी प्रकाशन

नयी दिल्ली-110002

समकालीन सृजन-संदर्भ

खंड-1

भारत भारद्वाज

वाणी प्रकाशन
21-ए, दरियागंज, नयी दिल्ली-110002
द्वारा प्रकाशित

प्रथम संस्करण : 2000

मूल्य : 125.00

शिवम् ग्राफिक्स, नयी दिल्ली-110012
द्वारा कम्पोज़

शुभम ऑफसेट, दिल्ली-110032
द्वारा मुद्रित

SAMKALEEN SRIJAN SANDARBHA-1
(Literary Comments)
by Bharat Bhardwaj

स्मृति-शेष

गीता

को

जिसके जन्म–मृत्यु

(8-8-1948 – 9-9-1988)

में कविता का अनुप्रास ही नहीं,

जीवन का संगीत भी है।

निवेदन

प्रस्तुत पुस्तक चर्चित एवं विवादास्पद साहित्यकार राजेन्द्र यादव द्वारा संपादित लोकप्रिय कथा मासिक 'हंस' में 'औरों के बहाने' स्तंभ में प्रकाशित मेरी टिप्पणियों का संकलन है। इस स्तंभ का आरंभ 'हंस' के मई 1991 अंक से हुआ था–उपशीर्षक 'पठनीय अन्यत्र' नाम से। यह शीर्षक संपादक का चुनाव था। बाद में मुझे लगा चूँकि स्तंभ का सरोकार समकालीन सृजन-कर्म से है, इसलिए यह शीर्षक नाकाफी है। इसलिए जुलाई, 1991 अंक से शीर्षक बदलकर मैंने 'समकालीन सृजन-संदर्भ' कर दिया। मेरे सुझाव से संपादक भी सहमत हुए। तब से यही उपशीर्षक जारी है। पुस्तक के पहले खंड में मई 1991 से लेकर अक्तूबर 1993 तक–यानी ढाई वर्षों में-प्रकाशित टिप्पणियाँ शामिल हैं।

इस स्तंभ के प्रकाशन की नियमितता में दो-तीन बार व्यतिक्रम भी हुआ लेकिन इसके लिए दोषी मैं नहीं, यह पत्रिका की सीमाओं के कारण हुआ। पत्रिका के जुलाई एवं दिसम्बर, 1992 तथा मई, 1993 अंकों में यह स्तंभ नहीं छपा।

दरअसल यह पुस्तक मेरे कुछ हितैषी मित्रों के सुझाव का ही नहीं, दबाव का भी परिणाम है। 'हंस' संपादक का अदृश्य सद्भाव भी है। जिस तरह अपनी पत्रिका में इस स्तंभ को आरंभ करने की उन्होंने मुझे ख़ुली एवं उन्मुक्त स्वीकृति दी, उसी तरह मेरा विश्वास है, इसे पुस्तकाकार देखने को भी वे उत्सुक होंगे।

बहुत पहले डॉ. रामविलास शर्मा ने अपने एक पत्र में मुझे लिखा था : 'आप हिंदी साहित्य के नियमित विद्यार्थी नहीं रहे, अच्छा हुआ, कवायद करने से बच गए।' लेकिन जब यह स्तंभ मैंने शुरू किया था, तब मुझे भी भरोसा नहीं था कि मेरे जैसा नौसिखुआ और ज्ञानरंजन के शब्दों में 'शौकिया लेखन' करनेवाला ('पहल' में संपादक द्वारा दिया गया मेरा परिचय) अपने उत्तरदायित्व के प्रति इस तरह सजग होगा। इस स्तंभ ने तो अब मुझे इस कदर बाँध रखा है कि चाहकर भी मैं इससे विमुख नहीं हो सकता। अन्ततः सच्चाई का आईना तो पाठक ही हैं।

लघु-पत्रिकाओं के संपादकों एवं हिंदी के उदार प्रकाशकों के प्रति मैं हार्दिक आभार प्रकट करना चाहूँगा, जिन्होंने पत्रिकाएँ एवं पुस्तकें सुलभ कराकर इस स्तंभ को जीवंतता प्रदान की। 'हंस' के संपादक राजेन्द्र यादव, सहायक संपादक हरिनारायण एवं कार्यालय सहायक बीना उनियाल के प्रति आभार प्रकट करना मात्र औपचारिकता होगी, जिन्होंने मेरी व्यस्तताओं एवं लेट-लतीफी को बर्दाश्त करते हुए देर से मिली किस्त या फोन पर लिखाई गई टिप्पणियों से कभी असुविधा महसूस नहीं की।

यदि मेरे सहोदर अग्रज डॉ. नंदकिशोर नवल ने नियमित पत्र लिखकर अपनी प्रतिक्रियाओं से मुझे अवगत नहीं कराया होता तो संभव है, अपने दुःख एवं निराशा की अपनी

अँधेरी दुनिया में मैं 'शव साधना' ही करता होता। निश्चय ही तब इस स्तंभ को जारी रखने में मुझे कठिनाई होती।

'कहानीकार' के संपादक डॉ. कमलगुप्त एवं 'वर्तमान साहित्य' के संपादक विभूतिनारायण राय एवं से. रा. यात्री तथा डॉ. शुकदेव सिंह के प्रति भी मैं कृतज्ञ हूँ जिनके कारण भी मेरा यह स्तंभ चर्चित हुआ।

अब पुस्तक आपके सामने है। इस स्तंभ पर 'हंस' के सुधी पाठकों ने जिस तरह पहले अपनी खरी एवं खुली प्रतिक्रियाएँ लिखकर मेरा उत्साह बढ़ाया है, इस पुस्तक के गुणी पाठक भी अपनी स्पष्ट राय लिखकर मेरा मार्गदर्शन करेंगे तो मुझे हार्दिक प्रसन्नता होगी।

- भारत भारद्वाज

नयी दिल्ली,
9 सितंबर, 1999
(गीता की आठवीं पुण्यतिथि)

पठनीय : अन्यत्र

1. लघु-पत्रिकाएँ :

सातवें दशक में शुरू हुआ लघु-पत्रिकाओं का आंदोलन अचानक नहीं था। इसके पीछे परंपरा भी थी और 'अपरंपरा' भी। लेकिन यह आंदोलन मुख्यतः व्यावसायिक पत्रिकाओं के मठाधीश संपादकों द्वारा नयी सृजनात्मकता को नकारने के विद्रोह के रूप में शुरू हुआ था। 'प्रारंभ', 'अकविता', 'आरंभ', 'आमुख', 'आवेश', 'आवेग', 'ध्वजभंग', 'कृतिपरिचय', 'वयम्', 'ओर', 'क्यों', 'सिर्फ', एवं 'संप्रेषण' का प्रकाशन एक शुरुआत थी। सूची और लंबी हो सकती है, 'लहर' से लेकर 'जहर', तक। खुशी की बात यह है कि यह आंदोलन अभी भी जारी है। लघु-पत्रिका की मशाल बस हस्तांतरित होती रही है।

2. इधर की कुछ लघु-पत्रिकाओं पर सरसरी नजर :

1. संभव :

सं. सुभाष शर्मा, जनवरी-मार्च 91, 1/11051, सुभाष पार्क, शाहदरा, दिल्ली-110032

'असंभव के विरुद्ध समकालीन लेखन का जीवंत दस्तावेज' की घोषणा करती 'संभव' पत्रिका के नये अंक में बड़बोलापन अधिक है। प्रदीप सक्सेना का आलेख '1857, भारतीय नवजागरण, राष्ट्रवाद और जनवादी क्रांति के सवाल' निश्चित रूप से परिश्रमपूर्वक लिखा गया लेख है, जिसमें उन्होंने भारतीय नवजागरण की अवधारणा को गंभीरतापूर्वक उठाया है । इस लेख में उन्होंने डॉ. रामविलास शर्मा, डॉ. नामवर सिंह, डॉ. शिवकुमार मिश्र की अवधारणा का ही नहीं, बल्कि मार्क्स एवं एंगेल्स के विचारों का भी निषेध किया है । उनके इस लेख से सचमुच 'भारतीय नवजागरण पर पुनर्विचार की जरूरत महसूस होती है।' इवान क्लीमसि फिलिप रॉथ की बातचीत (अनुवाद डॉ. मैनेजर पांडेय) भी महत्त्वपूर्ण है। सूरज प्रकाश की कहानी 'बाजीगर' कहानी कम, कहानी का प्रचलित मुहावरा अधिक है। 'तिरिछ', 'मुक्ति एवं चौराहे' पर प्रेमकुमार मणि की समीक्षा ठीक है।

2. समकालीन परिभाषा :

सं. ऋषिकेश, धर्मभवन, शंकर चौक, डुमरा, सीतामढ़ी (बिहार) ।

लघु-पत्रिका भले अपने आकार में लघु होती हो, लेकिन अपने रचना-संसार में व्यापक । समकालीन मैथिली साहित्य पर केंद्रित इस पत्रिका के प्रस्तुत अंक ने इसे प्रमाणित कर दिया है। नये अंक (5) में रतन वर्मा की कहानी 'महाकवि पगलेट उर्फ कमलेश्वर भाई' अपनी स्थानीयता के बावजूद कहानी के एक अद्भुत चरित्र को उसके तमाम गुणों-दुर्गुणों के बीच अद्भुत बनाता है । मंगोलियाई कविताओं का अनुवाद अच्छा है और राजा खुगशाल की कविताएँ भी ।

3. साम्य :

सं. विजयगुप्त, शीतला वार्ड, ब्रह्मपथ, अम्बिकापुर-497001 (म.प्र.)।

'हरिशंकर परसाई पर केंद्रित साम्य' 14,15,16 अंक सचमुच लघु-पत्रिकाओं की उपलब्धि हैं। मेरे जानते परसाई के मूल्यांकन पर हिंदी साहित्य में यह अब तक का सबसे बड़ा आयोजन है। राम कृपाल पांडेय, मधुरेश, राधावल्लभ त्रिपाठी, राजकुमार सैनी, भीष्म साहनी, अब्दुल बिस्मिल्लाह के लेख परसाई की रचनात्मकता से हमारा साक्षात्कार ही नहीं कराते हैं, उन्हें समझने की दृष्टि भी देते हैं।

3. अन्य पत्रिकाएँ :

1. **नटरंग** : सं. नेमिचंद्र जैन, 1-47, जंगपुरा एक्सटेंशन, नई दिल्ली
2. **पहल** : सं. ज्ञानरंजन, 763, अग्रवाल कालोनी, जबलपुर (म.प्र.)
3. **दस्तावेज** : सं. विश्वनाथप्रसाद तिवारी, बेतियाहाता, गोरखपुर, उ.प्र.
4. **नया पथ** : सं. डा. ओमप्रकाश ग्रेवाल, विट्ठलभाई पटेल हाउस, नई दिल्ली
5. **वसुधा** : सं. भगवत रावत, बी 79, शास्त्रीनगर, भोपाल-462003
6. **इतिहास-बोध** : सं. लाल बहादुर वर्मा, मजदूर मोर्चा, आजाद नगर, बल्लभगढ़-121004
7. **अब** : सं. शंकर, अभय, नर्मदेश्वर, 74 इ, गोरक्षिणीपथ, सासाराम (बिहार)-821115
8. **वर्तमान साहित्य** : सं. से.रा.यात्री, विभूतिनारायण राय, 109, रिछपालपुरी, पो.बा.नं. 13, गाजियाबाद-201001
9. **साक्षात्कार** : सं. मनोहर वर्मा, मध्य प्रदेश साहित्य परिषद, डी-1/1, प्रोफेसर्स कालोनी, भोपाल-2
10. **जनपथ** : सं. अनंत कुमार सिंह, वी.एन.सहाय का हाता, नया शिवगंज, आरा (बिहार)-802301

4. पत्रिकाओं में रेखांकित :

1. **दंत कथाओं में त्रिलोचन** (संस्मरण): डा. काशीनाथ सिंह, मासिक 'हंस' जनवरी,'91
2. **लीजिए, मैं कठघरे में खड़ा हूँ** : डा. नामवर सिंह से बातचीत, वर्तमान साहित्य, मार्च, '91
3. **माई का शोक गीत** (कहानी) : दूधनाथ सिंह, 'कथा दशक' (इलाहाबाद) जून-सितम्बर, '90
4. **सर्वेश्वर और उनका अंतर्विरोध** (लेख) : डा. नंदकिशोर नवल, 'साक्षात्कार' जुलाई-सितंबर, '90
5. **कहानी और कथा चर्चाएँ** (लेख) : डा. सुरेन्द्र चौधरी, 'कथादशक', जून-सितंबर, '90 (क्रमशः)
6. **हिंदी की कहानी समीक्षा** : घपलों का इतिहास : रमेश उपाध्याय, 'पहल' 40
7. **मैथिली गद्य और कहानी को एक साथ देखते हुए**: कुलानंदमिश्र, 'समकालीन परिभाषा'-4

8. **हीरामन** (कविता-शृंखला): भगवत रावत, 'साक्षात्कार', जून-सित., '90
9. **छिन्नमस्ता** (उपन्यासिका): प्रभा खेतान, हंस, जनवरी-अप्रैल, '91

5. महत्त्वपूर्ण प्रकाशन :

1. **कार्ल मार्क्स : कला और साहित्य चिंतन**: सं. नामवरसिंह, राजकमल प्रकाशन, नई दिल्ली
2. **हम इस धरती के नमक हैं : स्विस कविताओं का अनुवाद**, विष्णु खरे, राधाकृष्ण प्रकाशन, नई दिल्ली
3. **मैं वक्त के हूँ सामने** (कविता): गिरिजाकुमार माथुर, नेशनल पब्लिशिंग हाउस, नई दिल्ली
4. **शैलूष** (उपन्यास): डॉ. शिवप्रसाद सिंह, नेशनल पब्लिशिंग हाउस, नई दिल्ली
5. **यहाँ तक, पड़ाव-1, पड़ाव-2** (कहानियाँ): राजेन्द्र यादव, नेशनल पब्लिशिंग हाउस, नई दिल्ली
6. **डॉ. रामविलास शर्मा : परंपरा का मूल्यांकन** (आलोचना): डॉ. गीता शर्मा, वाणी प्रकाशन, नई दिल्ली
7. **कहानी एक गाँव की** (उपन्यास): रामस्वरूप अणखी, राजपाल एंड संस, कश्मीरी गेट, दिल्ली
8. **देश के इस दौर में** (हरिशंकर परसाई पर आलोचना पुस्तक): डॉ. विश्वनाथ त्रिपाठी, परिमल प्रकाशन, इलाहाबाद
9. **कहीं नहीं वहीं** (कविता) : अशोक वाजपेयी, राजकमल प्रकाशन, नई दिल्ली

(हंस, मई 1991)

1. लघु-पत्रिकाएँ :

'समकालीन सृजन' के नये अंक में प्रकाशित 'लघु-पत्रिकाओं का आंदोलन' शीर्षक अपने लेख में डॉ. परमानंद श्रीवास्तव ने लघु-पत्रिकाओं के इतिहास पर एक महत्त्वपूर्ण टिप्पणी की हैः 'लघु-पत्रिकाओं का यदि आज कोई व्यवस्थित इतिहास लिखना हो तो शुरुआत भारतेन्दु युग से ही करनी होगी। 'हरिश्चंद्र मैगजीन', 'ब्राह्मण' और 'आनंद कादंबिनी' एक अर्थ में लघु-पत्रिकाएँ ही थीं। प्रसाद की 'इंदु' भी। महावीर प्रसाद द्विवेदी की 'सरस्वती' भी और प्रेमचंद का 'हंस' भी। इन पत्रिकाओं के पीछे किसी प्रतिष्ठान की बड़ी और व्यवस्थित पूँजी न थी, लेखकों-संपादकों का अपना प्रयत्न और संघर्ष था। हिंदी भाषा और साहित्य की प्रतिष्ठा के पीछे जैसा लंबा संघर्ष है, लघु-पत्रिकाओं के पीछे भी वैसा ही लंबा संघर्ष है। वे निकलीं और बंद हुईं, पर साहित्य का इतिहास बहुत कुछ उन्होंने ही बनाया। उन्हें छोड़कर साहित्य का इतिहास लिखा ही नहीं जा सकता।' इस टिप्पणी में पर्याप्त सच्चाई है और लघु-पत्रिकाओं के इतिहास को सुदृढ़ आधार देने की आकांक्षा भी। लेकिन इस सदी के छठे दशक के आरंभ से निकलनेवाली लघु-पत्रिकाओं एवं भारतेन्दु युग में निकलने वाली पत्रिकाओं में एक फर्क है। भारतेन्दु युग में निकलनेवाली पत्रिकाओं के सामने बड़े पूँजीवादी प्रतिष्ठान से निकलनेवाली व्यावसायिक पत्रिकाओं की चुनौती नहीं थी और न बड़े मठाधीश संपादकों द्वारा नयी उभरती प्रतिभाओं को हाशिये पर फेंकने का कुटिल षड्यंत्र ही। भारतेन्दु युग में निकलनेवाली पत्रिकाओं के सामने आर्थिक संकट जरूर था। लेकिन छठे एवं सातवें दशक में निकलनेवाली लघु-पत्रिकाओं के सामने पत्रिकाएँ निकालने का संकट था। व्यावसायिक पत्रिकाओं के मुकाबले में नये लेखकों को प्रतिष्ठित करने की चुनौती भी।

लघु-पत्रिकाएँ निकलती हैं और बंद होती हैं। लेकिन इस आंदोलन के पीछे जो मिशन है, नयी सृजनात्मकता को आकार देने की छटपटाहट है, वह क्रमशः तीव्र होती गयी है और अनुपात में आक्रामक भी। लघु-पत्रिका के लिए प्रगतिशीलता एवं जनवाद, आज कोई मुखौटा नहीं है, बल्कि साहित्यिक आलोचनात्मक विचारधारात्मक प्रतिबद्धता है। 'प्रतीक', 'कल्पना', 'नई कविता', 'कृति', 'कवि', 'कहानी', 'ज्ञानोदय', 'राष्ट्रवाणी', 'क ख ग', 'माध्यम', 'अणिमा' जैसी पत्रिकाएँ बंद हो गयीं। लेकिन नये साहित्य को स्वीकृति दिलाने के लिए और नयी साहित्य-दृष्टि विकसित करने के लिए इन पत्रिकाओं ने जो लंबा संघर्ष किया, वह समकालीन साहित्य के इतिहास में सुरक्षित है। हमारे समय का बहुत-सा महत्त्वपूर्ण साहित्य इन्हीं लघु-पत्रिकाओं में मौजूद है, जो एक तरह के प्रखर आलोचनात्मक संवाद या संघर्ष को अपना मुख्य चरित्र बनाती हैं, यहीं यह स्वीकार करने में हिचक नहीं होनी चाहिए कि सभी लघु-पत्रिकाओं से

ऐसे आलोचनात्मक संवाद या संघर्ष की अपेक्षा पूरी नहीं होती। कितनी ही लघु-पत्रिकाएँ यशः प्रार्थी संपादकों के तात्कालिक उत्साह का परिणाम होती हैं। ऐसे संपादक अपनी पत्रिका को न कोई परिप्रेक्ष्य या दृष्टिकोण दे पाते हैं, न उसके लिए यथेष्ट साहस, श्रम और समकालीन साहित्य के विवेक का प्रमाण ही दे पाते हैं।

सद्यः प्रकाशित 'वर्तमान साहित्य' के 'कहानी महाविशेषांक' की चर्चा मैं अगले अंक में करूँगा इस 'महाविशेषांक' के दूसरे खंड के प्रकाशन के बाद। बहरहाल यहाँ इस बीच निकली पत्रिकाओं के नये अंक पर चर्चा केंद्रित है।

1. निष्कर्ष :

सं. गिरीशचंद्र श्रीवास्तव, मार्च, 91, 59 खैराबाद, दरियापुर रोड, सुलतानपुर-228001(उ.प्र.)

इस अनियतकालीन साफ-सुथरी पत्रिका की प्रतिबद्धता घोषणाओं में नहीं, रचना से जुड़ी संवेदनाओं एवं सरोकारों में प्रकट है। तीसरी दुनिया के कवि वोले शोयिंका की चार कविताओं का वीरेन्द्र कुमार बरनवाल द्वारा किया गया अनुवाद प्रभावशाली है। कहने की आवश्यकता नहीं शोयिंका इसी दुनिया के शोषित एवं पीड़ित लोगों के पक्षधर कवि हैं। और उनकी कविताओं में प्रकृति की तरह मनुष्य का भी बेरोकटोक प्रवेश है। इधर कहानी को लेकर न केवल गर्मागर्म बहस एवं मुवाहसे हो रहे हैं, बल्कि कथा-आलोचना के नये सौंदर्य-शास्त्र के निर्माण की आवश्यकता भी महसूस की जा रही है। समकालीन कहानी में नयी जमीन की तलाश की जा रही है और कहानी में नये मूल्यों को गढ़ने की कोशिश भी जिसे डॉ. नामवर सिंह एवं राजेन्द्र यादव के वक्तव्यों एवं टिप्पणियों में तथा सुरेंद्र चौधरी के लेखों में देखा जा सकता है। 'समकालीन हिंदी कहानी के बीच से कुछ बातें' उठाने का संकल्प लेकर भी अरविंद कुमार उसी पालिमिक्स में खुद फँस जाते हैं जिसका आरोप उन्होंने कई कथा-आलोचकों पर लगाया है। इस अंक में नारायण सिंह की लंबी कहानी 'पानी' में पानी के संकट से त्रस्त लोगों की बेचैनी, डर ठीक से उभर नहीं पाया है। स्थानीयता का रंग रेणु के लेखन में गाढ़ा ही नहीं, गहरा भी है, लेकिन इससे उनके लेखन की कलात्मकता क्षतिग्रस्त नहीं होती। बल्कि लोकतत्त्वों ने उनके लेखन को गजब की संवेदनशील मार्मिकता दी है। इधर कस्बों एवं जनपदों में लिख रहे ज्यादा कथाकार रेणु की अंधाधुंध नकल कर रहे हैं। 'गोहत्या' कहानी भी पुरानी थीम पर लिखी साधारण कहानी है। इस अंक में कविताओं की भरमार है। उम्मीद है, इस पत्रिका के संपादक अगले अंक में कुछ चुनी हुई अच्छी कविताएँ ही देंगे।

2. जनपथ :

सं. अनंत कुमार सिंह, जुलाई-दिसंबर, 90, मदन कुमार, पत्रकार, बी.एन.सहाय का हाता, नया शिवगंज, आरा (भोजपुर)-802301

इस पत्रिका के संपादकीय 'बात हम सब की' में वेदनंदन एक साथ कई नये-पुराने सवाल उठाते हैं–क्यों शोषण विहीन, वर्गहीन समानता पर आधारित बेहतर समाज की स्थापना की कल्पनाएँ सिर्फ वायवीय होकर रह जाती हैं ? आज गाँव कहाँ है ? गाँव के लोगों की मानसिकता क्या है ? क्यों आज साहित्य में लिखी जानेवाली कहानियाँ, कविताएँ एवं अन्य विधाओं की रचनाएँ आम आदमी तक पहुँचने का संकट झेल रही हैं ? सवाल का सिलसिला अनंत हो सकता है। इसलिए

मात्र सवाल न पूछकर संपादक को पत्रिका में प्रकाशित रचनाओं के माध्यम से उन सवालों का जवाब भी देना चाहिए। इस अंक में हिंदी के महत्त्वपूर्ण समकालीन कवि केदारनाथ सिंह पर श्रीप्रकाश मिश्र एवं विकास द्विवेदी के दो लेख हैं जिनमें क्रमशः केदारजी की कविता के स्वभाव और उनकी लोकोन्मुखी चेतना को रेखांकित करने की कोशिश की गयी है। दोनों लेख अच्छे हैं। सुरेश कांटक की कहानी 'अग्नि परीक्षा' आज लिखी जा रही फार्मूलाबद्ध कहानियों से अलग है। इधर बद्रीनारायण नये कवि के रूप में अपनी पहचान तेजी से बना रहे हैं। इस अंक में उनकी दस कविताएँ प्रकाशित हैं जिनमें 'बिहटा-90' और 'एक लड़की का प्रेमालाप' उल्लेखनीय हैं। दूसरे उल्लेखनीय कवि विमल कुमार की लंबी कविता 'बुद्धदेव' भी अच्छी कविता है। एक अर्से बाद श्रीराम तिवारी फिर कविता की दुनिया में सक्रिय हुए हैं। उनकी कविता 'शब्द वहीं पहुँचना चाहते हैं जहाँ हम' शब्दों की सार्थकता एवं मानव जाति की चिंता से जुड़ी कविता है।

3. दस्तावेज (साहित्यिक त्रैमासिक पत्रिका) :

सं. विश्वनाथ प्रसाद तिवारी, जुलाई-सितंबर 1990, संपर्क-बेतियाहाता, गोरखपुर (उ.प्र.)

समकालीन आलोचना परिदृश्य से 'आलोचना' एवं 'पूर्वग्रह' के गायब होने के बाद अब 'दस्तावेज' ही एक मात्र हिंदी की गंभीर आलोचना पत्रिका बच गयी है, जिस पर समकालीन रचनात्मकता के प्रकाशन का दबाव भी है और अपने अस्तित्व को बनाये रखने की चुनौती भी। पत्रिका का नया अंक विशेषतः नई कविता के प्रमुख कवि नरेश मेहता पर केंद्रित है। रामकमल राय को 'नरेश मेहता : कविता का एक उदात्त स्वर' लगते हैं तो हरिमोहन शर्मा उनमें तत्त्ववाद ढूढ़ँते हैं। प्रमोद त्रिवेदी एवं राजी सेठ ने भी अपने लेखों में नरेश मेहता की कविताओं के अन्य पक्षों की ओर संकेत किया है।

'जादुई यथार्थवाद' पर अभय कुमार सिंह का परिचयात्मक लेख है। कविताएँ एवं समीक्षाएँ मुझे उल्लेखनीय नहीं लगीं, फिर भी 'दस्तावेज' हिंदी की उन कुछ थोड़ी महत्त्वपूर्ण पत्रिकाओं में है जिसने हर मोड़ पर हिंदी-साहित्य को गति दी है।

2. अन्य पत्रिकाएँ :

1. **समीक्षा** (त्रैमासिक) : संपादक : गोपाल राय, प्रोफेसर्स क्वाटर्स, रानीघाट, पटना-800006
2. **समकालीन सृजन :** शंभुनाथ, 20, बालमुकुंद मक्कर रोड, कलकत्ता-700007
3. **विपक्ष (अनियतकालीन)** : संपादक : भारत यायावर, 3-99/2ए, बोकारो स्टील सिटी-827002
4. **मुहिम** (त्रैमासिक) : संपादक : चन्द्रकिशोर जायसवाल, संपर्क : पूर्णिया पॉलिटेकनिक, पूर्णिया-854303
5. **कथ्यरूप** : संपादक : अनिल श्रीवास्तव, डी-224, तुलाराम बाग, इलाहाबाद-211003
6. **आवेग** : संपादक : प्रसन्न ओझा, 4 नजरबाग, बैंक कालोनी, रतलाम (म.प्र.)
7. **अक्षरा** : संपादक:प्रभाकर श्रोत्रिय, हिंदी भवन, शामला हिल्स, भोपाल-462002

3. पत्रिकाओं में रेखांकित :

1. **मनुष्य ध्वनि** (कविता):विनोद कुमार शुक्ल, समकालीन भारतीय साहित्य, जनवरी-मार्च 1991
2. **युद्ध के लिए मौसम** (कविता):लीलाधर जगूड़ी, 'जनसत्ता' दिल्ली, 21 अप्रैल 1991
3. **टूटी हुई शाम** (कविता):कुमार अम्बुज, दस्तावेज-47
4. **हिंदी कविता में आधुनिकता आकस्मिक नहीं है** (लेख):केदारनाथ सिंह, नवभारत टाइम्स, 3 मार्च 1991
5. **लिस्ट** (कहानी)-नरेंद्र नागदेव, हंस, मार्च 1991
6. **इमाम चौक नहीं बँटेगा** (कहानी):रमाकांत, अब-17, अक्तूबर 1990
7. **श्यामा सुंदरी** (कहानी):विजयमोहन सिंह, समकालीन भारतीय साहित्य-43
8. **त्रिजट** (नाटक):राधाबल्लभ त्रिपाठी, वसुधा, अंक-20
9. **मित्रो, जो मरजानी हुई** (रंगदृष्टि):कृष्णा सोबती, स.भा. साहित्य-43
10. **सवाल जो रमेश रंजक छोड़ गये** (संस्मरण):रमेश उपाध्याय, नवभारत टाइम्स, 23 अप्रैल 1991
11. **पत्र-उपेन्द्रनाथ अश्क**:अक्षरा-17, जुलाई-सितंबर 1990

4. महत्त्वपूर्ण प्रकाशन :

1. **साहित्य के समाजशास्त्र की भूमिका** (आलोचना):डॉ. मैनेजर पाण्डेय, हरियाणा साहित्य अकादमी, चंडीगढ़
2. **विभ्रम और यथार्थ** (क्रिस्टोफर कॉडवेल की पुस्तक का अनुवाद):अनुवादक भगवान सिंह, राजकमल प्रकाशन, नई दिल्ली
3. **संवाद तुमसे** (कविता संग्रह):विजयदेव नारायण साही, भारतीय ज्ञानपीठ प्रकाशन, नई दिल्ली
4. **इसी दुनिया में** (कविता संग्रह):वीरेन डंगवाल, परिमल प्रकाशन, इलाहाबाद
5. **दंडनायक** (उपन्यास):हृदयेश, राजकमल प्रकाशन, नई दिल्ली
6. **अगली किताब** (कहानी संग्रह):स्वयं प्रकाश, परिमल प्रकाशन, इलाहाबाद
7. **प्रेतमुक्ति** (कहानी संग्रह):संजीव, दिशा प्रकाशन, 138/16, त्रिनगर, दिल्ली-110035
8. **स्विमिंग पूल** (कहानी संग्रह):असगर वजाहत, राजकमल प्रकाशन, नई दिल्ली
9. **हारा हुआ आदमी** (कहानी संग्रह):रूपसिंह चंदेल, पारुल प्रकाशन, 889/58, त्रिनगर, दिल्ली-110035
10. **सहचर है समय** (आत्मकथा):रामदरश मिश्र, किताब घर, 24/4866, अंसारी रोड, नई दिल्ली-110002

11. **धूप तितली फूल** (ग़ज़ल):प्रियदर्शी ठाकुर 'ख्याल', भारतीय ज्ञानपीठ, नई दिल्ली

5. शीघ्र प्रकाश्य :

1. **स्वाधीनता संग्राम के बदलते परिप्रेक्ष्य** (इतिहास):डॉ. रामविलास शर्मा, हिंदी माध्यम कार्यान्वयन निदेशालय, दिल्ली विश्वविद्यालय, दिल्ली
2. **तुम हाँ, बिल्कुल तुम** (चीनी कवि वाई जुई की कविताओं का अनुवाद):भारतीय ज्ञानपीठ प्रकाशन, नई दिल्ली
3. **आखर अनंत** (कविता संग्रह):विश्वनाथ प्रसाद तिवारी

(हंस, जून 1991)

पिछले दिनों दिल्ली विश्वविद्यालय के साउथ-कैंपस में हिंदी विभाग द्वारा आयोजित एक कहानी गोष्ठी में, जिसका विषय था-'समकालीन कहानी का परिदृश्य' पर बोलते हुए डॉ. नामवर सिंह ने समकालीन कहानी में संत्रास, यातना, हताशा एवं निराशा के बीच कहानी में एक नये तत्व कॉमिक ट्रेजेडी का उल्लेख किया। उनका कहना था कि आज के तनाव एवं बोझिल वातावरण में जब हम किसी कहानी में कॉमिक ट्रेजेडी का तत्व देखते हैं तो राहत मिलती है। अपनी बात के उदाहरण में उन्होंने असगर वजाहत की महत्त्वपूर्ण कहानी 'चंद्रमा के देश में' का उल्लेख किया। उन्होंने कहा, भारत के कस्बों में अर्थलिप्सा से जुड़ी जो नयी मानसिकता उभर रही है, यह कहानी पूरी जीवंतता के साथ इस अर्द्धशिक्षित मानसिकता को चित्रित करती है। इसी क्रम में उन्होंने मनोहरश्याम जोशी की एक कहानी 'ट-टा प्रोफेसर षष्टी वल्लभपंत' ('हंस' के दिसंबर 1990 अंक में प्रकाशित) का नाम लिया। इस कहानी में भी उन्होंने उस तत्व की प्रधानता को रेखांकित किया। कथा-मासिक 'हंस' के संपादक राजेन्द्र यादव ने समकालीन कहानी की मुख्य प्रवृत्तियों का विश्लेषण करते हुए प्रमुखता के साथ कहानी में कथानक, रूप, शैली का जिक्र करते हुए एवं रेणु की कहानियों में लोक-तत्व का उदाहरण देकर इस बात को फिर दुहराया कि कहानी में सबसे महत्त्वपूर्ण है-पठनीयता एवं कहानीपन। उनके कहने का आशय संभवतः यह था कि कहानी 'कहानीपन' के बिना अधूरी रहेगी और कहानी की सहजता एवं पठनीयता ही वह तत्व है जो कहानी को कहानी की चौहद्दी पर बरकरार रखेगी। राजेन्द्र जी की इस बात से शायद ही किसी को आपत्ति हो।

कहने की आवश्यकता नहीं, कहानी एक बार फिर समकालीन हिंदी साहित्य के केंद्र में आ रही है। डॉ. परमानंद श्रीवास्तव ने ठीक टिप्पणी की है-"क्या कहानी के क्षेत्र में कुछ ऐसा घटित हुआ है जिसके चलते, कहानी की परंपरा पर पुनर्विचार जरूरी लगने लगा है ? 'कथा' का अंतराल के बाद पुनःप्रकाशन, 'पहल' और कतिपय अन्य पत्रिकाओं के कहानी-विशेषांक और अब 'वर्तमान साहित्य' का वृहत् आयोजन क्या किसी बाध्यता के परिणाम हैं। 'हंस' नामक ऐतिहासिक महत्त्व के पत्र के नये रूप में प्रकाशन के साथ जो दावे किये गये और जो कहानियाँ मुख्य रूप से प्रकाशित और चर्चित हुईं, क्या उनका कोई प्रकट या प्रच्छन्न दबाव पुनर्विचार की उस माँग पर है ? क्या यह संदर्भ अपने आपमें अर्थवान नहीं है कि जिस महान् कथाकार प्रेमचंद से पीछा छुड़ाने के लिए नयी कहानी-आंदोलन के कई प्रवक्ता कहानीकार बेचैन थे, उसी से नया संबंध बनाने के लिए आज के अनेक युवा और युवतर कहानीकार सचेष्ट और सक्रिय हैं ?"

लेकिन कहानी की नयी पीढ़ी के एक तेजस्वी कथाकार की राय है कि मौजूदा परिस्थिति में देश जिस व्यापक आर्थिक, राजनैतिक एवं सांस्कृतिक संकट से गुजर रहा है उसमें परंपरागत

यथार्थ का ढाँचा बिखर गया है, जिसे व्यक्त करना मुश्किल है। यह रचनात्मक संकट आज कविता में भी है, कहानी में भी, उपन्यास और आलोचना में भी। हम आज के यथार्थ को संपूर्णता में और संश्लिष्टता के साथ समेट नहीं पा रहे हैं। हर जगह बिखराव की स्थिति है। हम 'ठहराव की हालत' में कैद हैं। न समकालीन कविता, न कहानी, न आलोचना, यह जड़ता तोड़ पा रही है। ऐसी स्थिति में समकालीन कहानी से ज्यादा अपेक्षा बेमानी होगी। मैं उनकी बातों से सहमत हूँ।

1. वर्तमान साहित्य (पत्रिका) :

सं. से.रा.यात्री,विभूतिनारायण राय, कहानी महाविशेषांक के अतिथि संपादक-रवीन्द्र कालिया, अप्रैल एवं मई 1991 में क्रमशः खंड-1 एवं 2 प्रकाशित, संपर्क : 109, रिछपालपुरी, पोस्ट बाक्स नं. 13, गाजियाबाद-201001

'कहानी पर केंद्रित बीसवीं शताब्दी का सबसे बड़ा आयोजन' नाम से विज्ञापित एवं 'कहानी महाविशेषांक' संज्ञा से अभिहित 'वर्तमान साहित्य' के दोनों खंड की कहानियों पर इस दृष्टि से पड़ताल करने की जरूरत है कि समकालीन कहानी का यह नया प्रस्थान-बिंदु तो नहीं है ? यहीं इस बात का उल्लेख भी अप्रासंगिक नहीं होगा कि कहीं हम अपनी परंपरा को तो नहीं भूल रहे हैं ? श्रीपत राय के संपादन में इलाहाबाद से ही, जहाँ से यह महाविशेषांक छपा है, 1957, 1958 एवं 1959 में 'कहानी' पत्रिका का जो नव वर्षांक निकला था, जिसमें प्रकाशित कहानियों का उल्लेख महाविशेषांक के समीक्षकों ने भरपूर किया है उसमें कोई दावा नहीं था। मेरी यह धारणा गलत हो सकती है क्योंकि 'कहानी' में प्रकाशित कहानियों की गुणवत्ता की परवाह किये बिना अपने पत्र में उपेन्द्रनाथ अश्क ने यह गवाही दी है कि 'विगत 60 वर्षों-यानि जब से मैं कहानियाँ लिख रहा हूँ, मैंने कम-से-कम हिंदी में ऐसा विशाल कथा विशेषांक नहीं देखा।' अश्कजी, बुरा न मानें तो मैं उनसे पूछ सकता हूँ कि अपनी यह बात वे पृष्ठ संख्या को ध्यान में रखकर कर रहे हैं या कहानी की गुणवत्ता के आधार पर। 'कहानी' में प्रकाशित कहानियाँ आज 30-35 वर्षों बाद भी गूँज रही है। सवाल प्रकाशित कहानियों का है, दावे का नहीं। इस दावे ने समकालीन कहानीकारों को विचलित किया है। जिनमें मन्नू भंडारी, उषा प्रियंवदा, निर्मल वर्मा और विजयमोहन सिंह हैं। मुझे ऐसा लगता है आज की व्यावसायिक मानसिकता लघु-पत्रिकाओं को भी अपने सम्मोहन में ले रही है।

इस महाविशेषांक की कहानियों पर चर्चा करने से पूर्व मैं इस पत्रिका के प्रथम खंड में प्रकाशित मन्नू भंडारी के पत्र की ओर संकेत करना चाहूँगा। आखिर क्या कारण है कि मन्नूजी जैसी श्रेष्ठ कथाकार एक रचनात्मक संकट से गुजर रही हैं, वहीं दूसरे कहानीकार धड़ाधड़ कहानियाँ लिख रहे हैं ? कहने की आवश्यकता नहीं, कहानी रचनात्मक होते हुए एक सहज व्यावसायिक विधा भी है। इसीलिए महत्त्वपूर्ण कहानीकार जो सचमुच आज की कहानी को नया मोड़ देना चाहते हैं, रचनात्मक संकट से गुजर रहे हैं, वहीं दूसरे कथाकार प्रायः पुरानी बातों को दुहरा रहे हैं। हैरानी की बात है कि समकालीन कहानी आज भी वहीं ठहरी लगती है।

'वर्तमान साहित्य' के प्रस्तुत अंक में संकलित नयी-पुरानी पीढ़ी के कथाकार, जिनमें विष्णु

प्रभाकर से लेकर नयी पीढ़ी की कहानीकार सुमति अय्यर तथा सुरभि पांडेय तक शामिल हैं, किसी की कहानी में, कृष्णा सोबती की 'ऐ लड़की' की तरह वह आँच नहीं है, जिसकी ओर इशारा करके कहानी की अपनी जमीन बतायी जाए।

मुझे नहीं मालूम पत्रिका के अतिथि संपादक रवीन्द्र कालिया ने किस योजना के तहत इन अड़सठ कहानीकारों की अच्छी-बुरी कहानियों का यह 'बस्ता' तैयार किया है। सबसे बड़ी (या बुरी) बात तो यह है कि रवीन्द्र कालिया ने 'बीसवीं शताब्दी के इस सबसे बड़े आयोजन' पर अपनी ओर से महामौन साध लिया है। इन कहानियों पर 'दो शब्द' कहने की भी आवश्यकता नहीं महसूस की। आखिर इस आयोजन में मात्र कहानियाँ जुटाना ही उनका एकमात्र ध्येय था या और कुछ ? इन कहानियों को संकलित करने के पीछे उनकी दृष्टि क्या थी? अपने संपादकीय दायित्व से विलग उनकी चालाकी-भरी चुप्पी का क्या अर्थ लगाया जाए?

अब कहानियों पर बातचीत। निश्चित रूप से पत्रिका के दोनों खंड की सबसे महत्त्वपूर्ण कहानी है 'ऐ लड़की'। इस कहानी से एक बार फिर सोबतीजी की सृजनात्मक क्षमता का सबूत मिलता है। सोबतीजी की यह कहानी मृत्यु के कगार पर खड़ी एक ऐसी नारी की कहानी है जिससे उसका सपना छिन गया है, जो वर्तमान में होते हुए भी अतीत में लौटना चाहती है, पहाड़ियों में उतरना चाहती है कि कहीं उसके सामने उसका वर्तमान बनी लड़की उसका सपना न छीन ले। जीवन और जिजीविषा के अद्‌भुत संयम की यह विरल कहानी है।

इस संकलन की अन्य कहानियों में पहली कहानी कामतानाथ की 'जय श्री भगवान' साधारण कहानी है, जिसमें फैंटेसी का गलत इस्तेमाल इस कहानी के शिल्प को क्षतिग्रस्त करता है। सांप्रदायिकता एवं आतंकवाद आज के जीवन का भयावह यथार्थ है। इसको आधार बनाकर लिखी गयीं-अब्दुल बिस्मिल्लाह, असगर वजाहत एवं विनोद मिश्र की कहानियों में सांप्रदायिकता, आतंकवाद के कद को विभिन्न कोणों से उभारा गया है। 'मान्यताएँ' (भीष्म साहनी) में अमानवीय होते जा रहे समाज का नंगा चित्र है। मार्कण्डेय की कहानी 'हलयोग' की कथावस्तु स्वतंत्रतापूर्व भारतीय समाज की है जिसमें सवर्णों द्वारा हरिजनों पर अमानुषिक व्यवहार का कठोर चित्रण है।

निर्मल वर्मा की कहानियों में एकांत, अकेलापन स्थायीभाव है। 'बावली' कहानी में बेटी से छुपकर किया जा रहा माँ का अवैध-प्रेम, मार्मिक ही नहीं, कहीं बेटी की सुप्त काम चेतना को जाग्रत भी करता है।

अमरकांत की कहानी 'श्वानगाथा' प्रशासन-तंत्र पर व्यंग्य है। शहर के रईस के इशारे पर, उसके लड़के को कुत्ता काटने पर पूरा प्रशासन-तंत्र किस तरह सक्रिय हो उठता है, देखने लायक है। 'डाँगरी वाले' (शेखर जोशी) में एक मध्यवर्गीय परिवार में उभर रहे आभिजात्य की विडंबना पर उंगली रखी गयी है। कहानी में दूधनाथ सिंह की सक्रियता का उदाहरण है-'लौटना' कहानी जो सांकेतिक ही नहीं, प्रतीकात्मक भी है। पार्क में खेलते बच्चे के साथ दो बूढ़ों का मिलन वस्तुतः दो भिन्न मानसिकतावाले लोगों का मिलना है, अपने निजी दुखों और दूरियों के साथ। बच्चे का सम्मोहन दोनों के प्रति है। 'लौटना' गोस्वामी का है। 'आन्द्रे

की प्रेमिका' में गिरिराज किशोर बाप के अतीत को बेटी के वर्तमान से जोड़कर घटित होते हुए दिखाते हैं। कहानी में अतीत की मात्र आवृत्ति नहीं; उसका वर्तमान भी है, जीवन के आशय के साथ।

मानना पड़ेगा किस्सागोई या कहानीपन अब भी कहीं सुरक्षित है तो काशीनाथ सिंह की कहानियों में। 'एक लुप्त होती हुई नस्ल' अद्‌भुत कहानी है जिसमें उन्होंने 'बरदेखुआ' नस्ल का सजीव चित्रण किया है। देखने की बात यह है कि इस कहानी की कथा-वस्तु उन्होंने अपने गाँव से उठायी है। इस कहानी में गाँव का बतरस तो है ही, गाँव का सहज, लेकिन कठिन विवश जीवन की झाँकी भी।

दोनों खंडों में कुल मिलाकर चार समीक्षात्मक लेख कहानी पर हैं। 'उत्तर शती की कथा यात्रा' में सुरेन्द्र चौधरी अपनी बात छठे दशक से उठाते हुए इस निष्कर्ष के साथ समाप्त करते हैं-इन नये कहानीकारों से 'सतह से उठते आदमी' की कोशिशें जुड़ी हैं-तत्काल इनमें कलात्मक स्तर पर किसी चेखव की माँग नहीं कर सकते। प्रश्न इनकी संभावनाओं का है और ये संभावनाएँ उत्तेजक हैं।' 'महिला कथा लेखन की अर्द्धशती' में उपेन्द्रनाथ अश्क ने शिवरानी देवी से लेकर उर्मिला शिरीष तक की कथा-यात्राओं में कम, उनके व्यक्तिगत, पारिवारिक-प्रेम संबंधों में ही अपनी अधिक रूचि दिखायी है। डॉ. परमानंद श्रीवास्तव ने कहानी के पचास साल की यात्रा का सर्वेक्षण करते हुए उसे समकालीन कहानी से जोड़ने की सार्थक कोशिश की है। कबीर पंथी डॉ. शुकदेव सिंह को सन् साठ के बाद के कहानीकारों में रवीन्द्र कालिया और साठ के पूर्व के कहानीकारों में यदि सिर्फ भुवनेश्वर दिखते हैं, तो यह उनकी सीमा है।

2. कथ्यरूप (जनवरी-मार्च 1991) :

सं. अनिल श्रीवास्तव डी 224, तुलाराम बाग, इलाहाबाद-211006

कहानी पर केंद्रित त्रैमासिक पत्रिका के नये अंक में मुख्यतः कहानी, कहानी-परंपरा और कहानीकार पर समीक्षात्मक लेख हैं। अलग से पुस्तिका रूप में 'चाक से स्लेट' पर चार हस्ताक्षर में प्रायः नवोदित कहानीकारों की कहानियाँ सम्मिलित हैं। इस पत्रिका में नीलकांत का एक विचारोत्तेजक लेख 'नव रहस्यवाद की पुरानी भूमिका है, जिसमें उन्होंने निर्मल वर्मा के भटकाव पर दृष्टिपात किया है। प्रेमचंद और उनकी कहानी 'कफन' के संदर्भ में, इस अंक में तीन लेख हैं- अलखनारायण, नीलकांत एवं रमेश उपाध्याय के। इस अंक की महत्त्वपूर्ण उपलब्धि है- पाँच कहानीकार-काशीनाथसिंह, पंकज बिष्ट, उदयप्रकाश, संजीव एवं ज्ञान प्रकाश विवेक पर क्रमशः सिद्धेश्वर सिंह, अजय तिवारी, प्रदीप तिवारी, रामतीर्थ पटेल एवं अखिल अनूप के समीक्षात्मक लेख। इन लेखों से समकालीन कहानी के विभिन्न पक्षों पर नया प्रकाश पड़ता है।

पुस्तिका में संकलित चार कहानियों में राधारमण अग्रवाल की कहानी 'नगपत मामा' पढ़ी जा सकती है। ओमप्रकाश मिश्र, जयप्रकाश, नारायणसिंह एवं बसु मालवीय की कहानियों को नजरअंदाज करना भी मुश्किल होगा।

3. मुहिम (अप्रैल-जून 1991) :

सं. चंद्रकिशोर जायसवाल, संपर्क-पूर्णिया पालिटेकनिक, पूर्णिया-854303

इस पत्रिका के प्रवेशांक के अपने संपादकीय 'परचम' में चंद्रकिशोर जायसवाल ने लिखा है-"मुहिम पत्रिकाओं के मेले का सहयात्री बने, ऐसा मेरा अभीष्ट नहीं है। परन्तु हमारा जो अभीष्ट है, उसकी शाब्दिक अभिव्यक्ति लगभग हर साहित्यिक पत्रिका अपनी स्थापना के कोमल काल में घनघोर गर्जन-तर्जन के साथ करती आयी है। 'मुहिम' अपने अभीष्ट की गर्जना में नहीं, उसकी उपासना में विश्वास करती है।" सचमुच इस संपादकीय से मुझे राहत मिली। बात अध्यात्म पर उतर आयी।

यह पत्रिका दृष्टि संपन्न है। इसका सबूत इस पत्रिका के आरंभ में ही कहानी-समीक्षा पर कहानीकार रामधारी सिंह दिवाकर एवं चंद्रेश्वर कर्ण के लेख हैं।

चंद्रमोहन प्रधान की व्यंग्य-कथा 'किस्सा बेताल छब्बीसी उर्फ सिंदवाद की नई यात्रा' एक नया आस्वाद देती है। पुरानी धारणाओं को तोड़ती हुई, यह व्यंग्य-कथा एक नया मिथक रचती है। राकेश कुमार ने तिमासे की कथा-चर्चा में मिनहतपूर्वक- 'शामिल बाजा' (शशांक), 'गुप्तदान' (दूधनाथ सिंह) तथा 'कहानी अधूरी ही है' (अरुण प्रकाश), हंस, नवम्बर'90 को समकालीन कहानी के परिप्रेक्ष्य में रखकर विश्लेषण किया है।

(हंस, जुलाई 1991)

आठवें दशक के उत्तरार्द्ध में बिहार से प्रकाशित महत्त्वपूर्ण लघु-पत्रिका 'धरातल' (संपादक अयोध्यानाथ शांडिल्य, सौजन्य संपादक नंदकिशोर नवल, मघड़ा, बिहार शरीफ (नालंदा) के जून 1979 (अंक-आठ) में 'हिंदी के नये नाट्य प्रयोग' पर एक विचारोत्तेजक परिचर्चा इस प्रस्तावना के साथ आयोजित की गयी थी : 'हम यह महसूस करते हैं कि हिंदी रंगमंच अभी भी अँधेरे में टटोल रहा है। यह कभी संस्कृत रंगमंच की ओर झुकता है, कभी लोक नाटकों के रंगमंच की ओर और कभी पश्चिमी यथार्थवादी तथा दूसरी तरह के रंगमंचों की ओर। भारतेंदु हरिश्चन्द्र ने हिंदी रंगमंच के निर्माण की दिशा में जो प्रयास किया था उसे ठीक ढंग से आगे नहीं बढ़ाया गया'। इस परिचर्चा में भाग लेते हुए सुरेश अवस्थी की राय में 'हिंदी रंगमंच ही नहीं, सभी भाषाओं का रंगमंच अंधेरे में टटोल रहा है। इसका कारण यह है कि एक शताब्दी में भी उसका कोई व्यक्तित्व नहीं बना। वह अपने उदयकाल से ही 'राष्ट्रीय' नाट्य-परंपराओं से कट गया, और उसका विकास विजातीय नाट्य-परंपरा और नाट्य-मूल्यों के प्रभाव में हुआ। महत्त्व की बात यह है कि पहली बार उसमें अपनी 'पहचान' करने और अपना स्वरूप तलाश करने की छटपटाहट हुई है। इसी छटपटाहट का परिणाम है नये रंग-प्रयोग'। प्रो. सिद्धनाथ कुमार दूसरी तरफ महसूस करते हैं कि हिंदी रंगमंच के नये रंग-प्रयोगों का प्रयत्न यही है कि वह प्रतिरूपात्मक पद्धति की सीमाओं का अतिक्रमण करे। वह रंगमंच पर 'जीवन' दिखलाने के भ्रम को तोड़ना चाहता है, वह रंगमंच पर 'नाटक' दिखलाता है। प्रस्तुतीकरणात्मक पद्धति की संभावनाएँ अनंत हैं और नये प्रयोग उनका अधिकाधिक उपयोग करना चाहते हैं। 'इसके लिए वे देश-विदेश की विभिन्न नाट्य-पद्धतियों और रूढ़ियों को स्वीकार करने में किसी संकोच का अनुभव नहीं करते। इससे बिल्कुल इतर राय मुद्राराक्षस की है : 'हिंदी रंगमंच न केवल समसामयिक रचनात्मकता की दृष्टि से पीछे है बल्कि दूसरी भाषाओं की तुलना में भी पिछड़ा हुआ है। यह नाट्य लेखन और प्रस्तुति दोनों ही क्षेत्रों का सम्मिलित सत्य है'। उनकी यह भी राय है कि दूसरी भाषाओं की प्रस्तुतियों का छायाकरण घातक परिणाम पैदा करता है। उनका निष्कर्ष है : 'सच यह है कि हिंदी में अच्छे नाटक हैं, अच्छे निर्देशक नहीं हैं।' नर नारायण कहते हैं : 'दृश्यबंध और निर्देशकीय वर्चस्व ने रंगमंच का विकेन्द्रीकरण रोक-सा दिया है।' समकालीन नाटक एवं रंगमंच पर ये टिप्पणियाँ त्रासद सच्चाइयाँ हैं। ग्यारह-बारह वर्षों बाद भी दृश्य परितर्वन न संतोषजनक है, न आह्लादकारी। समकालीन रंगमंच एक संकट से आज भी गुजर रहा है। नाटक, निर्देशक, अभिनेता एवं रंगमंच के विभिन्न पक्षों के विश्लेषण से संभवतः समकालीन नाटक एवं रंगमंच की कोई साफ तस्वीर उभरे।

1. लघु पत्रिकाएं :

1. नटरंग (भारतीय रंगमंच का त्रैमासिक) :

सं. नेमिचंद्र जैन, आई 47, जंगपुरा एक्सटेंशन, नई दिल्ली-110014, वार्षिक शुल्क-50.00 रुपये

साहित्य की महत्त्वपूर्ण एवं सशक्त विधा होते हुए भी नाटक आज न केवल भारत में बल्कि पूरे विश्व में साहित्य के हाशिये पर रहने के लिए अभिशप्त हैं। कहने की आवश्यकता नहीं, तेजी से बढ़ते मास-मीडिया का प्रसार, खासकर टी.वी. ने साहित्य की जिस विधा को सबसे ज्यादा क्षतिग्रस्त किया है, उसमें नाटक प्रमुख है। व्यावसायिकता के बढ़ते दबाव ने समकालीन रंगमंच को एक 'लांचिंग पैड' बना रखा है, जहाँ से ऊपर उठकर या उड़कर अभिनेता टी.वी. की रंगीन दुनिया में पहुँच जाते हैं। लेकिन समकालीन नाटक एवं रंगमंच से जुड़े कुछ ऐसे भी प्रतिबद्ध लोग हैं जो रंगमंच की दुनिया में सक्रिय हैं। इस सूची में सबसे ऊपर नाम तार-सप्तक के कवि एवं प्रसिद्ध आलोचक नेमिचंद्र जैन का है। वे समकालीन हिंदी साहित्य के अर्ध-शती के विकास के चश्मदीद गवाह हैं।

भारतीय भाषाओं में बांग्ला में छमाही निकलनेवाली 'बहुरूपी' पत्रिका को छोड़ दें, तो 'नटरंग' एकमात्र ऐसी पत्रिका है जो सचमुच भारतीय रंगमंच का प्रतिनिधित्व करती है।

हिंदी रंगमंच पर केन्द्रित पत्रिका के अर्ध-शती विशेषांक (अंक 50-51/मार्च-दिसंबर 1989) में संकलित सामग्री इस बात का प्रमाण है कि नेमि बाबू के लिए आज सबसे बड़ी चिंता साहित्य के इस उपेक्षित पक्ष को सुदृढ़ करना एवं जातीय विकास करना है। इस अंक में जिस तरह उन्होंने समकालीन रंगमंच एवं नाटक, रंगकर्मियों पर परिचर्चा आयोजित की है उससे समकालीन रंगमंच को एक स्वस्थ दिशा एवं जातीय स्वरूप प्राप्त होगा।

अपने संपादकीय 'सफर एक पत्रिका' में उन्होंने 'नटरंग' के प्रकाशन की अंतःकथा बहुत व्यथित होकर लिखी है। लिखते हैं : 'नटरंग का पहला अंक,1965 के शुरू में निकला। तब से 1990 तक पच्चीस वर्षों में सिर्फ 50 अंक ही प्रकाशित हो पाये। इसमें कई दौर ऐसे हैं जब एक वर्ष में चारों अंक समय से निकल गये, और ऐसे भी कि वर्ष में एक ही अंक प्रकाशित हो पाया। एकाधिक बार ऐसा भी हुआ कि डेढ़-दो वर्ष तक एक भी अंक नहीं निकल सका और लगा कि बंद हो ही गया पर फिर किसी तरह चल पड़ा और रास्ता टटोलता बढ़ता रहा।' नटरंग भी एक लघु-पत्रिका है और इसके संपादक नेमि बाबू हिंदी के प्रतिष्ठित साहित्यकार होते हुए भी लघु-पत्रिका निकालने के संकट को उसी तरह झेलते हैं, जैसे 'पहल' निकालते ज्ञानरंजन या 'हंस' का संपादन करते राजेन्द्र यादव। हिंदी की लघु-पत्रिकाओं के सामने उत्पन्न संकट को गहराने में विशाल हिंदी पाठकों की उदासीनता तो शामिल है ही, लेकिन सबसे ऊपर हमारे विश्वविद्यालयों के हिंदी विभाग की शरारत भरी निष्क्रियता है। हिंदी विभाग में नाटक पढ़ाये तो जाते हैं लेकिन छात्रों को समकालीन रंगमंच की ओर प्रवृत्त करने की कोशिश नहीं की जाती।

'हिंदी नाटक और रंगमंच' पर आयोजित परिसंवाद में अमजद अली खाँ, अशोक वाजपेयी, असगर वजाहत, ए.के.हंगल, एम.के.रैना, ओम शिवपुरी, कुमार गंधर्व, कुँवर नारायण, कुसुम कुमार, कैलाश पंडया, गिरीश रस्तोगी, गोविंद पुरुषोत्तम देशपांडे, नरेन्द्र शर्मा, प्रतिभा अग्रवाल, प्रभात गांगुली, प्रसन्ना, भानु भारती, भास्कर चंदावरकर, रमेशचंद्र शाह, रामकुमार, ललितमोहन थपल्याल, विजया मेहता तथा सत्येन्द्र कुमार तनेजा शामिल हैं। कवि-आलोचक अशोक वाजपेयी

को लगता है कि हिंदी रंगमंच आज कहीं नहीं है, उसका जनाधार नहीं है, वह एक अभिजात व्यापार है। हिंदी नाटककार असगर वजाहत की राय भी भिन्न नहीं है : 'नाटक को, रंगकर्म को जितना जनता से जुड़ना चाहिए था, उतना जुड़ नहीं पाया। बात आगे जरूर बढ़ी है। उत्साह है।' प्रसिद्ध अभिनेता ए.के.हंगल का सुझाव है कि 'संप्रदायवाद के बढ़ते खतरे को देखते हुए, युद्ध विरोधी और सांप्रदायिकता विरोधी विषयों पर नयी-नयी शैलियों में नाटक लिखे जाने चाहिए। प्रसिद्ध हिंदी निर्देशक-अभिनेता एम.के.रैना ने बड़े दर्द के साथ यह टिप्पणी की है '80 के दशक में व्यक्तिगत कोशिश काफी हुई है, लेकिन कुल मिलाकर बात वहीं अटक जाती है कि जिन रंगकर्मियों ने नाटक को अपने जीवन के बेहतरीन वर्ष अर्पित किये, उनके हाथों में आज कुछ नहीं।' बात साफ है। रंगकर्मी जब तक आर्थिक रूप से स्वतंत्र नहीं होंगे, नाटक के भीतर एक दुःखद नाटक पर्दे के पीछे खेला जाता रहेगा। अभिनेता ओम शिवपुरी ने भी इस बात की पुष्टि की है : 'जब तक हिंदी का रंगमंच इस योग्य न होगा कि उसका रंगकर्मी उसके सहारे अपनी जीविका चला सके, तब तक मुझे आज के हिंदी रंगमंच का कोई भविष्य नजर नहीं आता।' कुछ टिप्पणीकारों ने निर्देशक की तानाशाही को इस स्थिति के लिए दोषी ठहराया है तो कुछ ने हिंदी में अच्छे नाटक उपलब्ध नहीं होने को। लेकिन इन तमाम टिप्पणियों के आलोक में एक बात स्पष्ट है कि हिंदी रंगमंच का अपेक्षित विकास अभी नहीं हुआ है। 'नटरंग' के नये अंक (53) में लोकार्पण समारोह की दिलचस्प रपटें हैं।

2. इतिहास बोध : (त्रैमासिक) :

सं. लाल बहादुर वर्मा, मजदूर मोर्चा, आजाद नगर, (गुड ईयर के पास) बल्लभगढ़ (हरियाणा) - 121004, वार्षिक-तीस रुपये

इतिहास निर्माण की बेचैनी से संकल्पित 'इतिहास-बोध' संभवतः हिंदी में एक मात्र ऐसी गंभीर वैचारिक त्रैमासिक पत्रिका है जो समकालीन विश्वराजनीति मुख्यतः कम्युनिस्ट आंदोलन एवं आज के भारत की तमाम समस्याओं पर केन्द्रित है। यह पत्रिका न केवल सोवियत संघ एवं पूर्वी यूरोप में कम्युनिज्म के बारे में तेजी से हो रहे परिवर्तनों से उत्पन्न व्यामोह से टकराती है, बल्कि आगे बढ़कर पूँजीवाद के गढ़ अमेरिका पर तीव्रता से प्रहार करती है। इस पत्रिका के संपादक श्री वर्मा की आस्था कम्युनिज्म में अडिग है। वे एक साथ मार्क्सवादी, लेनिनवादी एवं स्टालिनवादी हैं।

इस पत्रिका के नये अंक (जनवरी-मार्च 1991) में सांप्रदायिक दंगे के बारे में शहीद भगतसिंह का एक महत्वपूर्ण दस्तावेज प्रकाशित है। सांप्रदायिक उन्माद और रामजन्मभूमि-बाबरी मस्जिद विवाद को विभिन्न कोणों से उजागर करता इतिहास की टिप्पणियाँ हैं।

निश्चित रूप से पत्रिका महत्त्वपूर्ण है, लेकिन 'इतिहास-बोध' विकसित करने की यह गंभीर कोशिश अंततः सैद्धांतिक शब्दावलियों एवं हठवादिता से बोझिल है। नये अंक में विकासराय की दोनों कविताएँ अच्छी हैं।

3. अब (अनियतकालीन) :

सं. शंकर, अभय नर्मदेश्वर 74-इ, गोरक्षिणीपथ, सासाराम (बिहार) 821115 वार्षिक-पच्चीस रुपये।

हिंदी लघु-पत्रिकाओं की दुनिया में चुपचाप एक सच की तरह दाखिल एक कस्बे से प्रकाशित इस महत्त्वपूर्ण पत्रिका ने बिना किसी दावे के सचमुच एक अपनी भूमिका निभायी है। अब तक प्रकाशित पत्रिका के अंकों में शायद ही हिंदी का कोई लेखक हो, जो इस पत्रिका से कभी जुड़ा न रहा हो या जिसकी चर्चा इस पत्रिका के माध्यम से न हुई हो। सबसे बड़ी बात, इस पत्रिका ने बिना किसी बड़बोलेपन के सही समय पर सूझ-बूझ के साथ सार्थक रचनाएँ प्रकाशित की हैं।

पत्रिका का नया अंक-16 (अक्टूबर1990) सांप्रदायिकता पर केंद्रित है। सांप्रदायिकता का खतरा आज हर बुद्धिजीवी की पहली चिंता है। इस अंक में भीष्म साहनी एवं डॉ.रामशरण शर्मा से क्रमशः अब्दुल बिस्मिल्लाह एवं कृपा शंकर की बातचीत सामयिक ही नहीं, समकालीन संदर्भ में प्रासंगिक भी हैं।

यह पत्रिका पाठकों के सामने यह सवाल नहीं उठाती 'अब' हम क्या करें, बल्कि उठे हुए सवालों के बरक्श हमें खतरों से आगाह करती है।

पुनश्च :

'हंस' के पिछले अंक में 'वर्तमान साहित्य' के 'महाकथा-विशेषांक' की चर्चा में असावधानीवश कृष्णा सोबती को छोड़कर अन्य महत्त्वपूर्ण कथा-लेखिकाओं की चर्चा छूट गयी थी। उनके प्रति किसी उपेक्षा भाव के कारण उनकी कहानियों पर विचार नहीं हो सका, बल्कि इस स्तंभ की सीमित पृष्ठ संख्या ने मुझे विवश किया। इस बीच मैंने उनके द्वारा लिखी तमाम कहानियाँ पढ़ ली है। एक-दो अपवादों को छोड़कर, अधिकांश कथा-लेखिकाओं की कहानियाँ इस आरोप को बलपूर्वक झूठलाती नहीं हैं कि उनकी कहानियों का घेरा दांपत्य-संबंधों में आयी दरार, प्रेमी-प्रेमिका का अंतर्द्वंद एवं नारी की यातना एवं यंत्रणा का चित्रण है। इस अंक में उनकी कहानियाँ पढ़ते हुए हमें बार-बार भुवन, गौरा एवं रेखा की याद आती रही, जो इन कहानियों में बदले रूप में झाँक रहे थे। राजी सेठ की कहानी 'सदियों से' मृदुला गर्ग की 'एक नाम मीशा', सुरभि पांडेय की 'डगलस का जमाना नहीं' तथा सुमिति अय्यर की कहानी 'विरल राग' अधिकांशतः दांपत्य -संबंध की पीड़ा एवं प्रेम की त्रासदी से बुनी कहानियाँ हैं।अपवाद कहानियों में ममता कालिया की कहानी 'एक पति की मौत' है जो यथार्थ के एक अनावृत पक्ष से हमारा साक्षात्कार कराती है। इस कहानी का कथ्य कहानी की दुनिया में एक मार्मिक यथार्थ का संकेत करती है। अपने अहं से टकराती आधुनिक नारी सिया भारतीय नारी की परंपरा एवं संस्कार के चौखट पर अपने पूर्व पति की मृत्यु की खबर पाकर फफक उठती है। चित्रा मुद्गल की कहानी 'बेईमान' में कथ्य को गहराई से संपूर्णता में नहीं उठाया गया है। इसलिए कहानी कहीं अविश्वसनीय बनकर रह जाती है। अलबत्ता नासिरा शर्मा की सांप्रदायिकता पर केंद्रित कहानी न केवल पठनीय है, बल्कि उल्लेखनीय भी।

पिछली चर्चा में एक-दो और श्रेष्ठ कहानियाँ छूट गयी थीं। इस विशेषांक की दूसरी श्रेष्ठ कहानी है हृदयेश की 'मनु' जो सामाजिक यथार्थ के बदलते रूप को विश्लेषित करती है। यह कहानी प्रेमचंद की परंपरा का सीधा विकास है। उन्होंने अपने कथा-लेखन से प्रेमचंद की परंपरा को विकसित किया है। स्वयंप्रकाश की 'हत्या' कहानी इसलिए महत्त्वपूर्ण है कि

'मैं शेर से डर नहीं रहा था। मैं तो मनुष्य द्वारा अपने कौतुक के लिए शेर के स्वभाव की हत्या पर रो रहा था।' इस कहानी ने यथार्थ के एक अदृश्य पक्ष की ओर हमारा ध्यान आकृष्ट किया है। हम पालनी, विष्णु नागर, संजय, शशाँक, शंकर तथा रमेश उपाध्याय की कहानियों पर भी चर्चा करना चाहते थे, लेकिन स्तंभ की सीमा ने हमें लाचार किया है।

2. महत्त्वपूर्ण प्रकाशन :

1. **ढाई घर** (उपन्यास)-गिरिराज किशोर, भारतीय ज्ञानपीठ प्रकाशन, 18, इंस्टीट्यूशनल एरिया, लोदी रोड, नई दिल्ली-110003
2. **अमर टाकीज** (उपन्यास)-ध्रुव शुक्ल, वाग्देवी प्रकाशन, सुगम निवास, चंदन सागर, बीकानेर (राजस्थान)-334001
3. **अज्ञेय : संपूर्ण कहानियाँ**-राजपाल एण्ड संस, कश्मीरी गेट, दिल्ली
4. **नौरंगी बीमार है** (कहानी)-शेखर जोशी, राजकमल प्रकाशन, 1-बी, नेताजी सुभाष मार्ग, नई दिल्ली-110002
5. **सहपाठी तथा अन्य कहानियाँ** (कहानी)-सतीश जमाली, सत्यम् प्रकाशन, 6-ए, तुलाराम बाग, इलाहाबाद-211006
6. **कला की जरूरत** (आलोचना)-अर्न्स्टफिशर-अनुवाद-रमेश उपाध्याय, राजकमल प्रकाशन, नई दिल्ली-110002
7. **कालेवाला (फिनलैंड का राष्ट्रीय महाकाव्य)**-एलियास लोंरोट द्वारा संकलित, अनुवाद तथा संपादन-विष्णु खरे, वाणी प्रकाशन, 4697/5, 21-ए, दरियागंज, नई दिल्ली- 110002
8. **वोलेशोंयिंका की कविताएँ**-अनुवाद-वीरेन्द्र कुमार बरनवाल, भारतीय ज्ञानपीठ प्रकाशन, नई दिल्ली-110003
9. **फेड्रा (नाटक)-ज्यां रासीन**-अनुवाद-कृष्ण बलदेव वैद, राजकमल प्रकाशन, नई दिल्ली
10. **कुछ जमीन पर, कुछ हवा में** (व्यंग्य)-श्रीलाल शुक्ल, राजकमल प्रकाशन, नई दिल्ली
11. **होशियारपुर** (कविता)-विनोद भारद्वाज, वाणी प्रकाशन, नई दिल्ली

(हंस, अगस्त, 1991)

वियतनाम के मुक्ति-संघर्ष में तो हिंदी के रचनाकारों की रचनात्मक सक्रियता खूब रही। नागार्जुन से लेकर राजकमल चौधरी तक की कविताओं में वियतनाम का दर्द उभरा। लेकिन अफ्रीका के बारे में, जिससे हमारा बहुत पुराना भावनात्मक लगाव रहा है, महात्मा गांधी के दक्षिण अफ्रीका प्रवास के दौरान से ही, हमने एक उदासीन चुप्पी साध ली। छठे-सातवें दशक तक अफ्रीकी साहित्य प्रायः हमारी नजरों से ओझल रहा। राजनीतिक स्तर पर जरूर भारत ने एक महत्त्वपूर्ण भूमिका निभायी। दक्षिण अफ्रीका से अपना उच्चायुक्त तो भारत ने वापस बुलाया ही, संभवतः भारत ही पहला देश है जिसने संयुक्त राष्ट्र महासभा के पहले अधिवेशन में रंगभेद और नस्लगत भेदभाव का मसला भी उठाया।

1955 में उर्दू के मशहूर शायर फैज अहमद फैज ने लिखा था : 'धरती धड़क रही है मेरे साथ, अफ्रीका, दरिया थिरक रहा है, तो वन दे रहा है ताल/मैं अफ्रीका हूँ।' फैज की शायरी में व्यक्त यह पीड़ा उनकी विश्व दृष्टि से जुड़ी है। ऐसा नहीं है कि अफ्रीका और अफ्रीकी साहित्य की ओर से हमने आँखें मूँद ली हैं। नेल्सन मंडेला पर हिंदी में कविताओं की भरमार है। लेकिन अफ्रीकी साहित्य में व्यक्त वहाँ के लोगों की मानसिकता, पीड़ा, यंत्रणा एवं त्रासदी से हम फिर भी कम ही परिचित हैं। 'मुक्ति प्रसंग' में जरूर राजकमल चौधरी ने संघर्षरत अफ्रीकी जनता का दर्द महसूस किया है। 'काली सीढ़ियों में अचानक गायब हो जाता है वह ईश्वर। वियतनाम में उड़ी-पुंछ में यू.एन.ओ. में तिब्बत बस्तर काले अफ्रीका में।' यह एक प्रस्थान बिंदु है। अफ्रीकी साहित्य, जो मुख्यतः द्वितीय विश्व युद्धोत्तर है, के नाम पर अब तक हमने जहाँ-तहाँ लघु-पत्रिकाओं में कविताओं के ही, फुटकर अनुवाद पढ़े हैं। समग्र रूप में अफ्रीकी साहित्य से हम अब भी अपरिचित हैं। 'दिनमान', 'तनाव', 'पहल', 'हंस', 'नई दुनिया', 'साक्षात्कार', 'अमृत प्रभात' आदि पत्रिकाओं में अफ्रीकी साहित्य पर जब तब महत्त्वपूर्ण सामग्री प्रकाशित होती रही है। इधर हिंदी में वीरेन्द्र कुमार बरनवाल द्वारा अनूदित अफ्रीकी कविताओं पर दो पुस्तकें-'पानी के छींटे सूरज के चेहरे पर' और 'वोले शोयिंका की कविताएँ' आयी हैं। प्रभा खेतान ने 'सांकलों में बंद क्षितिज' में अफ्रीकी कविताओं के अवसादपूर्ण अनुवाद दिये हैं। स्वतंत्रता के लिए संघर्षरत अफ्रीकी जनता की आशा-आकांक्षाओं पर केंद्रित आनंदस्वरूप वर्मा की पुस्तक 'गोरे आतंक के खिलाफ काली चेतना' एक महत्त्वपूर्ण पहल है। 'पसंद अपनी-अपनी' संग्रह में हरीश नारंग ने कुछ कहानियों के अनुवाद द्वारा घायल अफ्रीका की आत्मा में झाँकने का मौका दिया है।

1. लघुपत्रिकाएं :

1. पहल (अनियतकालीन) :

सं. ज्ञानरंजन : कमलाप्रसाद, प्लाट नंबर 101, आर.के. बिल्डर्स के सामने, रामनगर

आधारतल, जबलपुर (म.प्र.)

'इस महादेश के वैज्ञानिक विकास के लिए प्रस्तुत प्रगतिशील रचनाओं की अनिवार्य पुस्तक' 'पहल' सचमुच लघु-पत्रिका आंदोलन का हिरावल दस्ता है और इस दस्ते के सेनापति हैं ज्ञानरंजन। सीमित साधनों के बावजूद इस पत्रिका ने अब तक जिस तरह महत्त्वपूर्ण विशेषांक सौंदर्य शास्त्र, कविता, कहानी, पाकिस्तान, चीन, बंगलादेश के साहित्य तथा नामवर सिंह पर निकाले हैं, अपने आप में उदाहरण हैं लघु-पत्रिकाओं के लिए। अपना लिखना-पढ़ना छोड़कर ज्ञानरंजन ने एक दिशादर्शक जिम्मेदारी अपने ऊपर ले ली है। 'हंस' द्वारा अभी दिल्ली में 'न लिखने के कारण' पर आयोजित एक गोष्ठी में नामवर सिंह ने ठीक कहा था कि "ज्ञानरंजन यदि कहानियाँ लिखना छोड़कर 'पहल' जैसी महत्त्वपूर्ण पत्रिका निकालने का काम कर रहे हैं तो वह बिल्कुल ठीक काम कर रहे हैं। ऐसी स्थिति में उनसे न लिखने का कारण पूछना मूर्खता होगी। पत्रिका निकालना भी रचनात्मक काम ही है।" कहने की आवश्यकता नहीं कि 'पहल' के माध्यम से ज्ञानरंजन परिश्रमपूर्वक हमें देश-विदेश के साहित्य से जोड़ते रहे हैं ताकि समकालीन हिंदी-साहित्य को हम अन्य विकसित एवं विकासशील देश के साहित्य, अनुभव एवं संवेदना से जोड़कर अधिक संपन्न बना सकें।

'पहल' का नया अंक-41 (जनवरी-मार्च 1991) अफ्रीकी साहित्य पर केंद्रित है। इस अंक का आयोजन श्रम-साध्य तो है ही, एक बड़े उद्देश्य से भी जुड़ा हुआ है। इस अंक में प्रकाशित सामग्री अफ्रीकी साहित्य की मात्र झलक न होकर उनके साहित्य के विभिन्न पक्षों-लोक कविताएँ, कविताएँ, कहानी, उपन्यास, नाटक एवं महत्त्वपूर्ण अफ्रीकी साहित्यकार से बातचीत को भी समेटती है। मानवीय संवेदना कैसे देश काल की सीमा लाँघ जाती है, इसका प्रमाण है इथियोपिया की मौखिक परंपरा की लोक कविताएँ, जिन्हें पढ़ते आप महसूस करेंगे कि कभी पंजाब में हैं तो कभी उत्तरप्रदेश या बिहार में। भाषा की भूमिका के बारे में पूछे गये एक सवाल के जवाब में अबूनूर कहते है— "उन्होंने हमसे हमारे सपने छीन लिये, उन्होंने हमारे उत्सवों को ध्वस्त कर दिया पर फिर भी स्वर तो हमारे पास है।"

पीटर अब्राहम (दक्षिणी अफ्रीका), किप्रियन एक्वेंसी (नाइजीरिया), एल्ड्रेड ड्यूरोसीमी जोन्स (सियरालिओन), रिचर्ड रिव (दक्षिणी अफ्रीका) की कहानियाँ क्रमशः भयावह होती दुनिया की यातना भरी दारूण कहानियाँ हैं, जहाँ आदमी पशु में तब्दील हो गया है। जेम्स न्गुगी अपने लेख 'अफ्रीकी लेखक और उसका अतीत' में अफ्रीकी अस्मिता की खोज करते हैं।

संकलित अफ्रीकी कविताओं की पृष्ठभूमि के रूप में विजयकुमार का लेख 'अफ्रीका की समकालीन कविता' पठनीय है। इससे अफ्रीकी कविता के विकास का पता तो चलता ही है, वहाँ के रचनाकार किस तरह भाषा के संकट और संप्रेषण की समस्या से जूझ रहे हैं, इसका भी संकेत मिलता है।

इस अंक में सेनेगल के प्रसिद्ध कवि सेंघोर, डेविड डियोप, मेडागास्कार के रेबियर विलो, सोमालिया के इस्माइल हुरेंन, नाइजीरिया के वोले शोयिंका, गेब्रियल ओकारा, जे.पी.क्लार्क, घाना के कोफी अबूनूर, उगांडा के आकोट पिब्तेक, मोजाम्बिक के जार्ज रिबेलो, जोस केवेरिन्हा, अंगोला के अगस्तिन्हा नेटो तथा दक्षिणी अफ्रीका के डेनिस ब्रूटस, ह्यूज लेविन आदि की अनूदित कविताएँ संकलित हैं। इन कविताओं की दुनिया में हत्याएँ, हवशी की पीड़ा-यंत्रणा,

संघर्षरत हाथ, लंबा दिन, भोर में एक मृत्यु, फाँसी तो हैं ही, सीन नदी की रात, प्रेम और प्रकृति के अनोखे चित्र भी हैं। बंदी का गीत भी है और विदा होने का क्षण भी। मंडेला भी है और फैसले का दिन भी। अंत में वीरेन्द्र कुमार बरनवाल की पुस्तक 'पानी के छींटे सूरज के चेहरे पर' पर विजय कुमार की सुंदर समीक्षा है।

इस महत्त्वपूर्ण उपलब्धि के लिए मैं क्या संपूर्ण हिंदी-संसार ज्ञानरंजन, विजय कुमार, अनूप सेठी, रमेश राजहंस, अनुराधा महेन्द्र एवं बरनवाल के प्रति आभार महसूस करेगा।

2. सामयिक परिदृश्य : (त्रैमासिक)

सं. विमल वर्मा एच-13, एल.आई.जी.फ्लैट्स, 8/1, आर.पी.रोड, काशीपुर, कलकत्ता-400002

सातवें दशक के उत्तरार्द्ध में विमल वर्मा द्वारा संपादित लघु-पत्रिका 'सामयिक' की याद साहित्य के सुधी पाठकों को अब भी होगी। इस पत्रिका में प्रकाशित त्रिलोचन पर भगवान सिंह का गंभीर लेख आज भी प्रासंगिक है।

एक अर्से बाद पत्रिकाओं की दुनिया में विमल वर्मा की वापसी सुखद है। सामयिक उनका अतीत है और परिदृश्य वर्तमान (सामयिक परिदृश्य)।

प्रवेशांक में चंद्रदेव सिंह एवं श्रीहर्ष के क्रमशः गीत एवं कविताएँ अच्छी हैं। अनय की कहानी धारदार है। मार्क्सवादी सौंदर्यशास्त्र पर हीरेन्द्र चटर्जी एवं प्रेमचंद पर सुब्रत लाहिड़ी के लेख विचारणीय हैं। रोमिला थापर ने रामजन्म भूमि-बाबरी मस्जिद विवाद पर गंभीरतापूर्वक विचार किया है। अलखनारायण की समीक्षा पर अब क्या कहूँ। पिछले दिनों शलभ श्री रामसिंह से यह दुखद सूचना मिली कि वे अब नहीं रहे। परशुराम की समीक्षा ठीक है।

3. संदर्भ (अनियतकालीन) :

सं. सुधीर विद्यार्थी, अमितेश अमित, श्री दिनेश मेडिकोज, सदर बाजार, शाहजहांपुर-242001

हृदयेश, श्याम किशोर एवं चंद्रमोहन दिनेश के संपादन में प्रकाशित 'प्रतिमान' (कथा-प्रतिमान) पत्रिका की याद दिलाती इस लघु-पत्रिका ने मिथिलेश्वर पर बहुत पहले एक अंक निकाला था। फिर हिंदी के प्रतिष्ठित कहानीकार हृदयेश पर विशेषांक निकालकर महत्त्वपूर्ण काम किया है। आज हिंदी आलोचना विशेषतः कथा-आलोचना की स्थिति सचमुच बेहद असंतुलित है। हृदयेश जैसे महत्त्वपूर्ण कथाकार, जिन्होंने न केवल प्रेमचंद की परंपरा का विकास किया है बल्कि अपने कथा-लेखन से सामाजिक जीवन यथार्थ के अछूते पहले से भी हमारा साक्षात्कार कराया है, आज भी उपेक्षित है। हृदयेश विशेषांक वस्तुतः उनके रचना-कर्म को जानने-समझने की कुंजी है, उनके कथा-लेखन का प्रवेश-द्वार।

पत्रिका के नये अंक में रामकुमार कृषक की विचारोत्तेजक लेकिन विवादास्पद कविता 'गोर्वाचेव से' प्रकाशित है। श्याम किशोर की कविता में आज के समाज का विद्रूप चेहरा है। भाऊ समर्थ पर चंद्रमोहन दिनेश की टिप्पणी उल्लेखनीय है।

4. ऋतुगंध :

सं. अशोक गुप्त, किशोर प्रभात प्रकाशन, राजेन्द्रपुरी, मुजफ्फरपुर-842001

इस पत्रिका के नये अंक (10) में त्रिलोचन की डायरी का अंश-जनवरी 1951-प्रकाशित है। साहित्य के इतिहास लेखन के महत्त्वपूर्ण स्रोत डायरी भी हैं, और पत्र भी, इसीलिए इनका

अलग महत्त्व है। संभवतः पहली बार त्रिलोचन की डायरी पं. शिवचंद्र शर्मा द्वारा संपादित 'स्थापना' में छपी थी। फिर 'धरातल' में दूसरी बार।

निलय उपाध्याय की कविता 'गंगा में पिता' एक मार्मिक कविता है। इस कविता में गंगा में विसर्जित होते पिता की स्मृतियों को जिस स्थापत्य कौशल के साथ उठाया गया है प्रशंसनीय है। इस कविता में भाषा की संप्रेषणीयता तो है ही, गजब की हार्दिकता भी है। केदारनाथ सिंह पर रेवतीरमण ने अच्छा लिखा है।

5. जतन (अनियतकालीन) :

सं. हरपाल, 759/12, शांतिनगर, कुरूक्षेत्र-1321118

जनवादी सांस्कृतिक मंच, हरियाणा द्वारा प्रकाशित इस पत्रिका के नये अंक (जुलाई 1990) में उदय प्रकाश की दोनों कविताएँ 'दो हाथियों की लड़ाई' एवं 'विद्वत्त' रेखांकित करने योग्य हैं। पहली कविता में समकालीन राजनीति के विद्रूपीकरण का उन्होंने तीव्रता के साथ उपहास किया है। 'सबसे ज्यादा कुचली जाती है घास'-यह घास जनता है। समकालीन कथा-आलोचकों की चुप्पी भंग करती समकालीन कहानी पर स्वयं प्रकाश की टिप्पणी से एक सार्थक बहस की शुरुआत हो सकती है। 44 पृष्ठों की लघु-पत्रिका में यदि एक-दो महत्त्वपूर्ण रचनाएँ भी मिल जाएँ तो मैं नहीं समझता दृष्टिकोण (खंडित दृष्टिकोण) से टकराने की जरूरत है।

6. संबोधन :

सं. कमर मेवाड़ी, चाँदपोल, काँकरोली (राजस्थान)-313324

संबोधन हिंदी की उन कुछ महत्त्वपूर्ण लघु पत्रिकाओं में से है जो लघु-पत्रिका आंदोलन के आरंभ से जुड़ी हैं यानी 1966 से। आज जब कि उस दौरान निकली अधिकांश पत्रिकाएँ परिदृश्य से गायब हैं, कमर मेवाड़ी का अदम्य उत्साह एवं संकल्प इस पत्रिका के अस्तित्व का कारण है। पत्रिका के नये अंक (जुलाई-अक्तूबर 90, जनवरी 1991) में युवा कवि ओम भारती की कविताओं में समकालीन जीवन के संघर्ष की आँच है। पालनी, चंदेल एवं हबीब कैफी की कहानियाँ अच्छी हैं। पत्रिका का समीक्षा स्तंभ सशक्त है।

7. नई रचना :

सं मदनमोहन, 32, रीड्स धर्मशाला क्वार्टर्स, गोरखपुर (उ.प्र.)-273001

पत्रिका के नवंबर 1990 अंक में कहानी एवं कविता तो हैं ही, गीत भी है और 'कामरेड का कोट' ('हंस' में प्रकाशित) कहानी पर विचार भी। स्वयंप्रकाश, सतीश जमाली एवं सुरेश कांटक के कहानी संग्रहों पर समीक्षाएँ भी। इस अंक में केदारनाथ सिंह से मदनमोहन की बातचीत पठनीय है। देवेन्द्र कुमार (स्व.) एवं वीरेशचंद्र की कविताएँ अच्छी हैं।

2. अन्य पत्रिकाएँ :

1. **इंद्रप्रस्थ भारती (त्रैमासिक)**—संपादक-डॉ. विजय मोहन सिंह, हिंदी अकादमी, ए-26/27 सनलाइट इंश्योरेंस बिल्डिंग, आसफ अली रोड नई दिल्ली-110002
2. **पल प्रतिपल**—संपादक-देश निर्मोही, 372, सेक्टर-17, पंचकूला (हरियाणा)
3. **अलाव**—संपादक-रामकुमार कृषक, सी-3/59, सादतपुर विस्तार, करावल नगर रोड, दिल्ली-110094

4. **सरोकार**—संपादक डॉ. शिवप्रसाद सिंह, सुधर्मा 13, गुरुधाम कॉलोनी, वाराणसी-221010 (उ.प्र.)
5. **उद्भावना (त्रैमासिक)**—संपादक-सरवर हसन 'सरवर', एच-55, सैक्टर 23, राजनगर, पोस्ट-कविनगर, गाजियाबाद (उ.प्र.)
6. **कारखाना**—संपादक-रमेश नीलकमल, 11 अ ब स, कारखाना मार्ग, जमालपुर (ई रेलवे)-811214-(बिहार)
7. **आवर्त**—संपादक-वीरेशचन्द्र, द्वारा आनंद किशोर शाही, झझौलिया रोड, मुजफ्फरपुर, (बिहार)
8. **अन्तर्दृष्टि**-संपादक—विनोद दास-सेक्टर-18, मकान नं. 66, इंदिरानगर, लखनऊ
9. **विषयवस्तु (त्रैमासिक)**—संपादक-**धर्मेन्द्र गुप्त,** 274, राजधानी एन्क्लेव, रोड नं. 44, शकूर बस्ती, दिल्ली-110034

3. महत्त्वपूर्ण प्रकाशन :

1. **डूब** (उपन्यास)-वीरेन्द्र जैन, वाणी प्रकाशन, 4697/5, 21-ए दरियागंज, नई दिल्ली-110002
2. **डाब** (कहानी) रामनारायण शुक्ल, संभावना प्रकाशन, रेवती कुंज, हापुड़, मेरठ (उ.प्र.)
3. **मुक्तिबोध : एक अवधूत कविता** (आलोचना)—श्री नरेश मेहता, लोक भारती प्रकाशन, 15-ए, महात्मागांधी मार्ग, इलाहाबाद
4. **दिल्ली जो एक शहर है** (संस्मरण)-महेश्वर दयाल, हिंदी अकादमी, ए-26/27, सनलाइट इंश्योरेंस बिल्डिंग, आसफ अली रोड, दिल्ली-110002
5. **आखर अनन्त** (कविता)-विश्वनाथ प्रसाद तिवारी, राधाकृष्ण प्रकाशन, 2/38, अंसारी मार्ग, दरियागंज, नई दिल्ली-110002
6. **गिरिजा कुमार माथुर की काव्य यात्रा** (कविता)-भारतीय ज्ञानपीठ प्रकाशन 18, इंस्टीट्यूशनल एरिया, लोदी रोड, नई दिल्ली-110003
7. **खिड़की के टूटे हुए शीशे में** (कविता)-राजेन्द्र उपाध्याय, वाग्देवी प्रकाशन, सुगम निवास, चंदन सागर, बीकानेर-334001
8. **समकालीन पाकिस्तानी—साहित्य**-संपादक-अली अहमद फातमी, प्राप्ति स्थान - 'पहल' -प्लाट नम्बर-101, आर.के.बिल्डर्स के सामने, रामनगर, आधारताल, जबलपुर (म.प्र.)
9. **पीढ़ियाँ** (उपन्यास)-अमृत लाल नागर, राजपाल एण्ड संस, कश्मीरी गेट, दिल्ली
10. **शब्द वेध** (कविता संग्रह)-रामगोपाल शर्मा रुद्र-राधाकृष्ण प्रकाशन 2/38, अंसारी मार्ग, दरियागंज, नई दिल्ली-110002

(हंस, सितंबर 1991)

मैं यह मानने के लिए बिल्कुल तैयार नहीं हूँ कि समकालीन कविता का परिदृश्य निराशाजनक है। कविता में आज कई प्रवृत्तियाँ सक्रिय हैं- प्रगतिशील कविता का दौर अभी खत्म नहीं हुआ है। नई कविता के कवियों के दृष्टिकोण में भी कोई भारी परिवर्तन नहीं हुआ है। उनकी कविताओं में वैयक्तिकता अभी भी लक्ष्य की जा सकती है। सप्तक-परंपरा के कवियों में-केदारनाथ सिंह को छोड़कर-किसी कवि ने अपना पुनसंस्कार नहीं किया है। अकविता के कवियों (या अकवियों) ने भले अपना काव्य-मुहावरा बदल लिया हो, लेकिन उनकी कविता में अकविता की अनुगूँज अभी भी शेष है। इन काव्य-स्थितियों के बीच अभी-अभी कविता की दुनिया में दाखिल एक तरुण पीढ़ी के कवियों ने न केवल कविता के बारे में हमारी आस्था को एक नया आयाम दिया है, बल्कि उनके द्वारा लिखी जा रही कविताओं ने नई संवेदनशीलता के साथ यथार्थ की मार्मिक परतों को उघारा है। भाषा के स्तर पर भी उन्होंने लोक-संवेदना की नई अनुभूतियों से हमें परिचित कराया है। कविता की इस पूरी नई पीढ़ी-एकांत श्रीवास्तव, कुमार अम्बुज, निलय उपाध्याय, बद्रीनारायण, नवीन्न सागर, बलीसिंह चीमा, राकेश रेणु, उत्तम कुमार पीयूष, विनय सौरभ, देवी प्रसाद मिश्र, बोधिसत्व, अनामिका, रोचना विश्वकीर्ति, संवेदना रावत-को रेखांकित करने की जरूरत है। इन्हीं कवियों की कविताएँ हमें भविष्य के प्रति आश्वस्त करेंगी। यह कहकर मैं पूर्ववर्ती पीढ़ी के महत्त्वपूर्ण कवियों के महत्त्व को कतई कम नहीं करना चाहता। उनसे प्रेरणा लेती हुई ही यह नई पीढ़ी आयी है।

1. लघुपत्रिकाएँ :

1. इंद्रप्रस्थ भारती (त्रैमासिक) : सं. डॉ. विजयमोहन सिंह, हिंदी अकादमी, ए-26/27, सनलाइट इंश्योरेंस बिल्डिंग, आसफ अली रोड, नई दिल्ली-110002

इस पत्रिका का नया अंक 'कवितांक 1991' पर केंद्रित है। आचार्य रामचंद्र शुक्ल से लेकर डॉ. हजारी प्रसाद द्विवेदी, डॉ. रामविलास शर्मा तथा डॉ. नामवर सिंह जैसे आलोचकों ने कविता को परिभाषित करने की कोशिश की है, कवियों में विशेषतः मुक्तिबोध, धूमिल और राजकमल चौधरी ने भी। लेकिन कविता है जिसका कोई-न-कोई छोर हर बार अपरिभाषित रह जाता है। इस कवितांक के प्रखर संपादकीय में प्रसिद्ध कथाकार एवं कथा-आलोचक संपादक विजयमोहन सिंह ने फिर सवाल उठाया है. 'कविता क्या है ?' लिखते हैं- "आज हम एक ऐसे दौर से गुजर रहे हैं जबकि कविता नहीं पूरी कला ही 'क्या' और 'क्यों' जैसे प्रश्नों के स्तर पर उतर आयी है। इसे बहुत अथवा बुनियादी मूलभूत स्तरों पर ले जाकर न भी देखा जाए तो भी हर क्षण यह टुच्चा सवाल सिर उठाकर कहता है कि क्या कविता यही है ?" या "यह कविता क्यों नहीं है ?" विजयमोहनजी की चिन्ता बिल्कुल 'जैनुएन' है। इस अंक में संकलित कविताओं के बारे में भी उनकी विनम्र टिप्पणी गौर तलब है-"अतः यह अंक 'मिसाल' नहीं है, केवल उसी परिदृश्य का अंग है, जो हमारे सामने है या संभव

है। भले ही यह उतना पूरा भी न हो जिसे 'पूरा परिदृश्य' कहा जा सके किंतु इतना तो यह बतला ही सकता है कि आज के संदर्भ में 'कविता क्या है।'

पत्रिका के इस अंक में कई पीढ़ियाँ ही नहीं, कई काव्य-प्रवृत्तियाँ भी समाहित हैं। इसमें उपेन्द्रनाथ अश्क, शिवमंगलसिंह सुमन एवं रामदरश मिश्र की कविताएँ हैं। सप्तक-परंपरा के कवि (स्व.) प्रभाकर माचवे, केदारनाथ सिंह, राजेन्द्र किशोर, नंदकिशोर आचार्य, राजकुमार कुंभज, अवधेश कुमार की कविताएँ हैं। अकविता के कवि-गंगा प्रसाद विमल, जगदीश चतुर्वेदी, सौमित्र मोहन, शलभ श्रीराम सिंह की भी कविताएँ हैं। कथाकार-कवि-शैलेश मटियानी, रमेश उपाध्याय, अवध नारायण मुद्‌गल, अरुण प्रकाश, रमेशचंद्र शाह, तरसेम गुजराल, ॠता शुक्ल की भी कविताएँ हैं। इंदु जैन, ॠतुराज, प्रयाग शुक्ल, लीलाधर जगूड़ी के ठीक बाद वाली पीढ़ी-अरूण कमल, मंगलेश डबराल, राजा खुगशाल, विनोद दास, विनोद भारद्वाज, अब्दुल बिस्मिल्लाह की कविताएँ भी हैं। बिल्कुल तरुण पीढ़ी के कवियों, जिनका उल्लेख ऊपर हो चुका है उनकी कविताएँ भी हैं। लेकिन हिंदी कविता का यह पूरा रचना-संसार नहीं है। इसमें उदय प्रकाश, राजेश जोशी, विजेन्द्र, नीलाभ, विनोद कुमार शुक्ल, अशोक वाजपेयी, कुँवर नारायण आदि कवियों की कविताएँ नहीं हैं। इसलिए मुझे यह कविता का अधूरा संसार लगता है।

फिर भी इन कविताओं से उभरता रचना-संसार दिलचस्प है। इसमें यात्रा में देखे गये प्रकृति चित्र हैं, घर की चिट्‌ठी (त्रिलोचन के बाद का यथार्थ) रात में सफर की यंत्रणा, टूटती आवाजें, बनारस के चित्र, प्रेयसी की याद है तो पालने के साथ 'हिलती हुई समूची पृथ्वी है।' काली लड़की का सौंदर्य शास्त्र है और नट बनकर 'गिरने से बचने की एकाग्रता भरी थकान भी।' इस अंक में एक महत्त्वपूर्ण कविता केदारनाथ सिंह की है-'हादसा' जो जनता दल सरकार के टूटने की प्रक्रिया को बहुत मार्मिकता के साथ रेखांकित करती है-'कीलों से ठुका हुआ अटल विश्वास था अचानक ढह गया।' इन कविताओं में प्रेम, प्रकृति, माँ, बच्चे, पेड़, घर, पिता, दरवाजे ही नहीं, 'प्रेम पत्र' भी है। इसी अंक में प्रकाशित बद्रीनारायण की 'प्रेम पत्र' शीर्षक कविता पर भारतभूषण अग्रवाल पुरस्कार घोषित करते हुए निर्णायक डॉ. केदारनाथ सिंह ने टिप्पणी की है-'पिछले कुछ महीनों में जिन नये कवियों ने अपनी भाषा की ताजगी और संवेदना की नयी बनावट से पाठकों का ध्यान आकृष्ट किया है उनमें बद्रीनारायण का विशिष्ट नाम है। पुरस्कृत कविता-जीवन परिस्थितियों के बीच एक ठेठ युवा मन के प्रेम की पीड़ा को अनेक अर्थगर्भी संकेतों के द्वारा व्यक्त करती है जिसके स्थापत्य में लोक कविता की सहजता और मार्मिकता है।'' प्रेम पत्र को बचाने की यह मानवीय चिंता, तमाम संघर्षों के बीच, एक मानवीय मूल्य-संवेदनशीलता को बचा लेने की चिंता से जुड़ी है।

नागार्जुन एवं त्रिलोचन, शमशेर तथा केदारनाथ सिंह से क्रमशः ज्योतिष जोशी, हरिवंशराय एवं सुलतान अहमद तथा मिथिलेश श्रीवास्तव के साक्षात्कार प्रासंगिक हैं। कृष्णदत्त पालीवाल का लेख कविता और आलोचना के सवालों से कम जूझता है, कवियों-आलोचकों की फेहरिस्त ज्यादा लगता है। 'रघुवीर सहाय की काव्य यात्रा' पर नंदकिशोर नवल का लेख बहुत लंबा है लेकिन उबाऊ नहीं। एक महत्त्वपूर्ण कवि-कर्म को संपूर्णता में रेखांकित करने के लिए यह आवश्यक लगता है। इस लेख से रघुवीर सहाय मुक्तिबोध के बाद दूसरे महत्त्वपूर्ण कवि के रूप में हिंदी जगत् में स्थापित होंगे।

2. समीक्षा (त्रैमासिक) : सं.-डॉ. गोपाल, प्रोफेसर्स क्वार्टर्स, रानीघाट, पटना-800006 (बिहार)

'समीक्षा' संभवतः हिंदी की एक मात्र लघु पत्रिका है ('प्रकर' का प्रकाशन तो बाद में शुरू हुआ) जो मात्र हिंदी पुस्तकों की समीक्षा पर केंद्रित है। 1967 में इस पत्रिका का प्रवेशांक जब निकला था, मैं पटना विश्वविद्यालय में एम.ए. (इतिहास) का विद्यार्थी था। न केवल हम सबने इस पत्रिका के प्रकाशन का हुलसकर स्वागत किया, बल्कि मैं तो अतिरेक उत्साह में तत्काल इस पत्रिका पर अपनी समीक्षा (या प्रतिक्रिया) लिखकर 'नई धारा' कार्यालय में भी दे आया था। तब विजयमोहन सिंह उस पत्रिका के संपादक थे। लेकिन मेरी वह अपरिपक्व समीक्षा प्रकाशित नहीं हुई। अपने प्रकाशन के रजत वर्ष में कदम रखती यह पत्रिका तब से डॉ. गोपाल के अदम्य दुस्साहस एवं संकल्प के बल पर भयंकर आर्थिक संकट झेलती बीच में अपना रूप बदलती, अब त्रैमासिक के रूप में जारी है। कहने की आवश्यकता नहीं कि इस पत्रिका ने न केवल आलोचकों की एक पूरी पीढ़ी तैयार की है, बल्कि पाठकों में साहित्यिक बोध को विकसित करने एवं स्वस्थ रुचि जगाने में भी एक महत्त्वपूर्ण भूमिका निभाई है।

पत्रिका के नये अंक (जुलाई-सितम्बर '90) में डॉ. रघुवंश के नये उपन्यास 'वह अलग व्यक्ति' की समीक्षा करते हुए इस उपन्यास की उपलब्धि के बारे में डॉ. गोपाल उपन्यासकार द्वारा प्रयुक्त असावधान भाषा का सवाल ही नहीं उठाते हैं, उपन्यास की संरचना पर भी प्रश्न-चिह्न लगाते हैं। महिला कथाकारों की सक्रियता किसी बड़ी फसल की तैयारी (इला डालमिया, शशि प्रभा शास्त्री एवं नासिरा शर्मा के क्रमशः उपन्यास 'छत पर अपर्णा', 'उम्र एक गलियारे की', तथा 'ठीकरे की मंगनी') बहुत गंभीरता से महिला कथा लेखिकाओं के रचना-संसार पर सार्थक टिप्पणी करता है। 'सहचर है समय' (रामदरश मिश्र) पर वेदप्रकाश अमिताभ की समीक्षा आत्मीय है।

3. अक्षरा (त्रैमासिक) : सं.-प्रभाकर श्रोत्रिय, हिंदी भवन, शामला हिल्स, भोपाल-462002

'साक्षात्कार' से अलग होने के बाद प्रभाकर श्रोत्रिय ने 'अक्षरा' का प्रकाशन एक चुनौती के रूप में आरंभ किया था। मुझे प्रसन्नता है कि डॉ. श्रोत्रिय ने जो हिंदी के आलोचक भी हैं, डटकर इस चुनौती का मुकाबला ही नहीं किया है, बल्कि 'अक्षरा' की एक पहचान भी बनायी है। पत्रिका का अंक-15 कहानी पर केंद्रित है जिसमें राजी सेठ, कमल कुमार एवं सुनील कौशिश तथा ललित शाह की कहानियाँ प्रकाशित हैं। 'साहित्य का भविष्य' पर विचार करते हुए डॉ. विद्यानिवास मिश्र ने कुछ दिलचस्प भविष्यवाणियाँ की हैं। अंक-17 में डॉ. शिवप्रसाद सिंह की एक अच्छी कहानी 'अमृता' आयी है जिसमें आज के समाज में घुट रही नारी की त्रासदी की मार्मिक अभिव्यक्ति है। डॉ. विश्वनाथ प्रसाद की कविताएँ ही नहीं, बल्कि 1932 में लाहौर के उर्दू साप्ताहिक 'अलमास' में प्रकाशित उपेन्द्रनाथ अश्क की कहानी 'शिकायत' की पुनःप्रस्तुति पर भी गौर करने की जरूरत है। पत्रिका का संपादन चुस्त है।

4. सामान्य जन संदेश :सं. डॉ. रामप्रकाश सक्सेना, लोहिया अध्ययन केन्द्र, 441, कुंडेकर भवन, शानिवारी, नागपुर-440018

प्रसिद्ध रंगकर्मी भाऊ समर्थ का आकस्मिक निधन हिंदी लघु-पत्रिकाओं के लिए वज्रपात है। 'हंस' के अपने संपादकीय में राजेन्द्र यादव ने बहुत मार्मिकता के साथ उनके निधन पर यह टिप्पणी की थी : "पिछले तीस-चालीस वर्षों की शायद ही कोई लघु-पत्रिका हो जिसका

मुख-पृष्ठ भाऊ समर्थ के रेखाचित्रों से न सजा हो। हिंदी पाठकों को आधुनिक चित्रकला के संस्कार देने में जितना गहरा और बड़ा योगदान भाऊ समर्थ का है, शायद ही किसी दूसरे का हो... वे खुले हाथों सबको अपनी कला बाँटते थे और अकेले ऐसे कलाकार थे जिनकी सबसे अधिक नकलें की गयीं। उनकी भी केन्द्रीय शक्ति थी लोक और आधुनिक का मिश्रण।" यह विडंबना ही है कि अभी इस कॉलम के लिए जिन पत्रिकाओं-आवर्त कारखाना, पल-प्रतिपल, सामान्य जन संदेश-पर मैं टिप्पणी लिख रहा हूँ सब पर भाऊ समर्थ के चित्र हैं। एक अतिरिक्त रेखांकन मेरे पास है जिसे उन्होंने मेरे द्वारा संपादित लघु-पत्रिका 'पदक्षेप' के लिए कृपापूर्वक भेजी थी। इस रेखांकन को उनकी स्मृति में मैं सहेज रहा हूँ। उनके निधन पर हिंदी की प्रायः हर लघु-पत्रिका ने न केवल गहरा शोक व्यक्त किया है, बल्कि उन पर महत्त्वपूर्ण लेख भी प्रकाशित किये हैं। यदि इन लेखों का कभी संकलन हो तो हम भाऊ समर्थ के संघर्षशील व्यक्तित्व को पहचान सकेंगे। कविता में जैसे मुक्तिबोध थे, रंगों की दुनिया में वैसे ही भाऊ समर्थ थे।

लेकिन यह एक दुखद सच्चाई है कि हिंदी प्रदेश से अब तक उन पर केंद्रित किसी अंक का कोई संयोजन नहीं हो सका है। पहली बार इस पत्रिका ने अपना नया अंक (अप्रैल-जून 1991) उन पर केंद्रित किया है। संपादकीय में बिल्कुल ठीक टिप्पणी की गयी है- "भाऊ समर्थ लघु-पत्रिका आंदोलन को शक्ति देने वाले महान् चित्रकार, दिशा निर्देशक थे। देशभर से निकलनेवाली करीब तीन सौ से अधिक पत्रिकाओं में वे निरंतर अपने चित्रों को देने का काम करते रहे, बिना किसी आर्थिक लाभ के। सुधीर सक्सेना के लेख का शीर्षक 'भाऊ समर्थ' रंगों में बेचैन कविताएँ, अपने आपमें एक सार्थक टिप्पणी है। सुमति अय्यर का संस्मरण 'रंगों का ससार ढूँढ़ते हुए भाऊ' प्रखरता के साथ भाऊ की मानवीय चिंता से जुड़ी विश्वदृष्टि के नये आयाम से हमारा साक्षात्कार कराती है। इस अंक में भाऊ के संकलित कुछ महत्त्वपूर्ण पत्र हैं। मेरे जानते उनके रंग-संघर्ष पर केंद्रित यह महत्त्वपूर्ण दस्तावेज हैं।

2. अन्य पत्रिकाएं :

1. **समकालीन दस्तावेज**-सं. प्रशांत कुमार-3/29, पत्रकारपुरम, गोमती नगर, लखनऊ-226000
2. **ओर**-संपादक-विजेन्द्र, पूर्वा-2, गांधी नगर, आगरा-282003
3. **कथानक**-संपादक-सुनील कौशिश, के-74, न्यूस्कीम, यशोदानगर क्रानपुर-208011
4. **कहानीकार**-सपांदक-डॉ. कमल गुप्त, के 30/37, अरविंद कुटीर (निकट भैरव बाबा), वाराणसी (उ.प्र.)
5. **सापेक्ष**-संपादक-महावीर अग्रवाल, एच 24/8, सिविल लाइन, कंसारी डीह, दुर्ग (म.प्र.)-401001
6. **मधुमाधवी**-संपादक-नलिनी उपाध्याय, डी-22, शांतिपथ, तिलक नगर, जयपुर 47
7. **मधुमती** (मासिक)-संपादक-डॉ. दयाकृष्ण विजय, राजस्थान साहित्य अकादमी, सेक्टर-4, हिरणनगरी, उदयपुर-313001 (राजस्थान)
8. **विपाशा**-संपादक-तुलसीरमण, भाषा एवं संस्कृति विभाग, हि.प्र., त्रिशूल, शिमला-171003
9. **शीराजा**-सपांदक-डा. उषा व्यास, जम्मू कश्मीर अकादमी, नहर मार्ग, जम्मू (जे एण्ड के)

10. **आरोह**-संपादक-उत्तम कुमार पीयूष, साधनालय, पथर चपटी पथ, मधुपुर, (देवघर)-815353

3. पत्रिकाओं में उल्लेखनीय :

1. **चलो चिड़िया** (कविता)-प्रभाकर माचवे, धर्मयुग, 19 जुलाई 1991
2. **सुलह** (मिस्री कहानी)-सिहाम बायौमी, अनुवाद : अरशद गौड़ उद्‌भावना अप्रैल-जून, 1991
3. **माँ के लिए कुछ कविताएँ**-विश्वनाथ प्रसाद तिवारी, दस्तावेज-49/50
4. **उम्मीद चुनती हैं शायद कविता**-अशोक वाजपेयी, समकालीन भारतीय साहित्य, अप्रैल-जून 1991
5. **किस्सा साढ़े चार यार** (संस्मरण)-काशीनाथ सिंह, 'हंस', जुलाई 1991
6. **मार्कण्डेय** (संस्मरण)-संडे मेल, अगस्त 1991
7. **कहानी के बचाव में** (लेख)-स्वयंप्रकाश, 'साम्य'-17
8. **बांस का किला** (कहानी)-नर्मदेश्वर, वर्तमान साहित्य, अगस्त 1991
9. **भुवनेश्वर : आने वाला कल का लेखक** (लेख)-हृदयेश, 'हंस', अगस्त '91
10. **मिट्टी का चेहरा** (समीक्षा)-रामकृपाल पांडेव-साम्य-17
11. **काव्यभाषा :** क्रियाशील जीवन से अनुराग की भाषा-जीवन सिंह, **साम्य-17**

4. महत्त्वपूर्ण प्रकाशन :

1. **उल्का संकेत** (उपन्यास)-गौरी शंकर, कपूर-प्रकाशक, राजकमल **प्रकाशन, 1-** बी, नेताजी सुभाष मार्ग, नई दिल्ली-110002
2. **आसमान झुक रहा है** (उपन्यास)-हरिसुमन विष्ट, जयश्री **प्रकाशन, 4/115** विश्वास नगर, दिल्ली-110032
3. **कार्लो हब्शी का संदूक** (कहानी संग्रह)-रमाकांत, प्रकाशन संस्थान
4. **आयेंगे अच्छे दिन भी** (कहानी-संग्रह)-स्वयंप्रकाश, राजकमल प्रकाशन, नई दिल्ली-110002
5. **अनुगूँज** (कहानी-संग्रह)-गीताँजलिश्री, राजकमल प्रकाशन, नई दिल्ली 110002
6. **कितनी बार** (कहानी संग्रह)-सरयू शर्मा, सचिन प्रकाशन, 7/34, अंसारी रोड़, दरियागंज, नई दिल्ली-110002
7. **भय भी शक्ति देता है** (कविता)-लीलाधर जगूड़ी, राजकमल प्रकाशन, नई दिल्ली-110002
8. **सदी के शेष वर्ष** (कविता)-राजा खुगशाल, 3/114, कर्ण गली, विश्वास नगर, शाहदरा, दिल्ली-110032
9. **बेचैनी** (कविता)-भारत यायावर, वाणी प्रकाशन, नई दिल्ली-110002
10. **कथ-अकथ**(आलोचना)-गिरिराज किशोर, वाणी प्रकाशन, नई दिल्ली- 110002
11. **बिना चेहरे का पेट** (कहानी संग्रह)-सूर्यकांत नागर, दिशा प्रकाशन, 138/16, त्रिनगर, दिल्ली-110035

(हंस, अक्तूबर 1991)

कविता, कविता और सिर्फ कविता

कविता साहित्य की सूक्ष्म ही नहीं, अमूर्त विधा भी है। अपनी संरचना में जटिल एवं संश्लिष्ट भी। इसलिए एक भाषा की कविता का दूसरी भाषा में रूपांतरण प्रायः असंभव माना गया है। कहा तो यहाँ तक गया है कि अनुवाद-प्रक्रिया में वस्तुतः मूल कविता की हत्या होती है। ऐसी स्थिति में विदेशी कविताओं का हिंदी अनुवाद तो और भी दुष्कर कार्य है। कविता की प्रकृति ही नहीं, कवि के देश-काल की संवेदनाओं, अनुभूतियों, कवि मनःस्थिति के पीछे स्थित सांस्कृतिक स्रोतों, इन सबसे टकराते, शब्दों के बीच खाली जगहों को भरते हुए ही विदेशी कविताओं के अनुवाद संभव हो सकते हैं। सवाल अनुवादक द्वारा मूल कविता को समझने की क्षमता का भी है और संवेदनशील सहृदयता के साथ कविता-प्रदेश में प्रवेश करने का भी। अंग्रेजी भाषा की कविता से तो प्रायः थोड़े-बहुत हम परिचित हैं, लेकिन संसार की अन्य भाषाओं के कवियों से हमारा साक्षात्कार अनुवाद के माध्यम से ही हुआ है। देशी-विदेशी भाषाओं से कविताओं के अनुवाद की एक लंबी परंपरा हिंदी में रही है-मैथिलीशरण गुप्त, निराला, पंत, दिनकर, रामविलास शर्मा, अज्ञेय, चंद्रबली सिंह, धर्मवीर भारती, नामवर सिंह, श्रीकांत वर्मा, रघुवीर सहाय, राजीव सक्सेना, कुँवर नारायण, विष्णु खरे, गिरिधर राठी, नंदकिशोर नवल, रमेशचंद्र शाह, प्रयाग शुक्ल, सोमदत्त, चंद्रकांत देवताले, मंगलेश डबराल, नंदकिशोर आचार्य, अशोक वाजपेयी, शिवकुटी लाल वर्मा, राजेश जोशी, अरुण कमल, वरयामसिंह, त्रिनेत्र जोशी, वीरेन्द्र कुमार बरनवाल एवं प्रियदर्शी ठाकुर 'ख्याल' आदि। कहने की आवश्यकता नहीं देशी-विदेशी कविताओं के अनुवाद से हिंदी भाषा एवं साहित्य की समृद्धि हुई है। और हमने अच्छी विदेशी कविताओं का आस्वाद जाना है।

1. लघु पत्रिकाएं :

1. तनाव (त्रैमासिक) :

सं. वंशी माहेश्वरी, संपर्क : 57, मंगलवारा, पिपरिया (म.प्र.)-461775

इस पत्रिका के प्रकाशन का आरंभ भी सामान्य लघु-पत्रिका की तरह ही हुआ। लेकिन कुछ अर्से बाद संपादक वंशी माहेश्वरी ने इसे विदेशी अनुवाद शृंखला की एक मात्र पत्रिका में बदलकर न केवल पत्रिका के चरित्र में परिवर्तन किया, बल्कि विदेशी कविताओं से हिंदी के विशाल पाठक वर्ग को परिचित कराने के अपने संकल्प का भी परिचय दिया। पिछले 15 वर्षों से इस पत्रिका में लगातार विदेशी कविताओं के अनुवाद ही प्रकाशित हो रहे हैं। अब

तक प्रकाशित इस पत्रिका के 46 अंकों में चिली, युगोस्लाविया, फ्रांस, पोलैण्ड, अर्जेंटीना, सोवियत संघ, यूनान, हंगरी, अफ्रीका, ब्रितानी, रोमानिया, इटली, चीन, ग्रीक, फिनलैण्ड, निकारागुआ, इस्राइल, मिस्र, जर्मन गणराज्य, जापान, अरब, इंडोनेशिया आदि देशों के महत्त्वपूर्ण कवियों की कविताओं के अनुवाद प्रकाशित हुए हैं।

पत्रिका के अंक 45 में ब्रितानी कवि गिएविक की चौबीस कविताओं का अनुवाद परिश्रमपूर्वक प्रगति सक्सेना ने किया है। नये अंक (46) में विनय दुबे द्वारा अंग्रेजी से क्यूबा के मशहूर कवि इबर्तो पॅदिल्ल्या की पंद्रह अनूदित कविताएँ प्रकाशित है। निश्चित रूप से वंशी माहेश्वरी 'तनाव' के माध्यम से अपने सहयोगी एम.एस. पटेल के साथ सार्थक काम में लगे हैं, जिसका महत्त्व हिंदी के पाठक समझ रहे होंगे।

2. ओर (त्रैमासिक) :

सं. विजेन्द्र संपर्क : पूर्वा 2, गांधीनगर, आगरा (उ.प्र.)-282003

एक लंबे अंतराल के बाद बोनसाई कद में, लेकिन आकर्षक रूप में, 'ओर' का पुनःप्रकाशन सुखद है। लघु-पत्रिका आंदोलन के आरंभिक वर्षों से जुड़ी इस पत्रिका ने कभी हिंदी जगत् में साहित्यिक एवं वैचारिक उत्तेजना पैदा की थी।

काव्य-भाषा पर केंद्रित पत्रिका के नये अंक (जुलाई-सितम्बर 91) के अपने संपादकीय में विजेन्द्र जिस तरह से काव्य भाषा को परिभाषित करने की कोशिश करते हैं, हमारी तरह पाठकों को भी हैरानी में डालनेवाला प्रतीत होगा। वे व्यर्थ ही काव्य-भाषा की दुरूहता की दीवार खड़ी करने की कोशिश करते हैं। उन्हीं के शब्दों में-'दरअसल काव्य भाषा मूर्त, अमूर्त और समूर्त की आत्मीकृत प्रक्रिया की सघन यात्रा से परिपक्व होती है। अर्थात् बाह्य सत्ता के ऐंद्रिक अनुभव को प्रथम सोपान-जहाँ हर मूर्त सत्ता का भाव के रूप में अमूर्तन होता है, फिर मूर्त को अनेक और विविध-पूर्व में अर्जित-भाव समूहों के साथ अमूर्तन में जीना, उसे अपने व्यक्तित्व में रचकर, उसे अपनी निज़ता में रंगकर, उसके रंगों की निजता बनाये रखना। एक प्रकार से बाह्य सत्ता के अपने व्यक्तित्व में रचकर भी उसे व्यक्तिहीन न होने देना। उसे तब तक रचना जब तक प्रथम अनुभव भावबोध के रचाव का रूप न धर ले। यह सारा क्रिया-व्यापार मानव समूहों में रहकर भी बड़ा एकांतिक है।' देख लिया न आपने कैसे एक सरल विषय को गड़बड़ भाषा बोझिल, रहस्यमयी बना देती है। हर पीढ़ी का कवि अपनी काव्य-भाषा खुद अन्वेषित करता है-आत्म-संघर्ष के द्वारा। पूर्ववर्ती पीढ़ी से सीखी काव्य-भाषा से उसकी कविता को संस्कार मिलता है। लेकिन काव्य-भाषा से ही कवि की निजता की पहचान होती है।

परमानंद श्रीवास्तव के लेख में भी अस्पष्टता है। जीवन सिंह के लेख 'काव्य भाषा' : क्रियाशील जीवन से अनुराग की भाषा' में इस विषय पर नयी दृष्टि से विचार किया गया है। इसी अंक में प्रकाशित एकांत श्रीवास्तव की कविता की भाषा में ताजगी है। बेशक हम साहित्य के सैद्धांतिक सवालों से टकरायें, लेकिन शास्त्रीय भाषा की गलबाँही डालते हुए नहीं। हमें साहित्य के सामान्य पाठकों का भी ध्यान रखना चाहिए। विजेन्द्र जी गंभीर आलोचकीय मुद्रा त्यागकर 'ओर' के आगामी अंकों में साहित्य के समकालीन सवालों-सरोकारों पर सहज

भाषा में बातचीत करें तो अच्छा हो।

शंभु गुप्त का लेख और समीक्षाएँ ठीक हैं।

3. अन्तर्दृष्टि :

सं. विनोद दास, संपर्क : सेक्टर-18, मकान नं. 66, इंदिरा नगर, लखनऊ (उ.प्र.)

साठोत्तरी दशक में लखनऊ से ही एक लघु-पत्रिका 'आरंभ' निकली थी। इस लघु-पत्रिका का संपादन विनोद भारद्वाज ने जिम्मेदारीपूर्वक किया था, वह अपने आपमें एक उदाहरण है। 'अन्तर्दृष्टि' पत्रिका पढ़ते हुए सहसा मुझे 'आरंभ' की याद हो आयी।

रघुवीर सहाय की कविताएँ समकालीन हिंदी आलोचकों के लिए चुनौती रही है। कहना व्यर्थ है, उनके आकस्मिक निधन से हिंदी-कविता विपन्न हुई है। पत्रिका के नये अंक-3 में विनोद दास ने उन पर कुछ महत्त्वपूर्ण सामग्री प्रकाशित की है। न केवल उनके कुछ प्रासंगिक पत्र इस अंक में संकलित हैं, बल्कि उनकी स्मृति में भी काफी कुछ उल्लेखनीय प्रकाशित है। इस अंक में केदारनाथ अग्रवाल, लीलाधर जगूड़ी, अशोक वाजपेयी, विष्णु नागर, विमल कुमार, विनोद दास, राजा खुगशाल, नवल शुक्ल एवं निलय उपाध्याय की अच्छी कविताएँ शामिल हैं।

अभी तक 'तीसरा सप्तक' के प्रतिष्ठित कवि कुँवर नारायण का हिंदी-साहित्य में समुचित मूल्यांकन नहीं हुआ है, छिटपुट उल्लेख अवश्य हुआ है। 'कुँवर नारायण की कविता' शीर्षक लेख में नंदकिशोर नवल ने उनकी कविताओं का मूल्यांकन करते हुए सही टिप्पणी की है- 'हिंदी कविता में यह उनका वैशिष्ट्य है कि भले उनके रास्ते में भटकाव आये हो और वे अस्तित्ववाद-जैसे भाववादी और व्यक्तिवादी दर्शन के प्रभाव में चले गये हों, लेकिन वे शुरू से मनुष्य के खंडरूप को नहीं, बल्कि संपूर्ण रूप को दृष्टि में रखकर, उसी को पाने के लिए, काव्य-साधना करते रहे हैं।'

मंगलेश डबराल एवं गगन गिल के कविता-संग्रह क्रमशः 'घर का रास्ता' एवं 'एक दिन लौटेगी लड़की' पर विकास द्विवेदी एवं अरविन्द त्रिपाठी की समीक्षाएँ ठीक हैं।

4. समकालीन दस्तावेज :

सं. प्रशांत कुमार, संपर्क : 3/29, पत्रकारपुरम, गोमती नगर, लखनऊ-226010

इस पत्रिका के प्रवेशांक (अप्रैल 1991) में नवंबर 1932 में लखनऊ से प्रकाशित एवं मार्च 1933 में ब्रिटिश शासन द्वारा प्रतिबंधित उर्दू कहानी संग्रह 'अंगारे' में प्रकाशित सय्यद सज्जाद जहीर, अहमद अली, रशीद जहां एवं महमूदुज्जफर की दस उर्दू कहानियों का हिंदी अनुवाद है।

रजिया सज्जाद जहीर ने बहुत पहले उर्दू कहानियों का सर्वेक्षण करते हुए यह टिप्पणी की थी : "1932 में लखनऊ में : 'अंगारे' नाम से अफसानों का एक संकलन प्रकाशित हुआ था ... ये समय बहस तलब है कि साहित्यिक हैसियत से ये अफसाने अज़ीम थे या नहीं, लेकिन इस बात से सब इत्तेफाक रखते हैं कि 'अंगारे' में उर्दू अफसाने ने एक ऐसी जबरदस्त छलाँग लगायी कि इसमें हर प्रकार के विषयों पर बेबाकी से बहस करने के दरवाजे खुल गये। बेबाक लेखन की हिम्मत और प्रेरणा, विशेषकर धार्मिक अंधविश्वास, भेदभाव, जाति आदि पर इस किताब ने अच्छा व्यंग्य किया। सेक्स, जोकि साहित्य में चर्चा का विषय कम था, नहीं के बराबर, अब इस पर क़लम उठाने लगे। इस लिहाज से ये किताब जिसे फहश

(अश्लील) करार देकर जब्त किया गया, एक ऐतिहासिक महत्त्व रखती है।" स.द. का यह काम महत्त्वपूर्ण है, लेकिन हमें और पीछे जाने की जरूरत है। 1857 के बाद का बहुत सारा साहित्य अभी भी अभिलेखागारों में बंद है।

दूसरे अंक (मई' 91) में नक्सली रामचंद्र सिंह की डायरी 'ठहरे हुए तेरह साल' प्रकाशित है, जिसमें उन्होंने अपने आजन्म कारावास की सजा भोगते जेल-व्यवस्था की सड़ाँध को अभिव्यक्ति दी है। जेल के भीतर की दुनिया की भयावहता, पाशविकता भी इसमें उजागर हुई है। समकालीन दस्तावेज एक दृष्टि संपन्न एवं अनिवार्य पत्रिका है।

5. आरोह :

सं. उत्तम कुमार 'पीयूष' संपर्क : साधनालय, मधुपुर (देवघर)-853353

अब तक प्रकाशित इस पत्रिका के छह अंकों में तीसरा अंक ग़ज़ल पर केंद्रित है और नया अंक संथाली साहित्य परिशिष्ट है। संथाली जनजाति की जिंदगी में भीतर झाँकने का अवसर उनके लोकगीतों एवं कविताओं के माध्यम से होता है। पत्रिका के संपादन में कसाव की जरूरत है और सामग्री के चयन में सावधानी की। फिर भी एक छोटे से कस्बे से मुद्रण की तमाम कठिनाइयों/सीमाओं से गुजरते हुए जिस तरह पीयूष आरोह निकालते हैं, प्रशंसनीय है। लेकिन भविष्य में अपनी पत्रिका को वे स्वस्थ दिशा दे सकें तो अच्छी बात होगी।

6. आवेग (जुलाई-सितंबर '91) :

सं. प्रसन्न ओझा, संपर्क : सत्यनिकेतन, 4, नजरबाग, बैंक कालोनी, रतलाम-457001 (म.प्र.)

अपने प्रकाशन के आरंभिक वर्षों में ही इस पत्रिका ने 'समकालीन कविता पहचान अंक' निकालकर हिंदी कविता-आलोचना की दुनिया में धमाका किया था। वह एक अद्भुत प्रयोग था, जिसने कवि और आलोचक को आमने-सामने खड़ा कर दिया था। बाद के वर्षों में भी पत्रिका निकलती रही, लेकिन अपेक्षित चर्चा नही हुई। पिछले 21 वर्षों से लगातार प्रकाशित इस पत्रिका के नये अंक में विशेषतः कविताएँ हैं और एक लेख श्रीकान्त वर्मा की कहानियों पर है। इस अंक में अनिल गंगल, सुदीप बनर्जी, शैलेन्द्र चौहान, चंपा वैद तथा प्रेमलता वर्मा की कविताएँ हैं। चंद्रकान्त देवताले द्वारा अनूदित एलन गिंसवर्ग की एक कविता भी है। पत्रिका साफ-सुथरी है।

7. पल प्रतिपल (त्रैमासिक) :

सं. देश निर्मोही, 372, सेक्टर-17, पंचकूला (हरियाणा)

इस बात का सचमुच मुझे सख्त अफसोस है कि इस महत्त्वपूर्ण पत्रिका के प्रकाशन से मैं एक लंबे अर्से तक बेखबर रहा। लेकिन जैसे ही उदयप्रकाश जी से समकालीन कहानी पर बातचीत के एक प्रसंग में इस पत्रिका के प्रकाशन ही नहीं, बल्कि इसमें प्रकाशित दो महत्त्वपूर्ण कहानियाँ-'भिरटी' (राजकुमार राकेश) एवं 'सीट' (हरीचरन प्रकाश) की मुझे जानकारी मिली, मैं श्रीराम सेंटर से अगले ही दिन यह पत्रिका खरीद लाया। सबसे पहले दोनों कहानियाँ पढ़ीं। इन दोनों कहानियों ने मुझे बेहद प्रभावित किया। 'भिरटी' का कथा-विन्यास कहीं 'तिरिछ' की तरह है, लेकिन 'भिरिटी' का आतंक फैंटेसी की शक्ल में-आज के यथार्थ को तीव्रता से उभारता है। यह न केवल अच्छी कहानी है, बल्कि तमाम डरों को भाषिक संवेदना कहानी के रूप में सृजित करती है। दूसरी कहानी 'सीट' इसलिए महत्त्वपूर्ण है कि इसमें कहानीकार

ने प्रशासन-तंत्र की क्रूरता को मूर्त करने के लिए भाषा का जिस तरह इस्तेमाल किया है कि वह भी प्रशासन-तंत्र का एक अटूट हिस्सा बन गया है। इस पत्रिका के नये अंक-16 में रघुवीर सहाय के कवि-कर्म पर मनमोहन की टिप्पणी विचारोत्तेजक है।

कुमार विकलप से सत्यपाल सहगल एवं प्रमोद कोंसवाल की बातचीत आज की कविता के तेवर को समझने में मदद करेगी। निर्मोहीजी के संपादन में निकली इस अच्छी पत्रिका के अगले अंक का मुझे इंतजार रहेगा।

2. महत्त्वपूर्ण प्रकाशन :

1. **महेन्द्र का भाई**-(तीसरा खंड)-रामनारायण शुक्ल की कहानियाँ, संभावना प्रकाशन, रेवती कुंज, हापुड़ (मेरठ)
2. **मेरी रचना-प्रक्रिया**-(आलोचना)-सं. लक्ष्मी नारायण, नंदवाना, राजस्थान साहित्य अकादमी, सेक्टर-14 , हिरणमगरी उदयपुर-313001
3. **मेरा राजहंस** (संस्मरण)-ले. सुधीर विद्यार्थी, संदर्श प्रकाशन, सदर बाजार, शाहजहांपुर-242001 (उ.प्र.)
4. **साधु न चलै जमात** (यात्रा)-श्री नरेश मेहता, राधाकृष्ण प्रकाशन, 2/38, अंसारी रोड, दरियागंज, नई दिल्ली-110002
5. **रामकथा नवनीत** (आलोचनात्मक टिप्पणी)-डॉ. पांडुरंग राव, भारतीय ज्ञानपीठ प्रकाशन, 18, इंस्टीट्यूशनल एरिया, लोदी रोड, नयी दिल्ली-110003
6. **हेमचंद विक्रमादित्य** (उपन्यास)-डॉ. शत्रुघ्न प्रसाद, सत्साहित्य प्रकाशन, 205-बी चावड़ी बाजार, दिल्ली-110006
7. **पाहीघर** (उपन्यास)-कमलाकांत त्रिपाठी, कोणार्क पब्लिशर्स प्रा. लि.,ए-149, मेन विकास मार्ग, दिल्ली-110092
8. **जार्ज लूकाच का यथार्थ दर्शन** (आलोचना)- राकेश कुमार-प्रकाशन संस्थान, 4715/21, दयानंद मार्ग, दरियागंज, नई दिल्ली-110002
9. **नई धारा के चालीस वर्ष** (विवरणिका)-सं. सुरेश कुमार, अशोक प्रेस, शेखपुरा, पटना-800014
10. **पाकिस्तान मेल** (उपन्यास)-खुशवंत सिंह, अनुवाद-उषा महाजन, राजकमल प्रकाशन, 1-बी, नेताजी सुभाष मार्ग, नई दिल्ली-110002
11. **लक्ष्मीकांत वर्माः चुनी हुई रचनाएँ**-तीन खंड-सं. कृष्णदत्त पालीवाल, सचिन प्रकाशन, 7/34, अंसारी रोड, दरियागंज, नई दिल्ली-110002
12. **रुद्र समग्र**-संपादक-डॉ. नंदकिशोर नवल, राधाकृष्ण प्रकाशन, 2/38 अंसारी मार्ग, दरियागंज, नई दिल्ली-110002
13. **कोना तेरा कौन-सा**(कविता संग्रह)-इंदु जैन,वाणी प्रकाशन, 4697/5, 21-ए, दरियागंज, नई दिल्ली-110002

(हंस, नवंबर 1991)

पिछले महीने अक्षर प्रकाशन में 'हंस' संपादक राजेन्द्र यादव जी की कृपा से मुझे 'नई धारा के चालीस वर्ष' (प्रकाशित रचनाओं की सूची), संपादक-सुरेश कुमार, सहायक संपादक 'नई धारा' अशोक प्रेस, शेखपुरा, पटना-800014, मूल्य 25.00 रुपये, पढ़ने के लिए उपलब्ध हुआ। अपने निवास-स्थान पर लौटकर पुस्तक को उलटने-पुलटने के बाद मैं यह देखकर विस्मित रह गया कि इस पत्रिका में आज के श्रेष्ठ साहित्यकारों का आरंभिक लेखन ही नहीं, हिंदी-साहित्य के छठे दशक से लेकर आठवें दशक का महत्त्वपूर्ण इतिहास भी दबा हुआ है। साहित्य के इतिहास के पुनर्लेखन के लिए संपादक श्री सुरेश कुमार द्वारा प्रदत्त इस 'कच्चे माल' के उपक्रम से उत्साहित होकर मैंने सोचा कि क्यों न 1936 से 1960 के दौरान प्रकाशित महत्त्वपूर्ण साहित्यिक पत्रिकाओं एवं संकलनों-रूपाभ, प्रतीक, आलोचना, वसुधा, नया पथ, नया खून, कल्पना, ज्ञानेदय, निकष, नई कविता, कवि, विविधा, वासंती, अपंरपरा, अवंतिका, पाटल, कहानी, कृति, एवं रुपांबरा की सूची तैयार की जाय। भारतेन्दु युग एवं सरस्वती -युग से संबंधित पत्रिकाओं पर महत्त्वपूर्ण शोध हो चुके हैं। इसलिए बाद के काल की महत्त्वपूर्ण साहित्यिक एवं लघु-पत्रिकाओं की शानदार परंपरा को अक्षुण्ण रखने एवं सुदृढ़ आधार देने के लिए यह मुझे आवश्यक लगा है।

1. लघुपत्रिकाएं :

1. नई धारा (द्वैमासिक) :

सं. उदयराज सिंह, सं. सं.-सुरेश कुमार, पता-उपर्युक्त।

'नई धारा के चालीस वर्ष' पुस्तक के संपादन से प्रसन्न होकर मैंने तभी बधाई का एक पत्र सुरेश जी को लिखा था। जवाब में 'नई धारा' के संपादक उदयराज सिंह (सुपुत्र स्व. राजा राधिकारमण प्रसाद सिंह) का लंबा पत्र मुझे मिला। मैं इस पत्र को अक्षरशः उद्धृत करता हूँ क्योंकि पत्रिका के प्रकाशन के इतिहास से संबंधित यह एक महत्त्वपूर्ण अभिलेख है :

पटना

8.10.91

प्रियवर,

मेरे सहकारी संपादक श्री सुरेश कुमार के नाम से आपका कृपा पत्र मिला। मैं 'नई धारा' की सूची का संकलन भेज रहा हूं। इसे देखने से आपको पता लगेगा कि 1950 के अप्रैल से 'नई धारा' लगातार प्रकाशित हो रही है। पहले यह मासिक था अब द्विमासिक। प्रारंभ में इसके प्रधान संपादक श्री रामवृक्ष बेनीपुरी हुए और सं. संपादक श्री वीरेन्द्रनारायण जो पीछे दूरदर्शन में चले गये और वहीं से अवकाश प्राप्त कर आप दिल्ली में ही रह गये। आप शायद उन्हें जानते हों। 1946 में अपने इलाहाबाद के सहपाठी स्व. हेमवती नन्दन बहुगुणा

के प्रयास से मैंने वहीं एक प्रेस खरीदा। उसे पटना लाया और 1950 से 'नई धारा' का प्रकाशन प्रारंभ किया। उस समय मैं प्रबंध संपादक था। बेनीपुरीजी पर पक्षाघात के आक्रमण के बाद मैं इसका संपादक बना और सुरेशजी सहकारी संपादक। वीरेन्द्रजी तब तक दिल्ली जा चुके थे। बेनीपुरीजी तथा वीरेन्द्रजी के समय 'नई धारा' का बर्नाड शॉ (1951) अंक, निकला जो अपने ढंग का एक निराला अंक था। उसके उपरांत उन्होंने 'रंगमंच अंक' (1952) भी निकाला। मेरे समय में निम्नलिखित विशेषांक निकले :

1. नलिन स्मृति-अंक(1961)-संपादक ब्रजकिशोर नारायण
2. शिवपूजन स्मृति अंक (1963)-संपादक-उदयराज सिंह
3. बेनीपुरी स्मृति-अंक (1969)-संपादक-वही
4. राजा राधिकारमण स्मृति-अंक (1970)-संपादक-वही

बीच में 'समकालीन कहानी विशेषांक' 1966 संपादक-कमलेश्वर तथा 'आरा कहानी गोष्ठी अंक-बदलता यथार्थ-अकहानी' 1967, संपादक-गोविन्द मिश्र तथा विजय मोहन सिंह भी प्रकाशित हुए।

'नई धारा' के गर्भ में पिछले 42 वर्षों का हिंदी साहित्य का इतिहास छिपा है। इसे कभी-न-कभी हिंदी के शीर्षस्थ गद्यकारों तथा कहानीकारों ने सींचा है। इन 42 वर्षों में मैंने अपने खून से इसे जिंदा रखा। शायद एक भी अंक बंद नहीं हुआ। मेरी जिंदगी के 28-29 वर्षों में इसका जन्म हुआ और आज मैं 70 का हो रहा हूँ। जवानी के उफान में इसका जन्म हुआ और मेरे ही साथ एक दिन यह भी मर-मिट जायेगी। 'दो लफ्जों में पोशीदा यही मेरी (इसकी भी) कहानी है।'

क्षमा करेंगे। मैंने आपका बहुत समय ले लिया। आप 'नई धारा' का जिक्र 'हंस' ऐसी पत्रिका में करने जा रहे हैं इसका सचमुच मुझे विश्वास नहीं होता। सानंद होंगे।

भवदीय

(ह.) उदयराजसिह

पुनश्च :

सुरेश कुमार पूजा में टाटा गये हैं। लौटने पर वह भी आपको लिखेंगे।

उदयराजजी के इस मार्मिक पत्र के बाद 'नई धारा' के बारे में मैं कोई टिप्पणी करने की आवश्यकता नहीं महसूस करता। 'निराला' की कितनी ही कविताएँ महाकवि के सुलेख में इस पत्रिका में प्रकाशित हुईं। संभवतः 'सरस्वती' एवं वीणा(इंदौर) के बाद यह तीसरी पत्रिका है, जो अपने दुर्बल कदमों से अर्द्धशती की ओर बढ़ रही है। पत्रिका के नये अंक (अगस्त-सितंबर 91) में उत्तर-छायावाद काल के फक्कड़ एवं मस्त कवि रामगोपाल शर्मा 'रुद्र' पर उदयराजसिंह का संस्मरण 'एक निरभिमान कवि' पठनीय है।

2. सापेक्ष (अनिश्चितकालीन) :

सं. महावीर अग्रवाल, एच-24/8, सिविल लाइन, कंसारी डीह, दुर्ग (म.प्र.)-491001

हिंदी की सामयिक एवं प्रासंगिक लघु-पत्रिका 'सापेक्ष' के पिछले दो अंक क्रमशः 'लोक

संस्कृति, आयाम एवं परिप्रेक्ष्य' तथा 'सांप्रदायिक दंगों के विरुद्ध' (अंक 21-22, जनवरी-जून 1989) पर केंद्रित है। लोक संस्कृति का स्रोत लोक जीवन ही है और साहित्य में इस महत्त्व को रैल्फ फॉक्स से लेकर फणीश्वरनाथ रेणु तक ने स्वीकार किया है। कहने की आवश्यकता नहीं। साहित्य और संस्कृति के विकास में 'लोक' की असंदिग्ध भूमिका है। इन दोनों अंकों का संयोजन महत्त्वपूर्ण ढंग से किया गया है। महावीर अग्रवाल दृष्टि संपन्न रचनाकार ही नहीं, संपादक भी हैं। आशा है 'सापेक्ष' का आगामी अंक भी वे ज्वलंत समस्याओं पर केंद्रित करेंगे।

3. उद्भावना (त्रैमासिक) :

सं. सरवर हसन 'सरवर', एच-55, सै.-23, राजनगर, पो. कविनगर, गाजियाबाद (उ.प्र.)

लघु-पत्रिकाओं का संकट मात्र आर्थिक नहीं, कहीं रचनात्मक भी है। 'उदभावना' इसका उदाहरण है। एक लंबे अर्से से निकल रही इस पत्रिका को अब तक साहित्य-जगत में गंभीरता से नहीं लिया गया है। चिंता की बात यह है कि इस पत्रिका के संपादक-मंडल में तमाम हिंदी-साहित्य के चमचमाते सितारे जड़े हैं। पत्रिका के नये अंक (अप्रैल-जून 91) में सिहाय वायौमी की अच्छी कहानी है और स्व. रमेश रंजक के चुने हुए गीत, उनके 'गीतों का लोक संसार' पर नचिकेता की टिप्पणी। कभी-कभी मुझे लगता है, लघु-पत्रिकाओं की अकाल मृत्यु का एक कारण हिंदी के कवि भी हैं जिनकी कविताओं की भरमार रहती है ऐसी पत्रिकाओं में।

4. कारखाना :

सं. रमेश नीलकमल, 11 अ ब स, कारखाना मार्ग, जमालपुर (बिहार)- 811214

बिहार के छोटे से कस्बाई शहर जमालपुर में सिर्फ रेल की सीटियाँ नही गूँजतीं, समकालीन साहित्य के स्वर भी उसी तीव्रता से गूँजते हैं। छठे दशक में इस शहर से प्रकाशित मासिक पत्रिका 'बीर बालक' नाम से भले आदर्श लगती हो, लेकिन इस पत्रिका के मुखपृष्ठ पर जिन कवियों की कविताएँ छपती थीं, अब वे आलोचना लिखते हैं, उसी शहर से 'तीसरा सप्तक, (1959) के प्रकाशन के ठीक बाद एक और लघु-पत्रिका निकली थी-'चंदन', (स्व.) प्रो. ब्रजकिशोर सिन्हा (हिंदी विभाग, जे. आर. एस. कालेज, जमालपुर) के संपादन में। इस पत्रिका में कुछ रचनाएँ 'सप्तक' से साभार उद्धृत थीं और कुछ मौलिक थीं। प्रसन्नता की बात है, 'कारखाना' पत्रिका ने आरंभ में ही राजकमल चौधरी पर अंक क्रेंद्रित किया है। संपादकीय में मैथिली में लिखी राजकमल की ये पक्तियाँ उद्धृत हैं-

'हमरा दुख अछि
जे कविता हमर कांचे रहि गेल,
एहि जारनि से उठल हां घघरा
व्यथा कहब ककरा, कथा कहब ककरा'

कविता से आत्मसंघर्ष करते हुए राजकमल की यह महत्त्वपूर्ण आत्मस्वीकृति है। इस पत्रिका ने बिहार के समकालीन कथा लेखकों की कहानियाँ ही नहीं, बल्कि उन पर आलोचनाएँ भी प्रकाशित की हैं। संपादक नीलकमल की वैचारिक स्पष्टता एवं दृष्टि-संपन्नता लघु-पत्रिका को सुदृढ़ आधार देगी, ऐसा मेरा विश्वास है।

5. आवर्त:

सं. वीरेशचंद्र/मनोज मेहता, मार्फत आनंदकिशोर शाही, संपादक-मंझौलिया रोड, मुजफ्फरपुर (बिहार)-842001

आवर्त के कविता विशेषांक में हिंदी के तमाम-पुरानी एवं नयी पीढ़ी के कवि संकलित हैं। केदारनाथ अग्रवाल, नागार्जुन, त्रिलोचन ही नहीं, विजेन्द्र, प्रयाग शुक्ल, इब्बार रब्बी, ऋतुराज, भगवत रावत, अरुण कमल, उदय प्रकाश, ज्ञानेन्द्रपति, स्वप्निल श्रीवास्तव, कुमार अंबुज, रोचना विश्वकीर्ति एवं संवेदना रावत (अतंर्द्वद्व कविता)। गद्य खंड भी पुष्ट है। लेकिन कवितांक उपेक्षित चला गया। कौन दोषी है इसके लिए ? निश्चित रूप से श्रमपूर्वक इस अंक की योजना तैयार की गयी होगी।

पत्रिका के नये अंक (अप्रैल 91) में न केवल अच्छी कविताएँ हैं-त्रिलोचन शास्त्री, निलय उपाध्याय, एकांत श्रीवास्तव, बल्कि डॉ. विश्वनाथ त्रिपाठी द्वारा लिखे जा रहे डॉ. हजारी प्रसाद द्विवेदी की जीवनी का आरंभ-अंश भी प्रकाशित है। पत्रिका संपादक वीरेशचंद्रजी की सक्रियता चौंकाती है। वे न केवल एक दृष्टि-संपन्न संपादक हैं, बल्कि समकालीन हिंदी साहित्य के महत्त्वपूर्ण विवादास्पद वैचारिक मुददों से भी परिचित हैं। भविष्य में यह पत्रिका योजनाबद्ध ढंग से अपने अंकों को नियोजित कर सके तो 'धरातल' की तरह कीर्तिमान स्थापित करने में सफल होगी।

6. मधुमती :

(अक्तूबर 1991) सं. डा. दयाकृष्ण विजय, राजस्थान संपादक-साहित्य अकादमी, सेक्टर-4 हिरणभंगरी, उदयपुर (राजस्थान)-313001

इस पत्रिका का चरित्र क्षेत्रीय नहीं है, लेकिन क्षेत्रीय प्रतिभाओं को प्रोत्साहित करने के भ्रम में कई बार संपादकीय उदारता पत्रिका की स्तरीयता का निर्बाह नहीं कर पाती। बीच में यदि कोई अच्छी सामग्री, जैसे जुलाई 91 अंक में 'प्रेमचंद की पुत्री श्रीमती कमला श्रीवास्तव से प्रो. लक्ष्मीनारायण दुबे की बातचीत' दिख जाय तो संयोग-मात्र है। इस अंक में अज्ञेय, प्रसाद और पंत पर एकेडेमिक लेख प्रकाशित हैं-'हिंदी पद्य साहित्य' का उल्लेख करते हुए। साधन-संपन्न ऐसी पत्रिका को संपादक निश्चित रूप से एक स्वस्थ दिशा दे सकते हैं। हेतु भारद्वाज के समय में यह पत्रिका शायद अपने सर्वश्रेष्ठ रूप में थी। अब लगभग अपठनीय है।

7. संवेद (अक्तूबर-दिसंबर 91) :

सं. किशन कालजयी, सदर बाजार, संपादक-जमालपुर, मुंगेर (बिहार)-811214

पत्रिका के प्रवेशांक के संपादकीय में टिप्पणी की गयी है "आज दिल्ली साहित्य और कला की राजधानी भी मान ली गई है। वहाँ के कूड़े-कचरे को भी महत्त्व देने की प्रथा के कारण गाँवों, कस्बों और छोटे नगरों की कई महत्त्वपूर्ण कृतियों और रचनाकारों की कई बार उपेक्षा हुई है। ...'संवेद' छोटी चीजों से भी बड़े सामाजिक सरोकार की चीजों को सामने लाने के लिए उपस्थित हुआ है।" इस तल्ख, आक्रामक टिप्पणी के पीछे कस्बों में रचनारत नई पीढ़ी के तरुण रचनाकारों का दबा ज्वालामुखी है जिन्हें लगता है कि महानगर की परजीवी संस्कृति उन्हें पनपने का मौका नहीं दे रही। इस बात में पर्याप्त सच्चाई है। लेकिन ऐसा बिल्कुल

नहीं है कि हिंदुस्तान के किसी कोने में कुछ भी महत्त्वपूर्ण लिखा जा रहा, साहित्यकारों की नजरों से ओझल हो रहा है। रचना कहीं संघर्ष भी है। इसलिए नये लेखकों को तुरंत ख्याति प्राप्त करने के लोभ से अपने को बचाना भी चाहिए। मुझे इस बात की प्रसन्नता है कि इस पत्रिका का चरित्र क्षेत्रीय ही है-कुछ अपवादों को छोड़कर। लघु-पत्रिका की एक भूमिका क्षेत्रीय प्रतिभाओं का सामने लाना भी होता है। इस अंक की रचनाओं में विविधता है। लेख, कविताएँ एवं कहानियाँ अच्छी हैं। भविष्य में संपादक यदि अपनी पत्रिका को योजनाबद्ध रूप में एक विधा पर ही केंद्रित कर निकालें तो अधिक कारगर साबित होगा। पत्रिका का रूप-रंग आकर्षक है।

8. कहानीकार (द्वैमासिक) :

सं. डा. कमल गुप्त, के-30/37, अरविंद संपादक-कुटीर (निकट भैरवनाथ), वाराणसी (उ.प्र.)

यदि पत्रिका खुद अपने को 'विशिष्ट कहानियों की पत्रिका' की संज्ञा से ही नहीं, विशेषण से भी विज्ञापित करती है तो पाठक अवश्य कहीं-न-कहीं महसूस करेगा कि सच्चाई का गला घोंटा जा रहा है। विशेषण व्यावसायिकता का पयार्य नहीं बनना चाहिए। इस पत्रिका की त्रासदी यह है कि पिछले 24 वर्षों से निरंतर प्रकाशन के बावजूद इस पत्रिका की अपनी कोई 'विशिष्ट' पहचान अभी तक कथा-जगत् में नहीं बन पायी है। 'मेरी रचना प्रक्रिया', एवं डॉ. शुकदेव सिंह द्वारा लिखा जा रहा समकालीन कहानी स्तंभों की चर्चा कभी-कभार होती रही है। पिछले दिनों डा. शुकदेव सिंह ने अब्दुल बिस्मिल्लाह के उपन्यास 'झीनी-झीनी बीनी चदरिया' को लेकर एक अनावश्यक विवाद उठाया है। कहने की आवश्यकता नहीं बिस्मिल्लाह का यह महत्त्वपूर्ण उपन्यास मार्मिकता के साथ बनारस के बुनकरों की समस्या को गंभीरता के साथ उठाता है। उपन्यास की सराहना कथ्य, भाषा, शिल्प एवं बुनकरों की समस्या से गहरी पहचान के कारण, एक स्वर से पूरे हिंदी-संसार के विशाल पाठक वर्ग ने की है। उपन्यास की कथा-भूमि बनारस है जिसे, काशीनाथ सिंह 'वर्गहीन समाज का सबसे बड़ा जनतंत्र कहते हैं' ('देख तमाशा लकड़ी का'-'हंस' नवंबर 1991)। यदि डा. शुकदेव सिंह यह समझते हैं कि कबीर या कबीर के व्यवसाय पर उन्हीं का एकमात्र आधिपत्य है तो वे मुगालते में हैं। वे अपने तख्ते-ताऊस से नीचे उतरकर कबीर के 'बानी' का मर्म समझें और 'कहानीकार' के मंच का इस तरह सार्वजनिक दुरुपयोग न करें।

9. कथानक (जून 1991) :

सं. सुनील कौशिश, के-74, न्यू स्कीम, यशोदा नगर, कानपुर (उ.प्र.)-208011

विरल संयोग है, 'कहानीकार' अपने को 'विशिष्ट कहानियों की पत्रिका' कहती है और 'कथानक' अपने को 'कहानियों की विशिष्टि पत्रिका' घोषित करती है। अब पाठक ही बतायें 'विशिष्ट' विशेषण लगाने के पीछे संपादक की मानसिकता क्या है ? कहानियों की विशिष्टता का निर्णय क्या हर बार संपादक ही करेगा या कभी पाठक को भी मौका देगा ?

'कथानक' के नये अंक में कई अच्छी कहानियाँ हैं। रमेश उपाध्याय की कहानी 'बाजार में एक-घर' शहरी मानसिकता को मूर्त करता है। 'रसीद का पाजामा' में स्वयं प्रकाश ने हमारी सांप्रदायिक मानसिकता को एक झटके में मात्र एक वाक्य से मूर्त कर दिया है। पालनी,

परिहार, राकेश जैन एवं राजकुमार राकेश की कहानियाँ भी उल्लेखनीय हैं। इस अंक में काशीनाथ सिंह की कहानियों पर स्वयंप्रकाश का एक लेख 'एक जरूरी कड़ी' भी प्रकाशित है जो दरअसल संस्मरणात्मक एवं प्रशस्ति-परक लेख ज्यादा लगता है। काशीनाथ सिंह निश्चय ही महत्त्वपूर्ण कहानीकार हैं, लेकिन उनकी भी अपनी सीमाएँ हैं, अपनी रूढ़ियाँ हैं। स्वयं प्रकाश के इस लेख को पढ़कर लगता है जैसे काशीनाथ सिंह कहानी के महामानव हो गये हैं। हम 'बहती गंगा' में स्वयं प्रकाश की तरह न बहकर वस्तुपरक ढंग से अपने पूर्ववती कहानीकारों का मूल्यांकन करें तो साहित्य का शुभ हो।

पुनश्च : 'हंस' के अक्तूबर अंक में समकालीन कविता की नई पीढ़ी के कुछ महत्त्वपूर्ण कवियों का उल्लेख छूट गया था। वे कवि हैं-विमल कुमार, प्रमोद कौंसवाल, प्रगति सक्सेना, अष्टभुजा शुक्ल, कृष्ण मोहन झा, तेजी ग्रोवर, अनुराधा बनर्जी, चंद्रकला त्रिपाठी, नईम अख्तर, कुमार हसन, ध्रुव शुक्ल, उदयन वाजपेयी, राजेश सकलानी, वीरेन डंगवाल एवं संजय चतुर्वेदी।

(हंस, दिसंबर 1991)

प्रसंग : हिंदी साहित्य : वर्ष 1991

पिछला वर्ष हिंदी-साहित्य एवं पत्रकारिता के लिए अशुभ ही नहीं भारी क्षति का वर्ष रहा। इस वर्ष हमने जिन महत्त्वपूर्ण साहित्यकारों को खोया, उनकी सूची काफी लंबी है। लेकिन उनके पुण्य-स्मरण से ही साहित्य का मार्ग प्रशस्त होगा। रघुवीर सहाय, प्रभाकर माचवे, शरद जोशी, राजेन्द्र माथुर, डॉ. रामकुमार वर्मा, आचार्य देवेन्द्रनाथ शर्मा, विमल मित्र, इस्मत चुगताई, रमेश रंजक, शंभुनाथ सिंह, रामगोपाल शर्मा 'रुद्र', देवेन्द्र कुमार, रमाकांत, गौरीशंकर कपूर, आशीष सिन्हा, भाऊ समर्थ, गोपाल उपाध्याय, अलख नारायण, अशोक जोशी, रघुवीर सिंह, सत्यकाम विद्यालंकार अब हमारे बीच नहीं हैं, लेकिन उनकी रचनात्मक उपस्थिति साहित्य के पृष्ठों पर दर्ज है। समकालीन रचनात्मकता के मूल्यांकन के लिए भी और साहित्येतिहास के पुनर्लेखन के लिए भी बार-बार हमें पीछे मुड़कर देखना होगा।

इस वर्ष पत्र-पत्रिकाओं के विशेषांकों की धूम रही। रवीन्द्र कालिया के अतिथि संपादन में, दो खंडों में प्रकाशित 'वर्तमान साहित्य' के कहानी महाविशेषांक की चर्चा उसमें प्रकाशित कहानियों को लेकर उतनी नहीं हुई जितनी रवीन्द्र कालिया के आत्मविश्वासी संपादन कला-कौशल के कारण। 'ऐ लड़की' (कृष्णा सोबती) के शोरगुल में इस विशेषांक में प्रकाशित कई अच्छी कहानियाँ कथा-आलोचकों एवं पाठकों की नजरों से ओझल हो गईं। 'नदी किनारे शाम' (अब्दुल बिस्मिल्लाह), 'अतीत से आगे' (सृंजय), 'एक नाम मीशा' (मृदुला गर्ग), 'सदियों से' (राजी सेठ), 'टोकी बाबा' (तेजिन्दर), 'एक पति की मौत' (ममता कालिया) अच्छी कहानियाँ हैं।

'इंद्रप्रस्थ भारती' के कवितांक-1991 में संकलित 112 कवियों की कविताओं पर टिप्पणी करना दुष्कर कार्य है। लेकिन 'कविता के इस परिदृश्य' से 'कविता क्या है' तो प्रकट ही है। इस अंक में केदारनाथ सिंह, अरुण कमल, प्रयाग शुक्ल, विनोद भारद्वाज, मंगलेश डबराल, बद्रीनारायण की कविताएँ अवश्य उल्लेखनीय हैं।

ज्ञानरंजन द्वारा संपादित पहल-42 की चर्चा के केंद्र में भी 'वर्तमान साहित्य' का विशेषांक है। इस अंक में दूधनाथ सिंह की एक टिप्पणी प्रकाशित हुई है, जिसकी भाषा फूहड़ और गैर-साहित्यिक है और इसे लेकर बहुतों को आपत्ति है। इसी विशेषांक के पक्ष में रमेश उपाध्याय की समीक्षा 'हिंदी कहानी का जनतंत्र' है।

'पूर्वग्रह' पत्रिका ही नहीं, इसके संपादक अशोक वाजपेयी भी विवादास्पद रहे हैं। पिछले दिनों उनके संपादन में निकले 'पूर्वग्रह' के 100 वें अंक को लेकर अभी तक अटकलें लगायी जा रही हैं कि कहीं पत्रिका का यह आखिरी अंक तो नहीं। तमाम असहमति के बावजूद 'पूर्वग्रह' ने साहित्य में वैचारिक उत्तेजना हमेशा बनाये रखी है।

भारत यायावर द्वारा संपादित 'विपक्ष' पत्रिका का नया अंक जुलाई 1991 रेणु पर केंद्रित है। मुझे नहीं मालूम यायावर का जन्म किस लग्न-नक्षत्र में हुआ और उसकी जन्म-राशि क्या है ? लेकिन कभी-कभी मुझे लगता है जरूर उसका पिछला जन्म औराही हिंगना(रेणु का जन्म स्थान) में ही हुआ होगा। तभी तो एक पुरावेत्ता की तरह उस जमीन की खुदाई करने पर वह तुला है। कहने की आवश्यकता नहीं रेणु के लेखकीय व्यक्तित्त्व के कई अदृश्य पक्षों को सामने लाने का काम उसने निष्ठा एवं लगन से किया है। इस अंक में डॉ. विजयमोहन सिंह का एक महत्त्वपूर्ण लेख 'मृदंगिये का मर्म' संकलित है, जिसमें उन्होंने रेणु के रचना-स्रोतों की पड़ताल करते हुए उन्हें भिखारी ठाकुर की परंपरा से जोड़ा है। यह महत्त्वपूर्ण ही नहीं, मौलिक संकेत भी है।

बीते वर्ष में पुस्तकों के लोकार्पण-समारोहों एवं गोष्ठियों की भरमार रही। गोष्ठियाँ मुख्यतः कविता, कहानी, उपन्यास, आलोचना, एवं साहत्येतिहास पर केंद्रित रहीं। स्थान दिल्ली, भोपाल, पटना, लखनऊ आदि रहे।

कथा-पत्रिका 'हंस' द्वारा 'न लिखने के कारण' पर हिंदी अकादमी, दिल्ली द्वारा 'हिंदी उपन्यास का आरंभ और लाला श्रीनिवास दास' पर तथा रघुवीर सहाय पर आयोजित गोष्ठियां महत्त्वपूर्ण और चर्चित रहीं। 'आज का संकटग्रस्त यथार्थवाद और हिंदी कहानी' को केन्द्र में रखकर 'पहल-सम्मान-91' के अवसर पर लखनऊ में एक विचारोत्तेजक गोष्ठी हुई जिसमें कहानीकार एवं कथा-आलोचक विचार-विमर्श में आमने-सामने हुए। 'पूर्वग्रह' द्वारा 'शब्द विचार और स्वराज' पर आयोजित परिचर्चा में साहित्य में स्वायत्तता पर हुई चर्चा विवादास्पद रही। इसे लोगों ने अशोक वाजपेयी का पूर्वग्रह माना। शब्द और विचार का स्वराज से बनता, रिश्ता लगभग अमूर्त रहा। आकाशवाणी, भोपाल के केंद्र निदेशक लीलाधर मंडलोई के सौजन्य से कहानी, 'साहित्य की भूमिका' तथा 'सदी की आलोचना और उपकरण' पर गर्मागर्म गोष्ठियाँ हुईं जिनमें तमाम वरिष्ठ कथाकार, आलोचक मौजूद थे। एक संगोष्ठी 'उत्तर-छायावाद काल' पर रामगोपाल शर्मा 'रुद्र' की स्मृति में पटना में डॉ. नंदकिशोर नवल के संयोजन में हुई, जिसमें डॉ. नामवर सिंह एवं डॉ. केदारनाथ सिंह उपस्थित थे।

पिछले वर्ष की सबसे चर्चित विधा 'संस्मरण' रही। काशीनाथ सिंह के 'हंस' में प्रकाशित 'दंत कथाओं में त्रिलोचन' तथा 'देख तमाशा लकड़ी का' भी खूब चर्चित हुए। 'संडे मेल' में रवीन्द्र कालिया का मार्कण्डेय, दूधनाथ सिंह, अश्क, से. रा. या भी, डॉ. गंगाप्रसाद विमल तथा ममता कालिया पर लिखे संस्मरण काशी के संस्मरणों के लचर जवाब थे। संस्मरण के आरंभ में कालिया ने 'कहानी महाविशेषांक' के संपादन के अपने अनुभवों को लिखकर एक तरह से संपादकीय अभाव की खानापूर्ति कर दी।

इस वर्ष संस्मरण की दो अच्छी पुस्तकें आयीं। मनमोहन ठाकौर द्वारा लिखित रांगेय राघव का संस्मरण 'पप्पू' तथा हरिशंकर परसाई की 'जाने पहचाने लोग'।

समग्रतः इस वर्ष अच्छी कहानियाँ ही नहीं लिखी गयीं, अच्छे कहानी संग्रह भी आये। राजेन्द्र यादव, कृष्णा सोबती, स्वयं प्रकाश, संजीव, शिवमूर्ति, राजी सेठ, सरयू शर्मा, चंद्रकांता के नये संग्रह इस वर्ष आये।

उपन्यास के क्षेत्र में दो-तीन उपन्यास ही अच्छे आये। गिरिराज किशोर का 'ढाई घर', रमेश उपाध्याय का 'हरे फूल की खुशबू', वीरेन्द्र जैन का 'डूब' और अरुण प्रकाश का 'कोपल कथा', चर्चित मराठी उपन्यास 'पानीपत' (विश्वास पाटील) का हिंदी अनुवाद सुलभ कराकर, भारतीय ज्ञानपीठ ने एक महत्त्वपूर्ण काम किया है। मराठी की तुलना में हिंदी उपन्यास के पिछड़ेपन का निर्णय पाठक इस उपन्यास को पढ़कर स्वयं कर सकेंगे। पिछले वर्षों मराठी के 'दुर्दम्य' (गंगाधर गाडगिल) एवं 'मृत्त्युंजय' (शिवाजी सावंत) उपन्यास की चर्चा लगातार होती रही है। सबसे महत्त्वपूर्ण उपन्यास रहा है युवक दलित-लेखक शरण कुमार लिम्बाले का 'अक्करमाशी'। इन निचली गहराइयों पर लिखनेवाले अहंकारी सवर्ण मानसिकता के पर्वताकार उपन्यासकारों को इसे जरूर पढ़ना चाहिए। निश्चय ही यह एक नींद हराम कर देनेवाली रचना है।

इस वर्ष प्रकाशित कविता-पुस्तकों की संख्या ही नहीं, कविताएँ भी अच्छी हैं। तार-सप्तक के कवि गिरिजा कुमार माथुर की नई-पुरानी कविताओं का संकलन 'मुझे और अभी कहना है' उनकी लंबी भूमिका के साथ आयी है। सातवें दशक के महत्त्वपूर्ण कवि लीलाधर जगूड़ी का संग्रह 'भय भी शक्ति देता है' में उनकी कविता के मुहावरे में तेजी से हो रहे परिवर्तन देखे जा सकते हैं।

पश्चिमी यूरोप में समाजवादी सरकारों के पतन के बाद हिंदी आलोचना में गतिरोध आया है। आलोचक आलोचना के नये प्रतिमान की तलाश कर रहे हैं। रचना और आलोचना के बीच टकराहट बनी हुई है। सैद्धांतिक-आलोचना के क्षेत्र में इस वर्ष कोई भारी उपलब्धि नहीं हुई, व्यावहारिक आलोचना का मार्ग जरूर प्रशस्त हुआ है। लेकिन आवश्यकता इस बात की है कि आलोचक अपनी खोयी हुई विश्वसनीयता कायम करें-और रचना को पार्टी के तराजू पर रखकर न तोलें। इस वर्ष डॉ. रामविलास शर्मा की 'निराला' पर लिखित पहली पुस्तक (1946) का नया संस्करण छपा है।

डॉ. नामवर सिंह के सपांदन में 'कार्ल मार्क्स : कला और साहित्य चिंतन' पुस्तक आयी है। विजयदेव नारायण साही के लेखों का भी एक संग्रह 'वर्धमान और पतनशील' प्रकाशित हुआ है। इस वर्ष 'अमृतलाल नागर रचनावली' (12 खंड), लक्ष्मीकांत वर्मा की चुनी हुई रचनाएँ (तीन खंड) तथा 'रुद्र समग्र' के भी प्रकाशन हुए।

हिंदी-साहित्य की विविध विधाओं में कई महत्त्वपूर्ण रचनाएं इस वर्ष आयी है, इसलिए इसे उपलब्धि वर्ष कहने में मैं अतिशयोक्ति नहीं समझता।

1. उपन्यास वर्ष 1991 के प्रकाशन :

1. **ढाई घर**-गिरिराज किशोर-भारतीय ज्ञानपीठ, 18, इन्स्टीट्यूशनल एरिया, लोदी रोड, नई दिल्ली-110003
2. **हरे फूल की खुशबू**-रमेश उपाध्याय-राजकमल प्रकाशन, 1-बी, नेताजी सुभाष मार्ग, नई दिल्ली-110002
3. **शिखर और सीमाएँ**-शरत कुमार-पराग प्रकाशन, 3/114, कर्ण गली, विश्वास

नगर, शाहदरा, दिल्ली-110032

4. **समाधान**-ऋता शुक्ल-प्रभात प्रकाशन, 205, चावड़ी बाजार, दिल्ली-110006
5. **पाहीघर**-कमला कांत त्रिपाठी-कोणार्क पब्लिशर्स, ए-149 ए, मेन विकास मार्ग, दिल्ली-110032
6. **डूब**-वीरेन्द्र जैन-वाणी प्रकाशन, 21-ए, दरियागंज, नई दिल्ली-110002
7. **कोपल कथा**-अरुण प्रकाश-वाणी प्रकाशन, 21-ए, दरियागंज, नई दिल्ली-110002

2. कहानी संग्रह :

1. **ऐ लड़की**-कृष्णा सोबती-राजकमल प्रकाशन, नई दिल्ली
2. **वहां तक पहुंचने की दौड़**-राजेन्द्र यादव-राधाकृष्ण प्रकाशन 2/38, अंसारी रोड, दरियागंज, नई दिल्ली-110002
3. **आएँगे अच्छे दिन भी**-स्वयं प्रकाश-राजकमल प्रकाशन
4. **कहाँ हो प्यारे लाल !**-रमेश उपाध्याय-सचिन प्रकाशन 7/34, अंसारी रोड, दरियागंज, नई दिल्ली-110002
5. **जल प्रांतर**-अरुण प्रकाश-सचिन प्रकाशन
6. **जाल**-जवाहर सिंह-नेशनल पब्लिशिंग हाउस, 23 दरियागंज, नई दिल्ली-110002
7. **दूसरे देशकाल में**-राजी सेठ-वही
8. **केशर**-कस्तूरी-शिवमूर्ति-राधाकृष्ण प्रकाशन
9. **ओ सोनकिसरी**-चंद्र कान्ता-राजकमल प्रकाशन
10. **पिताजी चुप रहते हैं**-ज्ञान प्रकाश विवेक-आधार प्रकाशन, 372, सेक्टर-17, पंचकूला, हरियाणा
11. **चिन्हार**-मैत्रेयी पुष्पा-आर्य प्रकाशन मंडल, सरस्वती भंडार, गांधी नगर, दिल्ली-110032
12. **अरण्य में हम**-अमर गोस्वामी-जयश्री प्रकाशन 4/115, विश्वास नगर, शाहदरा, दिल्ली-110032
13. **उस पार गोधूलि**-आशीष सिन्हा-किताब घर 24/4866, अंसारी रोड, नई दिल्ली-110002

3. कविता संग्रह :

1. **मुझे और अभी कहना है**-गिरिजा कुमार माथुर-भारतीय ज्ञान पीठ
2. **भय भी शक्ति देता है**-लीलाधर जगूड़ी-राजकमल प्रकाशन
3. **आखर अनंत**-विश्वनाथ प्रसाद तिवारी-राधाकृष्ण प्रकाशन
4. **घर घर घूमा**-लीलाधर मंडलोई-संभावना प्रकाशन, रेवती कुंज, हापुड़ (उ.प्र.)

5. **सच मैंने बनाये नहीं**-विनोद कुमार श्रीवास्तव-प्रकाशक-वही
6. **एक झील थी बर्फ की**-लाल्टू-आधार प्रकाशन, पंचकूला (हरियाणा)
7. **फिर वही आकाश**-रामकुमार कृषक-राधाकृष्ण प्रकाशन
8. **माँ, बापू कब आयेंगे**-अनिल जनविजय-सचिन प्रकाशन
9. **पेड़ नहीं तो साया होता**-पुरुषोत्तम प्रतीक-राधाकृष्णन प्रकाशन
10. **ताख पर दियासलाई**-स्वप्निल श्रीवास्तव-संभावना प्रकाशन
11. **कोना तेरा कौन सा**-इंदु जैन-वाणी प्रकाशन

4. निबंध आलोचना

1. **वर्धमान और पतनशील**-विजय देवनारायण साही-वाणी प्रकाशन
2. **भारत और यूरोप** : प्रतिश्रुति के क्षेत्र-निर्मल वर्मा-राजकमल प्रकाशन
3. **निराला** (नया संस्करण)-डॉ. रामविलास शर्मा-राधाकृष्ण प्रकाशन
4. **आधुनिक हिंदी नाटक में प्रयोगधर्मिता**-सत्यवती त्रिपाठी-राधाकृष्ण प्रकाशन
5. **रंगशिल्पी मोहन राकेश**-नरनारायण राय-कादम्बरी प्रकाशन
6. **मार्क्सवादी कला चिंतक और चिंतन**-श्यामसुन्दर मिश्र-नेशनल पब्लिशिंग हाउस
7. **सृजन शीलता का संकट**-नित्यानंद तिवारी-राधाकृष्ण प्रकाशन
8. **कार्ल मार्क्स कला और साहित्य चिंतन**-सं. डॉ. नामवर सिंह-राजकमल प्रकाशन
9. **जार्ज लुकाच का यथार्थ दर्शन**-राकेश कुमार-शुभदा प्रकाशन शाहदरा, दिल्ली-110032
10. **सौंदर्यबोधीय अध्ययन : ऐतिहासिक परंपरा**-जगदीश सिंह मन्हास-नेशनल पब्लिशिंग हाउस

5. आत्मकथा, जीवनी, संस्मरण, साक्षात्कार, यात्रा एवं रिपोर्ताज :

1. **मेरे सात जन्म**-हंसराज हरबर-वाणी प्रकाशन
2. **विष्णु प्रभाकर : संपूर्ण संस्मरण**-प्रभात प्रकाशन (तीन खंड)
3. **जाने पहचाने लोग**-हरिशंकर परसाई-राजकमल प्रकाशन
4. **पप्पू रांगेय राघव के संस्मरण**-मनमोहन ठाकौर-अलीक प्रकाशन भूमिका, 2 घ 26, जवाहरनगर, जयपुर-302004
5. **यात्राएं**-हिमांशु जोशी-किताब घर
6. **पड़ाव** (यात्रा)-मनीषा यादव-आधार प्रकाशन
7. **समय की शिला पर** (रिपोर्ताज) फणीश्वरनाथ रेणु, सं. भारत यायावर-राजकमल प्रकाशन
8. **(अ. डॉक्टर) रामविलास शर्मा व्यक्ति और कवि**- सं. प्रभाकर श्रोत्रिय-नेशनल पब्लिशिंग हाउस

6. रचनावली / संपादन :

1. **अमृतलाल नागर रचनावली** (12 खंड) राजपाल एंड संस, कश्मीरी गेट, दिल्ली-110006
2. **लक्ष्मीकांत वर्मा : चुनी हुई रचनाएं** (तीन खंड)-सं. कृष्णदत्त पालीवाल, सचिन प्रकाशन
3. **रुद्र समग्र**-सं.-डॉ. नंद किशोर नवल-राधाकृष्ण प्रकाशन

7. अनुवाद :

1. **स्वीकरण**-(संस्कृत मुक्तक)-मुकुंद लाट-नेशनल पब्लिशिंग हाउस
2. **पानीपत** (मराठी उपन्यास)-विश्वास पाटील-भारतीय ज्ञानपीठ, अनुवाद मोरेश्वर तपस्वी
3. **समय का शेष नाम**-उड़िया कविता-सीताकांत महापात्र-अनु.राजेन्द्र कुमार मिश्र-भारतीय ज्ञानपीठ
4. **फ्लैंडर्स रोड** (फ्रेंच उपन्यास)-क्लोद सीमा-नेशनल पब्लिशिंग हाउस, अनुवाद-शरद चंद्रा।
5. **बेलाविदा की** (ब्लगारिया उपन्यास)-अन्तोन दोनचेव-अनु. विमलेश कांति वर्मा / धीरा वर्मा-नेशनल पब्लिशिंग हाउस
6. **तुम ! हाँ बिलकुम तुम**-चीनी कवि वाई जुई अनु. प्रियदर्शी ठाकुर 'ख्याल'-भारतीय ज्ञानपीठ
7. **वोलेशोयिंका की कविताएँ**-अनु. वीरेन्द्र कुमार बरनवाल-भारतीय ज्ञानपीठ
8. **हम इस धरती के नमक हैं** (स्विस कविताएँ) अनु विष्णु खरे, राधाकृष्ण प्रकाशन
9. **अक्करमाशी** (मराठी उपन्यास)-शरण कुमार लिम्बाले-प्रभात प्रकाशन

8. इतिहास / संस्कृति

1. **परंपरा, इतिहास बोध और संस्कृति**-प्रो. श्यामाचरण दुबे-राधाकृष्ण प्रकाशन
2. **इतिहास की पुनर्व्याख्या**-संपादित-राजकमल प्रकाशन
3. **क्रांति का आत्म संघर्ष**-अभय कुमार दुबे-विनय प्रकाशन, 171, आराम बाग, नई दिल्ली-110055
4. **हिंदू धर्म : जीवन में सनातन की खोज**-विद्यानिवास मिश्र-राधाकृष्ण प्रकाशन
5. **दिल्ली जो एक शहर है**-महेश्वर दयाल-'अनु. नूर नबी अब्बासी, प्रकाशन-हिंदी अकादमी दिल्ली, ए-26/27, सनलाइट इंश्योरेंस बिल्डिंग, आसफ अली रोड, नई दिल्ली-110002

9. विविध :

1. **दूरदर्शन की भूमिका**-सुधीश पचौरी-सचिन प्रकाशन

2. **अनुवाद की सामाजिक भूमिका**-रीता रानी पालीवाल-सचिन प्रकाशन
3. **मुख्यमंत्री मध्य प्रदेश के**-मायाराम सुरजन-राधाकृष्ण प्रकाशन
4. **दक्षिण अफ्रीका : गोरे आंतक के खिलाफ काली चेतना**-आनंद स्वरूप वर्मा-नीलाभ प्रकाशन 5, खुसरो बाग रोड, इलाहाबाद
5. **समकालीन पाकिस्तानी साहित्य**-अली अहमद फातमी-'पहल' प्लाट 101, रामनगर, आधारताल, जबलपुर (म.प्र.)
6. **स्त्री**-सिमोन द बोउआ, अनुवाद-प्रभा खेतान-राजपाल एंड संस प्रकाशन

हो सकता है इस आकलन में कुछ रचनाएँ छूट गयी हों, पाठक कृपया सूचित करें।

हिंदी साहित्य 1991 : पुनर्विचार

दैनिक नवभारत टाइम्स में 20 दिसम्बर, 1991 अंक में प्रकाशित साहित्य-1991 नामक अपने सर्वे लेख 'वर्षांत में विलाप' में अशोक वाजपेयी 'साम्यवादी राजव्यवस्था का लगभग संसारव्यापी ध्वंस' की उद्घोषणा करते हुए साहित्य कर्म पर टिप्पणी करते हैं-'साहित्य एक ऐसा मोर्चा है, जहाँ न तो निरा बाहर है, और न ही निरा निजी और अंदर। हर समय बाहर और भीतर के बीच तनाव और द्वंद्व होता ही है। पर हमारे समय में यह एक घातक ध्रुवीकरण तक पहुँच गया है- हिंदी समाज का हिंदी-साहित्य से मानों कोई सरोकार ही नहीं रह गया है।' विडंबना यह है कि हिंदी समाज का हिंदी-साहित्य से ही नहीं, बल्कि हिंदी साहित्यकारों का दायरा भी अपने वर्तमान समाज से सिमट गया है।

कृष्णा सोबती की चर्चित कहानी 'ऐ लड़की' को अशोक जी ने 'निर्भय जिजीविषा का महाकाव्य' कहा है। इस कहानी को पहले ही अश्कजी, मार्कण्डेय एवं दूधनाथ सिंह 'जिंदगी की गहराइयों से निकली और बेजोड़ शिल्प से बुनी', 'निर्विवाद सच्चाइयों ने इस कहानी में मंत्र का रूप धर लिया है' तथा 'कालजयी कृति' जैसे भारी-भरकम विशेषणों से अलंकृत कर चुके हैं। कभी-कभी मुझे हिंदी के साहित्यकारों की स्थिति 'नकबेसर कागा ले भागा' वाली लगती है। साहित्यिक हवा में कोई बात उड़ी नहीं कि वे पकड़ लेते हैं। किसी कृति पर समग्रता में विचार न करके अपनी प्रतिक्रियाएँ तात्कालिक उच्छ्वास की तरह व्यक्त करते हैं। इस कहानी पर गंभीरता से विचार करने की जरूरत है। इस दिशा में डॉ. विश्वनाथ त्रिपाठी ने पहल की है। उन्हीं के शब्दों में "'ऐ लड़की' उतनी महान् कहानी नहीं है, जितनी वह बना दी गयी है.।" इस कहानी को दुबारा पढ़ने पर मुझे लगा है कि एक मरणासन्न माँ की जिजीविषा की कहानी तो यह है । लेकिन अपनी ही बेटी के वर्तमान पर आंतक की छाया बनकर मँडराती अभिजात वर्ग की दंभी, विक्षिप्त माँ की क्रूरता की भी यह त्रासद कहानी है। कृष्णा सोबती की कभी चमत्कृत करने वाली भाषा अतिशय कृत्रिमता एवं नाटकीयता के कारण अब अपनी चमक एवं ताजगी खोती जा रही है। यह कहानी फिर भी एक अच्छी कहानी के रूप में याद की जायेगी।

अशोक वाजपेयी निर्मल वर्मा के लेखन से सम्मोहित ही नहीं, आक्रांत भी हैं, अन्यथा हिंदी पाठकों को यह अतिरिक्त सूचना देकर कि निर्मल वर्मा इतने महत्त्वपूर्ण लेखक हैं कि इंग्लैंड से प्रकाशित उनके दूसरे कहानी संग्रह 'द क्रोज ऑव डेलीवेरेंस' का टाइम्स लिटरेरी सप्लीमेंट में समीक्षा हुई है, उल्लेख करके आतंकित नहीं करते। अभी-अभी प्रकाशित निर्मल वर्मा के निबंध संग्रह 'भारत और यूरोप : प्रतिश्रुति के क्षेत्र' में साहित्य से संबंधित कई विचारोत्तेजक लेख ही नहीं, हाल में विश्व राजनीति में हुए परिवर्तन से जुड़े विचारणीय मुद्दे

भी हैं। इसी पुस्तक में संकलित 'आलोचना के भटकाव' लेख में निर्मल जी ने एक महत्त्वपूर्ण सवाल उठाया है-"दुर्भाग्यवश आज हिंदी में रिडक्टिव आलोचक बहुत हैं। निराला का ही उदाहरण लें, रामविलासजी ने उन पर एक विराट ग्रंथ लिखा है, किंतु इस विराट ग्रंथ के भीतर निरालाजी की मूर्ति उतनी ही बड़ी दिखाई देती है जितनी रामविलासजी उसे दिखाना चाहते हैं। जहाँ-जहाँ निराला की अदम्य काव्यधारा रामविलासजी के सांचे को तोड़कर, आगे बढ़ जाती है, वहाँ विद्वान् आलोचक अपने साँचे को तोड़ने के बजाय बार-बार निरालाजी को ही सिकोड़-समेटकर उसमें फिट कर देना चाहते हैं... आगे यही बात क्या कामेबेश मुक्तिबोध पर अब तक हुई अधिकांश आलोचनाओं पर लागू नहीं होती ?" (पृ.105) निर्मलजी की इस तीखी टिप्पणी में पर्याप्त सच्चाई है, समकालीन हिंदी आलोचकों के लिए संकेत भी।

आश्चर्य की बात है, अशोकजी के लेख में इसी वर्ष प्रकाशित विजयदेव नारायण साही एवं प्रो. श्यामाचरण दुबे की महत्वपूर्ण पुस्तक क्रमशः 'वर्धमान और पतनशील' तथा 'परंपरा इतिहास-बोध और संस्कृति' का कहीं उल्लेख नहीं है। उनकी नजर समकालीन कविता के वर्तमान पर कम, भविष्य पर अधिक है। उन्होंने विनोद कुमार शुक्ल के भविष्य में प्रकाशित होनेवाले कविता संग्रह 'सब कुछ होना बचा रहेगा' पर ज्यादा बल दिया है। और लीलाधर जगूड़ी के प्रकाशित कविता संग्रह 'भय भी शक्ति देता है' का मात्र उल्लेख किया है। उनकी नजर में 'इस वर्ष पत्रिकाओं की दुनियाओं की मुख्य घटनाएँ 'आलोचना' पत्रिका के प्रकाशन का स्थगन (जबकि यह पत्रिका 1990 में ही बंद हो चुकी), साहित्य अकादेमी के हिंदी त्रैमासिक 'समकालीन भारतीय साहित्य' के संपादन से कथाकार शानी का रिटायर होना और आलोचना द्वैमासिक 'पूर्वग्रह' (उन्हीं द्वारा संपादित) के शतांक का प्रकाशन रहीं। 'हंस' पत्रिका द्वारा आयोजित परिसंवाद 'न लिखने का कारण' तथा 'पूर्वग्रह' के शतांक प्रकाशन पर अंग्रेजी पत्रिका द बुक रिव्यु और कुछ हिंदी लेखकों द्वारा 'शब्द-विचार और स्वराज' विषय पर परिसंवाद बहुत चर्चित रहे।' अब खुद पाठक विचार करें आत्ममुग्धता एवं आत्मश्लाघा की हदबंधी कहां खींची जाये या इसे साहित्य का 'जबरजोत' कहें ? गौर करने की बात यह भी है कि नये आलोचकों में अशोकजी को मदन सोनी और वागीश शुक्ल, उपन्यासकारों में ध्रुव शुक्ल, युवा कहानिकारों में जयशंकर और कवियों में जितेन्द्र कुमार, शिरीष ढोवले, तेजी ग्रोवर और विमल कुमार उल्लेखनीय लगते हैं। हैरानी की बात यह है कि तमाम साहित्यिक-वैचारिक पूर्वग्रह में वे टिप्पणी करते हैं-"हिंदी आलोचना के ढंग को बदलने की बेहद जरूरत है अन्यथा साहित्य को पढ़ने-गुनने के जो नए तरीके भी विकसित हुए हैं, वे संसारव्यापी परिवर्तनों से अप्रतिकृत और अंततः अकादेमिक होकर रह जाएँगे। अगर हम नए प्रश्न नहीं पूछेंगे, तो नए उत्तर कैसे पायेंगे ?" कौन बदलेगा आलोचना के इस ढंग को-डॉ. रामविलास शर्मा, डॉ. नामवर सिंह, अशोक वाजपेयी, मैनेजर पांडेय, नंदकिशोर नवल, परमानंद श्रीवास्तव ?

हिंदी साप्ताहिक 'संडे आबजर्वर' ने वर्षांत पर (29 दिसंबर '91) देश के प्रमुख विचारकों, लेखकों और कलाकारों से, जिनमें निदा फाजली, निर्मल वर्मा, श्यामाचरण दुबे, अर्जुन सिंह, मधु लिमये, अशोक वाजपेयी और गोविन्दाचार्य हैं-इस वर्ष के दौरान पढ़ी गयी पुस्तकों के बारे में जानना चाहा था। आपको जानकर आश्चर्य होगा कि उनमें से प्रो. श्यामाचरण दुबे

को छोड़कर किसी ने भी इस वर्ष पढ़ी गयी किसी हिंदी पुस्तक का उल्लेख नहीं किया है। निर्मल वर्मा और अशोक वाजपेयी ने इस वर्ष सिर्फ अंग्रेजी की ही किताबें पढ़ीं जिनका उल्लेख उन्होंने किया है। निष्कर्ष, 1991 में अंग्रेजी की किताबें छायी रहीं–' परिचर्चा का शीर्षक सार्थक हुआ।

अभी नये वर्ष में 'बीते वर्ष का साहित्यनामा' शीर्षक से दैनिक जनसत्ता (5 जनवरी, 1992) ने सात महत्वपूर्ण साहित्यकारों के विचार तथा वर्ष 1991 में छपी किताबों का एक चयन प्रकाशित किया है। प्रयाग शुक्ल, विष्णु खरे, गिरिधर राठी, कृष्णा सोबती, मृणाल पांडेय, असगर वजाहत एवं कृष्णदत्त पालीवाल के विचारों के ध्रुवातंक छोर हैं। समानता है जिन कृतियों को लेकर उनमें कृष्णा सोबती की 'ऐ लड़की' (कहानी) तथा जगूड़ी का 'भय भी शक्ति देता है' (कविता संग्रह) हैं। विष्णु खरे ने जरूर तीखी टिप्पणी की है- "हममें से अधिकांश कूड़ा कृतियों के प्रशंसक हैं। यह बौद्धिक दिवालियापन ही नहीं, खोटी नीयत का भी परिचायक है। छायावाद, प्रयोगवाद, प्रगतिवाद के दिनों जैसा प्रतिभा का विस्फोट कब होगा, जो नवजवान आ रहे हैं वे छोटी-छोटी सफलताओं से ही संतुष्ट हो जाते हैं। उनमें विचित्र आत्ममुग्धता और आत्मतुष्टता हैं।" वर्ष 1991 में छपी किताबों के चयन में कुछ 1990 की पुस्तकों का भी असावधानीवश उल्लेख हो गया है।

(हंस, फरवरी 1992)

अभी-अभी प्रकाशित 'इंद्रप्रस्थ भारती' के नये अंक के अपने संपादकीय 'हिंदी लेखन परिदृश्य' में डॉ. विजय मोहन सिंह ने राजधानी से प्रकाशित लघु पत्र-पत्रिकाओं के संपादकों में तेजी से उभर रही व्यावसायिकता पर एक तल्ख, लेकिन सही, टिप्पणी की है-''राजधानी में लघु पत्र-पत्रिकाओं के नाम पर ऐसे लघु व्यापारियों का मजमा जमा हो गया है जो अपना 'हक' लेखक, प्रकाशक, संपादक आदि सभी स्तरों पर पाना चाहता है। बाकी पक्षों को यदि छोड़ भी दें तो यह 'मजमा' एक बेहद खतरनाक हद तक हिंसक तथा परोपजीवी वर्ग के रूप में विकसित हो रहा है और जिस तरह हम तमाम सरहदों तथा सीमाओं पर लाचार हैं, वैसे ही इस 'मैदान के मैदान होने' के सामने लाचार हैं। ''वस्तुतः यह मात्र दिल्ली का परिदृश्य न होकर शेष भारत का परिदृश्य है। इसे बिडंवना ही कहेंगे कि जिस लघुपत्रिका का आरंभ पूँजीपति घराने से प्रकाशित व्यावसायिक पत्रिकाओं के विरोध में एक 'मूवमेंट' के रूप में हुआ था, उसकी परिणति व्यावसायिक होने में हो रही है। कुछ लघु पत्रिकाओं के ताजे अंक इसके प्रमाण हैं अब जबकि बड़ी साहित्यिक पत्रिकाएं ही नहीं, व्यावसायिक पत्रिकाएं भी एक-एक कर बंद हो रही हैं, लघु पत्रिकाओं के संपादकों का दायित्व है कि अपने साहित्यिक विवेक का परिचय दें और एक और लघुपत्रिका निकालने के जुनून में जैसी-तैसी स्तरहीन रचनाओं को प्रकाशित करके कूड़ा-कचरा न इकट्ठा करें। व्यावसायिकता की होड़ में साहित्य की मर्यादा का उल्लंघन भी नहीं करें।

1. लघु पत्रिकाएं :

1. साक्षात्कार (मासिक)-सं. : मनोहर वर्मा, मध्य प्रदेश साहित्य परिषद, डी-1/1, प्रोफेसर कालोनी, भोपाल।

सरकारी संस्थानों से प्रकाशित होने वाली पत्रिकाओं के प्रति साहित्यकार ही नहीं, हिंदी के पाठक भी प्रायः उदासीन रहते हैं। लेकिन 'साक्षात्कार' हिंदी की उन कुछ महत्त्वपूर्ण पत्रिकाओं में है जिससे हिंदी पाठकों की उम्मीदें जुड़ी हुई हैं। इस पत्रिका को शिखर तक पहुंचाने में संपादकों की कई पीढ़ियों का योगदान है -शानी, प्रभाकर श्रोत्रिय, सुदीप बनर्जी और सोमदत्त। लेकिन इस पत्रिका को प्रसिद्धि मिली सोमदत्त के संपादन के दौरान। सोमदत्त मूलतः कवि थे। अच्छे अनुवादक भी। लेकिन सबसे ऊपर वे एक तेजस्वी संपादक थे। अपने संपादन काल में उन्होंने समकालीन लेखन के तमाम पक्षों को समेट लिया था। उनके द्वारा संपादित रामचंद्र शुक्ल अंक, कविता अंक, मतवाला अंक, विश्व कविता-अंक अब उनकी स्मृति धरोहर है।

पत्रिका के नये अंक के संपादकीय में मनोहर वर्मा लिखते हैं- ''संस्मरण आज लगभग न के बराबर लिखे जा रहे हैं। सच तो यह है कि उसके साथ वह बर्ताव भी नहीं है जो

अन्य विधाओं के साथ हैं।" क्या इस बात को दुहराने की जरूरत है कि हिंदी-साहित्य में आज सबसे ज्यादा संस्मरण ही लिखे जा रहे हैं। 'हंस' में, काशीनाथ सिंह, 'संडे मेल- में रवीन्द्र कालिया और 'वर्तमान साहित्य' में मधुकर सिंह के क्रमशः प्रकाशित हो रहे संस्मरणों को वर्मा जी यदि देखते तो ऐसी टिप्पणी नहीं करते। 'हिंदी- में यह नहीं है, वह नहीं है' की कुंठा से संपादक समीक्षक अब मुक्त हो सकें तो बहुत कल्याण हो।

प्रस्तुत अंक में कई विचारोत्तेजक लेख संकलित हैं। मधुरेश अपने लेख 'कहानी की आलोचना और देवीशंकर अवस्थी' में डॉ. नामवर सिंह के बरक्स देवीशंकर अवस्थी को खड़ा करना चाहते हैं। हृदयेश एवं ममता कालिया की 'मुठभेड़' तथा 'खिड़की' अच्छी कहानियाँ हैं। इन पर चर्चा होनी चाहिए। नरेंद्र जैन अच्छे समकालीन कवि हैं। उनकी कविता 'उड़ान' मुझे पसंद आयी। पं. रामनरेश त्रिपाठी पर लिखे शिवमंगल सिंह 'सुमन' के संस्मरण में मुझे एक नया शब्द देखने को मिला है-'जय त्युत्सव'। राजकमल चौधरी पर खगेन्द्र ठाकुर के लेख का शीर्षक 'पीड़ा से मुक्ति के लिए तड़प की कविता' तो ठीक है, लेकिन स्थापना बिलकुल विपरीत। उनका यह कहना कि 'राजकमल अकविता के दौर की उपज तो नहीं थे। उनकी कविता का स्वाभाविक संबंध भी अकविता से नहीं था', गलत है। राजकमल पर पश्चिम के बीट पीढ़ी एवं बंगाल की भूखी पीढ़ी का स्पष्ट प्रभाव है। इन दोनों पीढ़ियों से अकविता का भी संबंध था।

2. उन्नयन-II :

सं. श्रीप्रकाश मिश्र, संपर्क : 406, त्रिवेणी रोड, कीडगंज, इलाहाबाद

पत्रिका के प्रस्तुत अंक में चंद्रकांत देवताले से लेकर चंद्रकला त्रिपाठी तक की हिंदी कविता-यात्रा को रेखांकित करने का प्रयास किया गया है। लेकिन अपने संपादकीय आलेख 'हिंदी कविता धूमिल के बाद' में श्रीप्रकाश हिंदी कविता के विकास की चर्चा करते अपनी बात को किसी परिणति तक नहीं पहुँचाते। कुमारेन्द्र पारसनाथ सिंह को उन्होंने धूमिल के बाद के कवियों में शामिल किया है, जबकि वे धूमिल के पहले से कविता लिख रहे हैं। बहरहाल, धूमिल के बाद की पीढ़ी को कविता में रेखांकित करने का यह पहला प्रयास है। एक नई पीढ़ी के भी साथ-साथ पिछले दिनों देश निर्मोही द्वारा संपादित एक कविता-संकलन 'बाहर सब शांत है' आया है, जिसमें भी लगभग नयी पीढ़ी के वे ही कवि हैं-एकांत श्रीवास्तव, कुमार अंबुज, तेजी ग्रोवर, बद्रीनारायण, लाल्टू, विमल कुमार, प्रमोद कौंसवाल, प्रगति सक्सेना, निलय उपाध्याय, चंपा बैद, ध्रुव शुक्ल, दीनू कश्यप, विनोद पदरज, संजय चतुर्वेद, अनुराधा बनर्जी, चंद्रकला त्रिपाठी। हैरानी की बात है कि इस संकलन से कविता की एक पूरी पीढ़ी-अरुण कमल, उदय प्रकाश एवं राजेश जोशी गायब हैं।

3. इरा (नवम्बर 1991) :

सं. गोपाल प्रसाद, उदय राज, 13/47, लीचू बगान, कांकिनाड़ा, उत्तर 24, (प.बं.)

एक ऐसे समय में अलखनारायण हम सबसे बिछुड़ गये, जब वे एक महत्त्वपूर्ण आलोचक के रूप में उभर रहे थे। वे कविता भी लिखते थे और आलोचना भी। लेकिन उनके आलोचक का रूप ही अब हिंदी पाठकों की स्मृतियों में कौंधेगा।

अलखनारायण की स्मृति पर केंद्रित पत्रिका के इस अंक में कलकत्ता के उनके मित्रों की कविताएँ एवं संस्मरण हैं। अधिकांश श्रद्धांजलियाँ हैं। कवियों ने उन्हें निराला, मुक्तिबोध, राजकमल एवं धूमिल से जोड़कर मसीहा बना दिया है। संस्मरणों में उनकी रचनात्मकता पर कम चर्चा, उनके शराबी होने का जिक्र ज्यादा है। इस अंक में एक भी ऐसा गंभीर लेख नहीं है, जो अलखनारायण के व्यक्तित्व एवं उनके लेखन पर पर्याप्त प्रकाश डाल सके। अभी मैंने रमेश रंजक पर 'इंद्रप्रस्थ भारती' के नये अंक में रमेश उपाध्याय का एक संस्मरण लेख 'जो न पाया गया हमसे बंधु' पढ़ा है। उसी तरह का एक लेख अलखनारायण पर भी लिखा जाना चाहिए। 'कथ्य रूप' में उन पर अवध नारायण सिंह एवं गोपाल प्रसाद के संस्मरण बेहतर हैं। इस पत्रिका की छपाई और प्रस्तुति खराब है।

4. उत्तरा (अनियतकालीन) जुलाई 1991 :

सं. गोपाल प्रसाद, क्वार्टर नं. 3-238, सेक्टर-2-ए, बोकारो, इस्पात नगर-827001

जनवादी लेखक संघ, बोकारो इस्पात नगर, इकाई की इस पत्रिका के प्रस्तुत अंक में डॉ. धनजंय वर्मा का 'कबीर' पर विचारोत्तेजक लेख है। कविताओं में ओसेतियाई कविताओं के वरयाम सिंह द्वारा किया गया अनुवाद, अष्टभुजा शुक्ल, चंपा बैद की कविताएँ पठनीय हैं। 'समकालीन सांस्कृतिक चुनौतिया साहित्य' (लेख) में चंद्रकला त्रिपाठी ने गंभीरता से सांस्कृतिक और चुनौतियों को साहित्य के परिप्रेक्ष्य में उठाया है। पत्रिका साफ-सुथरी और साहित्यिक सरोकारों से जुड़ी है।

5. यात्रा (अनियतकालीन) :

सं. अनिल खम्परिया, कृष्ण कुटीर, जालपादेवी वार्ड, कटनी (म.प्र.)-483501

पत्रिका के नये अंक में भीष्म साहनी एवं त्रिलोचन से संवाद तो महत्त्वपूर्ण हैं ही, हरिशंकर परसाई की 'वैष्णव कथा' कहानी का अरुण पांडेय द्वारा किया नाट्य रूपांतर भी अच्छा है। कविताओं में नरेन्द्र जैन, सुधीर सक्सेना, एकांत श्रीवास्तव एवं तेजिंदर की कविताएँ, कविता का नया स्वाद देती हैं।

6. मूलप्रश्न : (जुलाई-अगस्त 1991) :

सं. वेददान सुधीर, ए-1, रु. इ, उदयपुर-313001

'तीसरी दुनिया' एवं 'साँचा' के बंद हो जाने के बाद संभवतः 'मूलप्रश्न' ही ऐसी पत्रिका है जो सामाजिक, आर्थिक एवं राजनैतिक समस्याओं को केंद्र में रखकर विचार-विमर्श करती है। पत्रिका के प्रस्तुत अंक में दसवें आम चुनाव से संबंधित अनेकों विचारोत्तेजक लेख हैं। 'भारत में केंद्र-राज्य संबंध' पुस्तक की अच्छी समीक्षा है।

7. आधारशिला (अंक 9/10, 1991) :

सं. दिनेश भट्ट 'दिवाकर', बड़ी भुखानी, हल्द्वानी, नैनीताल-263139

सचमुच लघु-पत्रिका के कलेवरवाली इस पत्रिका के नये अंक में कई अच्छी रचनाएँ प्रकाशित हैं। जयनंदन और राजश्री पांडेय की कहानियाँ पठनीय हैं। शंभु गुप्त के 'नवें दशक के जरूरी उपन्यास' की पहली किस्त दिलचस्प है। उम्मीद है, आगामी किस्तों में वे महत्त्वपूर्ण उपन्यासों पर भी चर्चा करेंगे। वीरेन डंगवाल एवं रमेश चंद्र शाह की कविताएँ ठीक हैं। पत्रिका दृष्टिसंपन्न

ओर पठनीय है।

8. अनुवाद-69 (अक्तूबर-दिसम्बर 1991) :

सं. डॉ. गार्गी गुप्त-भारतीय अनुवाद परिषद् 203, आशादीप, 9 हेली रोड, नई दिल्ली-110001

भारतीय अनुवाद परिषद् द्वारा प्रकाशित त्रैमासिक शोध पत्रिका 'अनुवाद' अपने ढंग की संभवतः अकेली पत्रिका है जिसने अनुवाद के सैद्धांतिक एवं व्यावहारिक पक्षों पर महत्त्वपूर्ण लेख प्रकाशित किए हैं। पत्रिका के अब तक प्रकाशित दस-पंद्रह विशेषांकों में सिद्धांत विशेषांक, काव्यानुवाद विशेषांक, बैंक विशेषांक, उर्दू विशेषांक तथा फ्रांसीसी साहित्य विशेषांक उल्लेखनीय हैं। नये अंक में भी अनुवाद की समस्याओं पर केंद्रित कई लेख हैं। गंगा प्रसाद विमल की हिंदी कविताओं का अंग्रेजी अनुवाद तथा चीनी कवि बाई जुई की कविताओं का प्रियदर्शी ठाकुर 'ख्याल' द्वारा किया गया अनुवाद ध्यान खींचता है।

9. बसंत (त्रैमासिक)-67 (जून 1991) :

सं. अभिमन्यु अनत, महात्मा गांधी संस्थान, मोका मारिशस

अस्मिता और सर्जना के प्रति प्रतिबद्ध इस विदेशी पत्रिका के नये अंक में पूजानंद नेमा और सोमदत्त बखोरी की मृत्यु की सूचना है। मोहन लाल बृजमोहन की कहानी 'वह पगध्वनि' एक प्रेम कहानी है। 'यादों के झरोखों से' में वीरसेन जागा सिंह ने भारत-यात्रा के दौरान, बिहार के आरा और छपरा से आये मॉरिशस में बसे अपने पूर्वजों को भी संवेदनशीलता के साथ याद किया है। अभिमन्यु अनत हिंदी साहित्य से जुड़े हैं। उनसे अपेक्षा की जा सकती है कि वे इस पत्रिका को समकालीन हिंदी-साहित्य से जोड़े रखेंगे।

2. अन्य पत्रिकाओं में :

1. **समाजवाद का स्वप्न और दुःस्वप्न** (लेख)-निर्मल वर्मा, नवभारत टाइम्स, 4 जनवरी 1992
2. **हिंदी साहित्य के इतिहास का महत्त्व** (लेख)-डॉ. रामविलास शर्मा न.भा.टा. 12/19 जनवरी 1992
3. **अमीर खुसरो**-डॉ. नामवर सिंह, जनसत्ता, 19 जनवरी 1992
4. **विजय देवनारायण साही : कविरूप में** (लेख)-नंद किशोर नवल, 'इंद्रप्रस्थ भारती-15,' जुलाई-सितंबर 1991
5. **कहानी की कला और लू शुन की कहानियाँ** (लेख)-अलखनारायण 'अब-18'
6. **माँ की आँखें** (कविता)-नरेन्द्र पुंडरीक, 'पल प्रतिपल-17'
7. **सम्मान** (कहानी)-हृदयेश-हंस, दिसम्बर-1991
8. **मिस्टर ब्राउनी** (कहानी)-नासिरा शर्मा, कथ्य-रुप-10, जुलाई-सितंबर 1991
9. **बाबा को बुखार है** (कहानी)-निलय उपाध्याय, वर्तमान साहित्य, फरवरी 1992
10. **ज्ञानरंजन** (संस्मरण)-रवीन्द्र कालिया-'संडे मेल' 19-25 जनवरी, 2 एवं 9 फरवरी 1992
11. **कामतानाथ से बातचीत** (साक्षात्कार)-सुनील कौशिश-कथानक-21

12. **'देख तमाशा लकड़ी का' पर संकलित प्रतिक्रिया** (पत्र)-रामशंकर सिंह, हंस, फरवरी 1992
13. **अश्लीलता के विरुद्ध : 'ऐ लड़की' पर विवाद**-रवींद्र वर्मा, न.भा.टा. 19 जनवरी 1992

3. नयी पत्रिकाएं/नये अंक :

1. **कथा**-संपादक, मार्कडेय-2-डी, मिंटो रोड, इलाहाबाद
2. **नई आलोचना**-सं. विनोद कुमार शुक्ल, 185, नया बैरहना, इलाहाबाद-211003
3. **सृजन परिवेश**-सं. अरविंद चतुर्वेद-अमिताभ चक्रवर्ती, सूर्योदय नगर, धनबाद
4. **कथादशक**-सं. सतीश जमाली, 170 अलोपी बाग, इलाहाबाद
5. **परिवेश**-मार्फत मूलचंद गौतम, शक्तिनगर, चंदौसी, मुरादाबाद
6. **समकालीन परिभाषा, 7/8-समकालीन हिंदी कहानी पर केंद्रित अंक** संपादक ऋषिकेश-राकेश रेणु, बी-80, सेक्टर-19, नोएडा-201301
7. **'संदर्श'-भुवनेश्वर पर केंद्रित अंक**-अतिथि संपादक, चंद्र मोहन दिनेश, संदर्श प्रकाशन, सदर बाजार, शाहजहांपुर
8. **पल प्रतिपल-अंक-17,** संपादक, देश निर्मोही, 372/सेक्टर-17, पंचकूला (हरियाणा)
9. **कथ्य-रुप-10**, संपादक, अनिल श्रीवास्तव-डी. 224, तुलाराम बाग, इलाहाबाद-211006
10. **कथानक-21**, संपादक, सुनील कौशिश, के. 74, यशोदा नगर, कानपुर-208011
11. **संभव-8-10,** (कहानी विशेषांक)-सं सुभाष शर्मा, 1/11052 ए, सुभाष पार्क शाहदरा, नई दिल्ली-110032

4. नये प्रकाशन :

1. **भारतीय इतिहास और ऐतिहासिक भौतिकवाद**-डॉ. रामविलास शर्मा, हिंदी माध्यम कार्यान्वयन, निदेशालय, दिल्ली विश्वविद्यालय, ई-ए-6 मॉडल टाउन, दिल्ली-110009
2. **सब कुछ होना बचा रहेगा** (कविता)-विनोद कुमार शुक्ल, राजकमल प्रकाशन, नई दिल्ली
3. **शिकस्त** (कहानी)-कामतानाथ, राधाकृष्ण प्रकाशन, 2/38 अंसारी रोड, नई दिल्ली -110002
4. **आसमान कितना नीला** (कहानी)-गोविन्द मिश्र, राधाकृष्ण प्रकाशन, नई दिल्ली
5. **याद हो कि न याद हो** (संस्मरण)-काशीनाथ सिंह, राजकमल प्रकाशन, नई दिल्ली
6. **सर्वेश्वर दयाल सक्सेना : संपूर्ण गद्य रचनाएँ**-किताब घर, 24/4866, अंसारी

रोड, नई दिल्ली-110002

7. **भैया एक्सप्रेस** (कहानी)-अरुण प्रकाश, आयाम प्रकाशन, 1/11873, उल्धनपुर, नवीन शाहदरा, दिल्ली-110032
8. **साहित्य का धूमकेतु : भुवनेश्वर**-संपादक चंद्रमोहन दिनेश, संदर्श प्रकाशन, सदर बाजार, शाहजहांपुर-242001
9. **गूँगों का गाँव** (उपन्यास)-चन्द्रशेखर दुबे, दिशा प्रकाशन, 138/16, त्रिनगर, दिल्ली-110035

5. अनुपूरक सूची साहित्य-1991 :

वर्ष 1991 में प्रकाशित महत्त्वपूर्ण पुस्तकों की एक सूची 'हंस' के जनवरी 1992 अंक में छपी थी। लेकिन कुछ पुस्तकों का उल्लेख छूट गया था, आशा है पाठकों के व्यापक सुझाव पर आधारित इस अनुपूरक सूची से अब वर्ष 1991 की साहित्य-सूची संतुलित हो जाएगी।

6. उपन्यास :

1. **एक सदी बाँझ**-मस्तराम कपूर, किताब घर, 24/4866, अंसारी रोड, नई दिल्ली-110002
2. **उल्का संकेत**-गौरी शंकर कपूर, राजकमल प्रकाशन, 1-बी, नेताजी सुभाष मार्ग, दरियागंज, नई दिल्ली-110002
3. **अमर टॉकीज**-ध्रुव शुक्ल, वाग्देवी प्रकाशन, सुगन निवास, चंदन सागर, बीकानेर-334001

7. कहानी संग्रह :

1. **नंगा आदमी**-योगेश्वर शर्मा, आधार प्रकाशन, 372, सेक्टर-17, पंचकूला (हरियाणा)
2. **प्रेत मुक्ति**-संजीव, दिशा प्रकाशन, 138/16, त्रिनगर, दिल्ली-110035
3. **कितनी बार**-सरयू शर्मा-सचिन प्रकाशन, 7/34, अंसारी रोड, दरियागंज, नई दिल्ली-110002
4. **तीसरा आदमी**-नारायण सिंह-साहित्य सदन, कानपुर कैंट, कानपुर,
5. **अनुगूँज**-गीतांजलि श्री, राजकमल प्रकाशन, नई दिल्ली
6. **गिरा हुआ वोट**-तारा पांचाल, आधार प्रकाशन, पंचकूला (हरियाणा)
7. **महाप्रस्थान**-अखिल अनूप, अयन प्रकाशन, 1/20 महरौली, नई दिल्ली-110030
8. **अपने मोर्चे पर** -नवीन जोशी-सामयिक प्रकाशन, 3543, जटवाड़ा, दरियागंज, नई दिल्ली-110002
9. **यामिनी कथा**-सूर्यवाला, ज्ञानगंगा, 205-सी, चावड़ी बाजार, दिल्ली-110006

8. कविता संग्रह :

1. **ढूँढा और पाया**-विपिन कुमार अग्रवाल, लोक भारती प्रकाशन, 15-ए, महात्मा गांधी मार्ग, इलाहाबाद
2. **इसी दुनिया में**-वीरेन डंगवाल, नीलाभ प्रकाशन, 5 खुसरोबाग, इलाहाबाद
3. **सदी के शेष वर्ष**-राजा खुगशाल, पराग प्रकाशन, 3/114, कर्णगली, विश्वास नगर, शाहदरा, दिल्ली-110032
4. **खिड़की के टूटे हुए शीशे में**-राजेन्द्र उपाध्याय, वाग्देवी प्रकाशन, बीकानेर
5. **सिर्फ कवि नहीं**-बोधिसत्व, लोकभारती प्रकाशन, इलाहाबाद
6. **किसी बच्चे से पूछो**-ब्रजमोहन, मानक पब्लिकेशन, 3 -ए,बी-2 सावरकर ब्लॉक,. मधुबन रोड, शकरपुर, दिल्ली-110092

9. निबंध/आलोचना :

1. **साहित्य के नये दायित्व**-डॉ. रामस्वरूप चतुर्वेदी, लोक भारती प्रकाशन इलाहाबाद
2. **समकालीन हिंदी आलोचक और आलोचना**-रामबृक्ष, हरियाणा साहित्य अकादमी, 1563/18-डी, चंडीगढ़
3. **कविता और मानवीय संवेदना**-रेवती रमण-राजेश प्रकाशन, ए-7/46, कृष्णा नगर, शाहदरा-110051
4. **मार्क्सवादी सौंदर्यशास्त्र की भूमिका**-रोहिताश्व, राधाकृष्णन प्रकाशन, 2/38, अंसारी रोड, दरियागंज, नई दिल्ली-110002
5. **नलिन विलोचन शर्मा की साहित्य-साधना**-विश्वनाथ प्रसाद, अयन प्रकाशन, नई दिल्ली-110002
6. **लोकतंत्र की कसौटियाँ**-विजयदेव नारायण साही, हिंदुस्तानी एकेडमी, इलाहाबाद

10. विविध :

1. **सहचर है समय** (आत्मकथा)-डॉ रामदरश मिश्र, किताब घर, नई दिल्ली-110002
2. **मितवाघर** (संस्मरण)-पद्मा सचदेव, राजकमल प्रकाशन
3. **कोर्ट मार्शल** (नाटक)-स्वदेश दीपक, राजकमल प्रकाशन, नई दिल्ली-110002
4. **भारत भाग्य विधाता** (नाटक)-रमेश उपाध्याय, लिपि प्रकाशन ,1 अंसारी रोड, नई दिल्ली
5. **बिहार का सच**-उर्मिलेश, प्रकाशन संस्थान, 4715/21, दयानंद मार्ग, दरियागंज, नई दिल्ली-110002

(हंस, मार्च 1992)

समकालीन हिंदी कहानी से 'दूर बैठे' कवि-आलोचक अशोक वाजपेयी के दुःख का कारण आज लिखी और सराही जा रही कहानियाँ हैं। उनके दुःख का एक कारण यह भी हो सकता है कि कहानी आज 'हंस' के बगल में बैठी बोल-बतिया ही नहीं रही है, उससे छेड़छाड़ भी कर रही है। यह दीगर बात है कि राजेन्द्र जी इस 'वयस्क' कहानी को संभाल नहीं पा रहे हैं। ऐसी लाचार स्थिति में यही लगता है, भारत भवन से दूर बैठे-आध्यात्मिक मुद्रा अख्तियार किये अशोकजी मानो हिंदी कहानी की शव-यात्रा में शामिल हों। दिलचस्प बात यह है कि कहानी में उनकी सीमा कृष्णा सोबती या निर्मल वर्मा हैं। समकालीन कहानी का घेरा क्या सचमुच इतना तंग है ? जबकि इस बीच कहानी में शिल्प, कथ्य, भाषा, संवेदना के स्तर पर लगातार प्रयोग हो रहे हैं। क्या जरूरी है कि समकालीन कहानी को जाँचने के लिए हम विदेशी प्रतिमान का ही इस्तेमाल करें? 1936 में लिखी प्रेमचंद की प्रसिद्ध कहानी 'कफन' से लेकर 1991 में लिखी अब्दुल बिस्मिल्लाह की कहानी 'कर्मयोग' तक कहानी ने एक लंबी यात्रा तय की है। कहानीकारों की कई पीढ़ियाँ अभी भी सक्रिय हैं। स्वातंत्र्योत्तर भारत के क्रमशः जटिल होते यथार्थ को लगातार पकड़ने की कोशिश की है इन कहानीकारों ने। लेकिन अशोकजी के 'दुःख' के असली कारण को समझना मुश्किल है। इस त्रासद सच्चाई के बावजूद कि डॉ. नामवर सिंह के बाद हिंदी कथा-आलोचना का वांछित विकास नहीं हुआ, डॉ. विजय मोहन सिंह इसे सही दिशा में मोड़ सकते थे लेकिन दुष्परिणाम यह हुआ कि आज अच्छी-बुरी कहानी का फर्क मिटता जा रहा है। इधर हिंदी कहानी में यथार्थ के नाम पर जो व्यभिचार-अत्याचार हो रहा है, वह छुपा नहीं है। भले आज कहानी से शहर बाहर हो रहा है लेकिन यथार्थ के नाम पर पूरा का पूरा गाँव, बोली-वानी के साथ रेणु की नकल में उभर रहा है। आज कहानी को शास्त्रीयता से मुक्त करने की जरूरत है। कहानी सबसे पहले और सबसे अंत में भी कहानी है। जिस तरह आज का जीवन जटिल है, यथार्थ की जटिलता भी मुश्किल से पकड़ में आयेगी। आवश्यकता इस बात की है कि आज के जीवन की विसंगतियों और अंतर्विरोध को गहराई में हम कहानी में उभारें। अभी 'हंस' में कहानी पर कृष्ण कुमार जी की एक बहुत अच्छी टिप्पणी छपी है। मुझे विश्वास है पाठक भी मेरी तरह उनकी टिप्पणी की तारीफ करेंगे।

1. लघु-पत्रिकाएं :

1. समकालीन परिभाषा (जुलाई-दिसम्बर 1991) :

सं. ऋषिकेश : राकेश रेणु, धर्म भवन, शंकर चौक, डुमरा सीतामढ़ी (बिहार)-843301

समकालीन हिंदी कहानी पर केंद्रित इस पत्रिका की योजना आठवें दशक के आरंभ में

प्रकाशित 'आवेग' के 'समकालीन कविता की पहचान' अंक की याद दिलाती है। उसी तरह इस पत्रिका में नवें दशक की बारह चर्चित कहानियाँ और उस पर आलोचकों की समीक्षाएँ प्रकाशित हैं। विचार करने की बात है। नवें दशक की कहानी की इस पड़ताल से क्या समकालीन कहानी की पहचान भी उभरती है ? सवाल यह भी उठ सकता है कि दशकों में बाँटकर, समकालीन कहानी की पहचान का यह रास्ता कहीं शार्टकट तो नहीं है ? इस अंक में कई कथा-पीढ़ी के कहानीकारों की कहानियाँ संकलित हैं। भीष्म साहनी, शैलेश मटियानी, रमाकांत, स्वयं प्रकाश, असगर वजाहत, पंकज बिष्ट, उदय प्रकाश, संजीव, राजी सेठ, शिवमूर्ति, अखिलेश तथा अरुण प्रकाश-यानी नई कहानी से लेकर नवें दशक तक की यह कहानी यात्रा है। संपादकीय में कहा गया है कि 'योजनानुसार हमने नवें दशक की बारह ऐसी श्रेष्ठ कहानियों का चयन किया है जो इस अवधि में अपनी उपस्थिति से किसी-न-किसी रूप में संपूर्ण हिंदी कहानी को दिशा देने वाली साबित हुई हैं।' आगे फिर 'अपने विचार और चयन का आधार हमने केवल कहानियों को बनाया है। कहानीकारों, उनकी ख्याति, उपलब्धियों या पीढ़ी का ख्याल किये बिना केवल कहानियों को उनकी निजी गुणवत्ता और महत्त्व के आधार पर चुना। हिंदी कहानी की विकास यात्रा में हमें नवें दशक की कहानियों को ही अपने विचार का आधार बनाना उचित लगा, कहानीकारों और उनके वय को नहीं।' सबसे अव्वल बात तो यह है कि 'समकालीन हिंदी कहानी', जिसमें कहानीकारों की कई पीढ़ियाँ रचनारत हैं, मात्र नवें दशक की कहानी नहीं हो सकती। फिर समकालीन कहानी की दुनिया क्या एक दशक में लिखी 12 कहानियों से बन सकती है ? निर्मल वर्मा, कृष्णा सोबती, मार्कंडेय, शेखर जोशी, अमरकांत, मनोहर श्याम जोशी, दूधनाथ सिंह, काशीनाथ सिंह, गिरिराज किशोर, रमेश उपाध्याय, हृदयेश, अशोक अग्रवाल, ज्ञानप्रकाश विवेक, सृंजय, शशांक, तारा पांचाल, नारायण सिंह, सुरेश कांटक क्या समकालीन कहानीकार नहीं हैं ? समकालीन कहानी की यह अधूरी दुनिया निश्चय ही कहीं संपादकीय पूर्वग्रहों से ग्रसित लगती है।

हिंदी कहानी का सबसे बड़ा संकट आज यथार्थ है। 'समकालीन कहानी परिदृश्य' शीर्षक लेख में अर्चना वर्मा की टिप्पणी 'नाभिक बिंदु पकड़कर यथार्थ के तापमान को पहचानने की उनकी बात मान भी लें तो- उनकी खुद की बात 'विधा' के तौर पर कहानी की लोकप्रियता की बात के कारण अन्य चाहे जो भी हों, यथार्थ के जटिल व अनेक स्तरीय घिराव को समग्रता के साथ पकड़ पाने के रचनात्मक औजार के रूप में उसकी समर्थता नहीं है', में अंतर्विरोध है।

इस अंक में संकलित 12 कहानियाँ अपने समय की प्रतिनिधि कहानियाँ हैं, जिनमें यथार्थ को उभारने की भरपूर कोशिश की गयी है। इन कहानियों में जीवन की जटिलता, अंतविरोधों को कई स्तरों पर चित्रित करने की चिंता है। अपराध (संजीव), टेपचू (उदय प्रकाश), बच्चे गवाह नहीं हो सकते (पंकज बिष्ट), यहीं तक (राजी सेठ), अर्द्धांगिनी (शैलेश मटियानी), तिरिया चरित्तर (शिवमूर्ति), कार्लो हब्शी का संदूक (रमाकांत), अविनाश मोटू उर्फ एक आम आदमी (स्वयं प्रकाश), झूमर (भीष्म साहनी), जल प्रांतर, (अरुण प्रकाश), चिट्ठी (अखिलेश) तथा 'स्विमिंग पूल' (असगर वजाहत) कहानियों पर क्रमशः विश्वनाथ त्रिपाठी, चंचल चौहान, देवेन्द्र

चौबे, रामेश्वर द्विवेदी, प्रभाकर श्रोत्रिय, राकेश रेणु, सुधीश पचौरी, मदन मोहन, चंद्रेश्वर कर्ण, शिवदास पांडेय तथा अखिल अनूप ने गहराई से विचार किया है।

निश्चय ही यह चुनौती भरा मुश्किल काम था, जिसे संपादक द्वय ने अपनी सूझ-बूझ से सीमित दायरे में ही पूरा किया है। नवें दशक की कहानी पर सार्थक बातचीत की शुरुआत इन कहानियों को आधार बनाकर की जा सकती है।

2. संबोधन 91 :

परामर्शक–कमर मेवाड़ी, सौजन्य संपादक ए.हुसैन, चाँदपोल, काँकरोली, जिला-समंद-313324 (राजस्थान)

पत्रिका के नये अंक में न केवल 13 महत्त्वपूर्ण कहानीकार-जयनंदन, मणिका मोहिनी, प्रदीप पंत, रूप सिंह चंदेल, ए.असफल, सुनील कौशिश, धर्मेन्द्र गुप्त, रघुनंदन त्रिवेदी, ज्ञानप्रकाश विवेक, माधव नागदा, गिरिराज किशोर एवं सूरज प्रकाश की कहानियाँ संकलित हैं, बल्कि कुछ अच्छे लेख, साक्षात्कार एवं समीक्षाएँ भी हैं। जयनंदन की कहानी 'वे अनंत परिधि वाले जाल' में आज की क्रूर राजनीति की सड़ाँध है। चंदेल ने 'चेहरे' में बदलते चेहरे की ठीक शिनाख्त की है। 'एक काल्पनिक भेंट : चन्द्रधर शर्मा गुलेरी से' (डॉ. आलमशाह खान) दिलचस्प है। डॉ. रमाकांत श्रीवास्तव ने आलोचक नामवर सिंह पर गंभीरता से नहीं लिखा है। 'हिंदी की कहानी समीक्षा में एक बड़ी संभावना की असमय मृत्यु' देवीशंकर अवस्थी की कहानी-समीक्षा पर एक गंभीर लेख है।

3. संभव (अप्रैल-दिसम्बर 1991) :

सं. सुभाष शर्मा, 1/11052 ए, सुभाष पार्क, शाहदरा, दिल्ली-110032

पिछले दिनों कॉफी हाउस में इस पत्रिका के कहानी विशेषांक को मेरे हाथ में देखकर हिंदी के एक चर्चित कहानीकार ने एक अनौपचारिक टिप्पणी की थी 'हास्य व्यंग्य की पत्रिका।' पत्रिका के संपादकीय में आज के लेखकों को लेखन और अध्ययन की दृष्टि से चार कोटियों में बाँटा गया है। उसी कहानीकार ने लेखकों की पाँचवीं कोटि बतलायी- 'जो सिर्फ लिखता है, पढ़ता कुछ नहीं।' उनकी बात में हास का पुट ज्यादा था। लेकिन बाद में सोचने पर मुझे लगा कि उनकी टिप्पणी को आधार दिया है खुद संपादकीय ने। लघु-पत्रिकाओं के संपादकों की कुंठा ऐसे संपादकीय में स्पष्ट नजर आती है।

इस अंक में कई अच्छी कहानियाँ हैं। 'गांव का बदलता मिजाज' (अनंत कुमार सिंह) एक मार्मिक कहानी है-क्रूर व्यवस्था को बेनकाब करती। जी.डी.उर्फ गरीब दास (ज्ञान प्रकाश विवेक), नैन घरैना (शैवाल) तथा पोखर नया गाँव (मधुकर सिंह)। डॉ. सुरेन्द्र चौधरी के लेख 'आर्केडिया में रक्तपात की कहानियाँ' में समकालीन कहानी की प्रवृत्तियों पर प्रखर टिप्पणी की गयी है। 'संभव' एक अच्छी पत्रिका है और विचारोत्तेजक भी। यह हास्य व्यंग्य की पत्रिका नहीं है, जरूर इस अंक के संपादकीय में हास्यास्पदता का पुट ज्यादा है।

4. वैचारिकी (अनियतकालीन संकलन) :

सं. मणिका मोहिनी, 161, शिवानी अपार्टमेंट्स, 63, इंद्रप्रस्थ एक्सटेंशन, दिल्ली-110092

कवयित्री-कहानीकार मणिका मोहिनी ने वैचारिकी का प्रकाशन वर्षों पूर्व संभवतः बम्बई

से किया था। तीन वर्षों के स्थगन के पश्चात्, विदेश प्रवास से लौटकर, अब उन्होंने फिर इस पत्रिका प्रकाशन का आरंभ किया है। पत्रिका का स्वरूप एवं चरित्र सिर्फ कविता, कहानी, लेख छापने से नहीं बनता है, इसके पीछे संपादकीय दृष्टि भी होती है। इस पत्रिका को देखकर मुझे निराशा हुई है। इसमें प्रकाशित रचनाओं का स्तर संतोषजनक नहीं है। 'खबरों की खबर' स्तंभ भी निराश करता है।

5. अनुमेहा (जनवरी 1992) :

सं. डॉ. रजनीकान्त लहरी, अतिथि संपादक-विजय पंडित, 687, सिविल लाइंस, उन्नाव (उ.प्र.)

रंगमंच पर केंद्रित इस पत्रिका के नये अंक में अपेक्षित गंभीरता का अभाव होते हुए भी समकालीन रंगमंच से संबंधित कई महत्त्वपूर्ण सवाल उठाये गये हैं। हिंदी रंगमंच की साधनहीनता को रेखांकित करते हुए अजित पुष्कल ने रंगमंच की समस्याओं को एक दर्शक की दृष्टि से देखा ही नहीं है, अनुभव भी किया है। समसामयिक रंगमंच की स्थिति को गिरिराज किशोर ने अपनी बातचीत में बड़ी स्पष्टता से उभारा है। डॉ. गिरीश रस्तोगी का लेख 'नाटक और रंगमंच कला : अंतःसंबंधों का अन्वेषण' में उन्होंने एक सही टिप्पणी की है-'विश्वविद्यालयों में रंगमंच को गंभीर कला नहीं, एक तमाशे या सस्ती कला के रूप में माना जाता है जबकि प्रशिक्षण का आदर्श स्थल विश्वविद्यालय है।' मृदुला पंडित ने 'समसामयिक रंगमंच : स्थिति एवं संभावनाएँ' में रंगकर्मियों को आर्थिक सुरक्षा प्रदान करने की सही माँग की है। संपादक विजय पंडित ने भूपेन्द्रनाथ शुक्ल की नाट्य कृति 'शक्तिबोध' का आत्मीय मूल्यांकन अपनी सीमाओं के बावजूद यह एक अच्छी पत्रिका है।

6. विपाशा (द्वैमासिक) :

सं. तुलसीरमण, भाषा एवं संस्कृति विभाग, हि. प्र. त्रिशूल शिमला-171003

पिछले कई वर्षों से जब भी मैं श्रीराम सेंटर गया हूँ, 'विपाशा' का नया अंक यदि उपलब्ध हुआ तो मैंने खरीद लिया है। इसलिए नहीं कि इस पत्रिका की कीमत कम (मात्र दो रुपये प्रति अंक) है, बल्कि इस पत्रिका में मुझे प्रायः एक-दो पठनीय रचनाएँ मिलती रही हैं। नये अंक 38/39 (मई-जून एवं जुलाई, अगस्त 1991) में मोहन राकेश से संबंधित कुछ नई सामग्री प्रकाश में आयी है। त्रिलोचन के गीत पर रेवती रमण का अच्छा लेख है। गीतांजलिश्री की कहानी एवं रमेशचंद्र शाह की पुस्तक 'सबद निरंतर' पर सुरेश सेठ की अच्छी समीक्षा है। वर्तमान दशक की हिंदी कहानी पर डॉ. धनंजय वर्मा का लेख संक्षिप्त है लेकिन इससे कहानी की स्थिति पर नये सिरे से विचार करने की जरूरत महसूस होगी। इसी अंक में वंशी माहेश्वरी की संवेदनशील कविताएँ हैं। तुलसी रमण के संपादन में एक खुलापन है, पहाड़ी सौंदर्य जैसा। पत्रिका की छपाई-सफाई अभिभूत करती है।

7. गूंज (त्रैमासिक) :

सं. अकिंचन, विनोदपुर, कटिहार (बिहार)-844705

इस पत्रिका के मुखपृष्ठ को देखकर सहसा मुझे 'सरिता' एवं 'मुक्ता' की याद आयी। लेकिन अंततः मैं यह मान लेने को विवश हुआ कि यह साहित्यिक पत्रिका ही है, भले

व्यावसायिकता का मुखौटा लगाये। इस कविता विशेषांक में बच्चन से लेकर 'नूर' तक हैं। तमाम प्रकाशित-अप्रकाशित कविता-गीत इसमें संकलित हैं। रघुवीर सहाय, मुक्तिबोध एवं भाऊ समर्थ पर लेख भी हैं। लघुकथाएं भी हैं और व्यंग्य भी। यानी सब कुछ। एक साथ गंभीर-अगंभीर रचनाएँ। लेकिन सबसे अधिक खटकने वाली बात यह है कि रचनाओं की इतनी बारीक टाइप में फोटो कंपोजिंग हुई है कि आँख खराब होने का अंदेशा है। इसलिए मेरा सुझाव है कि अकिंचनजी अगले अंक में अपनी उदारता का परिचय दें और पाठकों से आंख मिचौली न खेलें।

8. दिशाबोध (साहित्य का अकेला पाक्षिक पत्र) :

सं. राजाराम भादू, 6 आदर्श कॉलोनी, भरतपुर-321001

मुक्तिबोध ने अपनी प्रसिद्ध कविता 'अँधेरे में' में लिखा था 'अब अभिव्यक्ति के सारे खतरे/उठाने ही होंगे/ तोड़ने होंगे ही मढ़ और गढ़ सब।' मुझे लगता है भादू ने भी अभिव्यक्ति का यह खतरा मोल ले लिया है, वरना मात्र साहित्य को आधार बनाकर कोई पाक्षिक पत्र निकाला जा सकता है। सरासर घाटे का यह सौदा साहित्य के नाम पर संपादक ने एक चुनौती के रूप में स्वीकार किया है। इस पाक्षिक पत्र के हर अंक में समकालीन साहित्य का परिवेश होता है-गोष्ठी रपट, विचार-चर्चा, वाद-विवाद, समीक्षा और सबसे ऊपर तमाम साहित्यिक सूचनाएँ। इसके पिछले अंकों से मुझे कई नई जानकारी मिली हैं। हिंदी के पाठक और साहित्यकार इस पत्र को मात्र शुभाशंसाएं न भेजें, इसका आर्थिक आधार भी मजबूत करें।

9. सूर्यांचल :

कामता सेवा केंद्र, देव औरंगाबाद (बिहार)

बिहार के प्रसिद्ध साहित्यकार स्व. कामता प्रसाद सिंह 'काम' की चुनी हुई रचनाओं पर केंद्रित 'सूर्यांचल' का यह अंक इस अर्थ में महत्त्वपूर्ण है कि 'काम' जी प्रतिष्ठित गद्यशिल्पी शिवपूजन सहाय के समकालीन रचनाकार थे। इनका गद्य न केवल सहज है, बल्कि आत्मीय है। 'काम' जी ने अपने आसपास की छोटी-छोटी वस्तुओं पर भी दिलचस्प लेख लिखे हैं। उनके कुछ यात्रा वर्णन भी हैं। 'अपने परिचय' में 'काम' जी ने अपने को एक साथ घुमक्कड़, भुलक्कड़, अक्खड़, फक्कड़, बतक्कड़ और लाल बुझक्कड़ कहा है। यह तुकबंदी नहीं, कहीं आत्मालोचन भी है। उनके गद्य में गाँव-देहात के ऐसे अनेक सार्थक शब्द आये हैं जो हिंदी भाषा की जातीय प्रकृति के अनुकूल हैं।

(हंस, अप्रैल 1992)

ठीक एक साल पहले 'हंस' संपादक से एक अनौपचारिक प्रस्ताव पर सहमति के पश्चात् यह स्तंभ आरंभ हुआ था। मुझे प्रसन्नता है कि यह स्तंभ अबाधित, बिना किसी संपादकीय हस्तक्षेप के अब तक प्रकाशित होता रहा है। एक साल कोई लंबी अवधि नहीं होती। इसलिए आत्ममुग्ध होने का सवाल ही नहीं उठता। लेकिन इस छोटे काल-खंड में इस स्तंभ को हिंदी-साहित्य विशेषतः 'हंस' के पाठकों के बीच जो लोकप्रियता प्राप्त हुई है, वह मुझे भी हैरान करनेवाली है। एक ओर जहाँ लघु-पत्रिकाओं के संपादकों ने अपनी पत्रिकाएँ भेजकर हिंदी के प्रकाशकों एवं लेखकों ने अपनी पुस्तकें भेजकर तथा नये प्रकाशन की सूचना देकर मुझे हार्दिक सहयोग दिया है वहीं विद्वान-आलोचकों एवं सुधी पाठकों ने इस स्तंभ पर अपनी बेलाग खरी-खरी प्रतिक्रिया से मुझे अपनी कमजोरियों का भी अहसास कराया है। स्तंभ से ढेर सारे पाठकों को शिकायतें भी कम नहीं हैं, कि स्तंभ में सूचनाओं की भरमार होती है, लघु-पत्रिकाओं की समीक्षा परिचयात्मक अधिक होती है आलोचनात्मक कम, किसी महत्त्वपूर्ण लेख, कहानी एवं कविता के किसी पक्ष को उठाकर बहस के लिए पाठकों को कोई आधार प्रस्तुत नहीं किया जाता और अंतिम, लेकिन महत्त्वपूर्ण शिकायत एक पाठक की नजर में बार-बार स्तंभकार की आत्म-चर्चा का संदर्भ। इन तमाम शिकायतों से अपनी सहमति व्यक्त करते हुए भविष्य में मेरी यह कोशिश रहेगी कि पाठकों की आकांक्षाओं को पूरा कर सकूं।

एक बात और एक-दो पत्रिकाओं के संपादकों ने अपनी पत्रिकाओं पर इस स्तंभ में प्रकाशित मेरी टिप्पणी को पूर्वग्रह एवं राग-द्वेष से प्रेरित माना है। एक संपादक ने जहाँ अपनी पत्रिका में मेरे नाम 'खुला पत्र' छापा है तो दूसरे एक सरकारी पत्रिका के संपादक ने इसलिए मेरी रचनाएँ लौटा दीं कि मेरी प्रतिकूल समीक्षा से उनके शिखर-सम्मान को संभवतः धक्का लगा था। मैं फिर स्पष्ट कर दूँ कि यह स्तंभ राग-द्वेष का मंच नहीं है। इसमें लेखकों, पाठकों, संपादकों एवं प्रकाशकों की भी उतनी ही साझेदारी है, जितनी मेरी। इस स्तंभ का पट्टा सिर्फ मेरे नाम ही लिखा हुआ नहीं है। वस्तुतः यह एक खुला मंच है।

अभी इस पत्रिका में शुरू हुए 'आत्म तर्पण' का सिलसिला देखकर मैं डरने लगा हूँ। गिरिराज किशोर ने तो सरेआम आरोप लगाया है कि 'मुझे मारनेवाला इसी पत्रिका का संपादक है'। राजेन्द्रजी से मेरा आग्रह है कि वे अपनी नजर सिर्फ कहानीकारों पर ही नहीं लगाएँ। हिंदी-साहित्य में कवियों एवं आलोचकों का भी अतिरेक है, और पाठकों का भी। कभी उनकी ओर भी वे नजरसानी करें ताकि 'तर्पण-साहित्य' समृद्ध हो सके। (कथा-साहित्य के 'तर्पण' के कारक भी तो 'कवि आलोचक' ही हैं-संपादक)

ईद पर अपनी ओर से मुबारकबाद भेजते हुए शहंशाह आलम, संपादक 'डगर' (गुलजार पोखर, मुंगेर-811201) ने मुझे एक कार्ड पर किसी कविता की कुछ पंक्तियाँ लिख भेजी हैं।

जिन्हें मैं उद्धृत करना चाहूँगा :

'जब मुश्किल हो जाता है
रात को बिजली का आना
तब लालटेन में भरकर आग ही
टाँगती हैं खूँटियों पर
हमारी माँएँ और दादियाँ
फिर पूरा घर रोशन हो जाता है।

1. लघु पत्रिकाएं :

1. संदर्श (भुवनेश्वर पर केंद्रित अंक) :

सं. सुधीर विद्यार्थी, इस अंक का संपादन : चंद्रमोहन दिनेश, संपर्क-संदर्श प्रकाशन, सदर बाजार, शाहजहाँपुर-2420011

भुवनेश्वर एक ऐसे रचनाकार थे जो अपने जीवन-काल में ही 'मिथक' बन गये थे। अंतर्विरोधों एवं चारित्रिक विद्रूपताओं से उनका जीवन भरा था। लेकिन अपनी प्रखर मेधा एवं अद्‌भुत रचनाशीलता के कारण अपनी पीढ़ी के आलोचकों-लेखकों के बीच ही नहीं, परवर्ती पीढ़ी के कहानीकारों एवं कथा-आलोचकों के सामने भी एक दुर्धर्ष चुनौती बनकर खड़े हैं। भुवनेश्वर का प्रेत यूँ ही रह-रहकर अचानक नहीं जाग उठता है-नई पीढ़ी से पीछे छोड़े गए सवालों का जवाब माँगता है। उनके नाटकों, कविताओं को हम दरकिनार भी कर दें तो 'भेड़िये' से बचकर हम कहाँ जायेंगे ? भुवनेश्वर शाहजहाँपुर के ही थे। इसलिए भी स्वाभाविक था कि भुवनेश्वर के सम्मोहन के जादू से चंद्रमोहन दिनेश अभिभूत हुए और उन्होंने भुवनेश्वर की समस्त रचनाओं को वर्तमान परिप्रेक्ष्य से जोड़कर उनके चिंतन की सामाजिकता के पुनर्मूल्यांकन का चुनौती भरा यह बीड़ा उठाया।

इस अंक में भुवनेश्वर से संबंधित कुछ पूर्व प्रकाशित सामग्री भी इस दृष्टि से संकलित कर ली गयी है कि इससे भुवनेश्वर का व्यक्तित्व एवं कृतित्व अधिक संपूर्णता में उभर सके। भुवनेश्वर पर लिखित शमशेर बहादुर सिंह की कविता एवं डॉ. रामविलास शर्मा के चर्चित संस्मरण इस अंक को एक सुदृढ़ आधार प्रदान करते हैं। पत्रिका के संस्मरण खंड में बहुत-सी नयी सामग्री भी है। कृष्ण नारायण कक्कड़, 'अबोध', विजय शुक्ल, निरंकार देव सेवक, पी. डी. टंडन, शलभ, उप्रेती, सुधीर विद्यार्थी तथा मूलचंद गौतम के संस्मरणों में भुवनेश्वर के कई अदृश्य पक्ष नजर आते हैं।

भुवनेश्वर पर चार आलोचनात्मक लेख जो मुख्यतः उनके नाटक और कहानियों पर केंद्रित हैं, इसलिए महत्त्वपूर्ण हैं कि इनमें उन्हें वर्तमान परिप्रेक्ष्य से जोड़कर देखा गया है। डॉ. विपिन कुमार अग्रवाल, डॉ. मदान तथा हृदयेश के लेख उनकी रचनाशीलता के विविध पक्षों को प्रखरता से रेखांकित करते हैं।

निराला-भुवनेश्वर विवाद-प्रसंग भी भुवनेश्वर के झूठ का एक सच्चा चेहरा है।

इस पत्रिका के प्रकाशन के ठीक पूर्व 'हंस' पत्रिका के माध्यम से भुवनेश्वर की 'भेड़िये'

कहानी फिर चर्चा के केंद्र में आ गयी थी। इसलिए परिशिष्ट में उस कहानी से संबंधित 'हंस' चर्चा-विवाद को भी इस अंक में शामिल कर लिया गया हैं।

भले ही पत्रिका के इस अंक से भुवनेश्वर का संपूर्ण चित्र न उभरे, लेकिन भुवनेश्वर के रचनाकार का जो चित्र इससे पाठकों के सामने आयेगा, वह उनके अब तक प्रचलित रूप से जरूर भिन्न होगा।

जिस लगन, परिश्रमशीलता एवं सर्जनात्मक दृष्टिकोण के साथ संपादक चंद्रमोहन दिनेश ने भुवनेश्वर पर तमाम सामग्री इकट्ठी कर उन्हें साफ-सुथरे ढंग से प्रस्तुत किया है, वह निश्चय ही श्लाघ्य है। मेरे जानते भुवनेश्वर पर अब तक प्रकाशित सबसे बड़ा आयोजन है यह।

2. परिवेश (अनियतकालीन) :

सं. कुमार संभव : मूलचंद गौतम, संपर्क-शक्ति नगर, चंदौसी, मुरादाबाद-202412

आठवें दशक के उत्तरार्ध में बनारस से काशीनाथ सिंह के संपादन में 'परिवेश' का प्रवेशांक निकला था। उनके सहयोगियों में कुमार संभव भी थे। लेकिन अपने समय की यह चर्चित लघुपत्रिका कई अंकों के प्रकाशन के बाद बंद हो गयी। इस बीच न सिर्फ बनारस का बल्कि पूरे हिंदी साहित्य का परिदृश्य बदल गया । परिवेश की वह टीम बिखर गयी। धूमिल नहीं रहे जिन्होंने इस पत्रिका के प्रकाशन की जानकारी मिलने पर काशीनाथ सिंह से कभी कहा था- 'मैं एक शर्त के साथ कविताएँ दे सकता हूँ, उसके साथ फोटो भी छापोगे और मेरी कविताओं पर एक लेख भी'।

एक लंबे अंतराल के बाद 'परिवेश' का पुनःप्रकाशन एक अच्छी लघु-पत्रिका की सुखद वापसी है। इससे नयी पीढ़ी की रचनात्मकता को एक सुदृढ़ आधार मिलेगा।

पत्रिका के नये अंक में नवें दशक के विशिष्ट कथाकार अखिलेश के आत्मकथ्य के साथ उनकी कहानी 'हनीमून' प्रकाशित है। अभी 'हंस' में कृष्णकुमारजी ने उनकी रचनाओं पर एक अच्छी टिप्पणी की है-'उनकी हर प्रकाशित रचना जो मेरे देखने में आयी है, मुझे पाखंड और फरेब से जूझने में एक सक्षम भाषा का स्रोत लगी है। नैरोटोलॉजी जाए जहन्नुम में, मुझे जीने के लिए भाषा इस वक्त ज्यादा जरूरी लगती है'। मूलचंद गौतम ने उनकी कहानियों के परिवेश को ही नहीं; उनके पात्रों की मानसिकता को भी गहराई में जाकर पकड़ा है। उनकी दृष्टि में 'हनीमून' अखिलेश की छवि को धूमिल नहीं होने देती और उसका खिलंदड़ापन भी बरकरार रहता है। 'चिट्ठी के दोस्तों में से किसी की चिट्ठी तो आयी है, जो अपनी तरह से सुखी हुआ है', अखिलेश की कहानियों के पात्र लगातार भयावह होती दुनिया में उल्लास के क्षण ढूँढ लेते हैं। अखिलेश की भाषा आज के यथार्थ से मुठभेड़ करती भाषा है, एक ऐसी भाषा जो उनकी पीढ़ी में अलग से दिखाई पड़ती है और जो उन्हें सीधे ज्ञानरंजन से भी और अमरकांत और भीष्म साहनी से भी जोड़ती है। काशीनाथ सिंह से कुमार संभव की बातचीत संक्षिप्त होते हुए भी उनके संस्मरण की तरह दिलचस्प है। भाषा के सवाल पर काशीनाथ सिंह का उत्तर है-'नहीं, भाषा का कोई सवाल नहीं। संस्मरण की भाषा जिंदगी से धक्का-मुक्की करते हुए लगती है, एक लेखक रचना के बाहर भी है क्योंकि अगर ईमानदार

शख्सियत का रचनाकार है तो वह अपनी किसी रचना में धोखेबाज नहीं हो सकता और अपने संस्मरणों में मैं पूरी ईमानदारी से अभिव्यक्त हो रहा हूँ', उनकी यह टिप्पणी भी रोचक है-'रवीन्द्र कालिया बुढ़ापे का उपेन्द्रनाथ अश्क है'। अन्य रचनाओं में कविताएँ अच्छी है लेकिन समीक्षाएँ कमजोर। जिन लोगों को पुराने 'परिवेश' की स्मृति होगी, उन्हें नये परिवेश से ज्यादा अपेक्षाएँ होंगी क्योंकि कुमार संभव खुद कहानीकार हैं और मूलचंद गौतम आलोचक।

3. कथा समवेत (दिसंबर 1991) :

सं. शोभनाथ शुक्ल, संपर्क-कल्लूमल मंदिर, सुलतानपुर-228001

नाटक/नुक्कड़ नाटक पर केंद्रित पत्रिका के इस नये अंक में इस विधा पर कई गंभीर लेख हैं जिसमें आज की जिंदगी से नाटक को जोड़कर एक सार्थक दृश्य-श्रव्य मंच बनाने की आवश्यकता को गहराई से महसूस किया गया है। 'संस्कृत नाट्य परंपरा : प्रगतिशील संदर्भ' में रामनारायण शुक्ल ने लोक नाटक की परंपरा को विकसित करने पर बल दिया है। समकालीन रंगकर्म पर विचार करते हुए अरविंद कुमार ने रंगमंच को जनता के बर-अक्स खड़ा करने की कोशिश की है। नंदलाल हितैषी ने नुंक्कड़ नाटक के उद्भव और विकास पर एक महत्त्वपूर्ण टिप्पणी की है। इस अंक में राजेश कुमार द्वारा प्रेमचंद की प्रसिद्ध कहानी 'पूस की रात' का अच्छा नाट्य रूपांतर है। कुछ मौलिक नाटक-अपने हिस्से का भारत (राणा प्रताप), ढोल की पोल (सुरेश कांटक), झोपड़ पट्टी (राजेश कुमार/नवल किशोर) तथा एहसास (डॉ. गिरीश रस्तोगी) भी इस अंक में प्रकाशित हैं। डॉ. वशिष्ठनारायण त्रिपाठी की पुस्तक 'नाटक के रंगमंचीय प्रतिमान' की देवनारायण ने विस्तृत समीक्षा की है। नाट्य आलोचना की इस महत्त्वपूर्ण पुस्तक में डॉ. त्रिपाठी ने 'नाट्य शास्त्र' की प्रचलित रूढ़ियों को तोड़कर समकालीन रंगमंच से नाट्य-आलोचना को जोड़ने की कोशिश की है। 'नटरंग' के बाद यह दूसरी पत्रिका है जिसमें रंगमंच से जुड़े सवालों को गंभीरता से उठाया है।

4. कथादशक (दिसम्बर 1991) :

सं. सतीश जमाली, सं. 170, अलोपीबाग, इलाहाबाद

एक पत्रिका के अवसान के साथ अपने ही द्वारा संपादित दूसरी पत्रिका के पुनःप्रकाशन की सूचना देकर सतीश जमाली ने 'कथादशक' के पाठकों के दिल की धड़कन बढ़ा दी है। वर्षों पहले वे 'नई कहानी' निकालते थे, फिर 'कथादशक' निकालना शुरू किया। अब 'कथादशक' बंद कर फिर 'नई कहानी' के पुनःप्रकाशन की उन्होंने घोषणा की है। एक पत्रिका को बंद करके दूसरी पत्रिका को निकालने का तर्क तो समझ में आता है, लेकिन सतीश जमाली का यह खेल जरूर हैरतअंगेज हैं। शायद ऐसे संपादक सुखद स्थिति में होते हैं, जनम-मरण का सुख-दुःख उन्हें नहीं व्यापता।

'कथादशक' में कई अच्छी कहानियाँ-'माई का शोकगीत' (दूधनाथ सिंह) तथा कहानी-समीक्षा-कहानी और कथा चर्चाएँ (डॉ. सुरेन्द्र चौधरी-प्रकाशित हुई थीं। सचमुच यह दुर्भाग्यपूर्ण है कि 'कथादशक' का अंत भी कहानी-समीक्षा से ही हुआ। अंतिम अंक में सुरेन्द्र चौधरी का लेख और सुरेश कांटक तथा नर्मदेश्वर की क्रमशः 'तीसरा तांडव और धूप' कहानियाँ पठनीय हैं।

5. कथाबिंब (अक्तूबर-दिसम्बर 1991) :

सं. माधव सक्सेना 'अरविंद' मंजुश्री, संपर्क-ए-10, 'बसेरा' ऑफ दिन-क्वारी रोड देव, बम्बई-400 008

1979 से प्रकाशित इस कथा प्रधान त्रैमासिक पत्रिका के नये अंक में रूपसिंह चंदेल का उपन्यास-अंश छिद्दासिंह तथा नरसिंह नारायण, सुनील रस्तोगी तथा अरविन्द की कहानियाँ हैं। आमने-सामने (आत्मकथ्य) में इस बार कहानीकार अरविंद हैं तथा सागर/सीपी (साक्षात्कार) में प्रगतिशील-जनवादी कवि शील की शैलेन्द्र चौहान से बातचीत। इस अंक में प्रकाशित कविताएँ / गीत कमजोर हैं। 'कथाबिम्ब' एक साफ-सुथरी अच्छी पत्रिका है लेकिन इसमें प्रकाशित रचनाओं के चयन में और चुस्ती और सतर्कता की जरूरत है।

6. साहित्य-वृत्त (जनवरी-फरवरी 1991) :

सं. विजय विजन, संपर्क : एन-99, सेक्टर-12, नोएडा-201301

इस पत्रिका के प्रवेशांक में कई अच्छी रचनाएँ हैं। 'देवेन्द्र सत्यार्थी : एक विलक्षण कथा पुरुष' द्वारा प्रकाश मनु ने उनकी लंबी साहित्यिक-साधना की याद दिलाकर उनके प्रति नई पीढ़ी की उपेक्षा एवं उदासीनता को झकझोरने का प्रयास किया है। 'पहली सीढ़ी का लेखन' भी विचारोत्तेजक है। युगोस्लाव कहानी का अनुवाद एवं कला-संस्कृति पर टिप्पणियाँ भी ध्यान आकृष्ट करती हैं। डॉ. गंगाप्रसाद विमल की कविता भी। आगामी अंकों से पत्रिका की असली छवि एवं स्वरूप उभरेगा।

7. संप्रेषण-25 (जनवरी-मार्च 1992) :

सं. चंद्रभानु भारद्वाज, संपर्क-751, मिश्रराजा जी का रास्ता, जयपुर

पुरानी लघु-पत्रिकाओं का तेजी से पुनःप्रकाशन इस बात का संकेत है कि लघु-पत्रिकाएँ फिर एक सक्रिय रचनात्मक मंच का रूप ले रही हैं। संप्रेषण का पिछला अंक 1980 में प्रगतिशील लेखक संघ के जबलपुर सम्मेलन के अवसर पर छपा था।

नये अंक में हेमंत शेष, श्याम कश्यप, राजकुमार सैनी, पूरण सरमा तथा फिरोज अहमद की कविताएँ हैं। इन कविताओं के शिल्प और कथ्य में नवीनता है। मोहम्मद अन्सार उल्ला के लेख के अलावा 9वीं सदी के लोकप्रिय चीनी कवि वाइजूई की कविताओं का प्रियदर्शी ठाकुर 'ख्याल' द्वारा अनूदित कविता संकलन 'तुम हां, बिल्कुल तुम !' पर अशोक भारद्वाज की अच्छी समीक्षा है। चंद्रभानु भारद्वाज एक संघर्षशील रचनाकार ही नहीं, संपादक भी हैं।

8. अपूर्वा (त्रैमासिक) :

सं. इंदु जोशी, संपर्क 162/ए, 40, लेक गार्डेस, कलकत्ता-700 045

महिला लेखन के लिए प्रतिबद्ध नारीमंच की यह पत्रिका विशुद्ध साहित्यिक पत्रिका नहीं है। आधुनिक महिलाओं के जीवन से संबंधित तमाम आर्थिक, सामाजिक, राजनीतिक तथा सांस्कृतिक समस्याओं के विभिन्न पक्षों को उभारती है यह पत्रिका।

इस पत्रिका के पिछले अंकों में इतिहासकार रोमिला थापर, कहानीकार ममता कालिया तथा नासिरा शर्मा के महत्त्वपूर्ण साक्षात्कार छपे हैं। पत्रिका के नये अंक (सितम्बर 1991) में मणिका मोहिनी की एक अच्छी कविता 'राजनीति नहीं धर्म' प्रकाशित है। पत्रिकाओं में

रचनाओं का स्तर संतोषजनक नहीं है। ऐसी पत्रिका में छपने की शर्त क्या मात्र महिला होना है ?

2. पत्रिकाओं में रेखांकित :

1. **एक कवि का संस्मरण हो जाना** (देवेन्द्र कुमार)-स्वप्निल श्रीवास्तव-कथ्य-रूप 10
2. **आचार्य जानकी बल्लभ शास्त्री से साक्षात्कार**-रेवतीरमण एवं गोपेश्वर सिंह, ऋतुगंध-11
3. **धर्मवीर भारती की सृजनयात्रा : तलाश एक सार्थकता की** (साक्षात्कार)-प्रभात, अक्षरा-19
4. **अनैस निन ?** (लेख)-महेन्द्र राजा जैन-अपरा-19
5. **सांप की फूत्कार** : (अफ्रीकी कहानी)-नादीन गार्डिमर, अनु-वीरेश, पल-प्रतिपल-17
6. **खुराक** (कहानी)-जोगेन्द्र पाल-अब 18
7. **कर्मयोग** (कहानी)-अब्दुल बिस्मिल्लाह-हंस, फरवरी 1992
8. **निराला और समकालीन कविता** (लेख)-वीना शर्मा, मधुमती, मार्च 1992
9. **जो मेरे घर कभी नहीं आयेंगे**-(कविता)-विनोद कुमार शुक्ल 'सब कुछ होना बचा रहेगा' कविता-संग्रह से
10. **ब्रिएल गार्सिया मार्खेज** (बातचीत)-पीटर एच. स्टोन अनुवाद-कंचन कुमार, इंद्रप्रस्थ भारती-15
11. **लालटेन जलाना** (कविता)-विष्णु खरे, इंद्रप्रस्थ भारती, जुलाई-सितंबर 1991

(हंस,मई 1992)

स्पेनिश कवि लोर्का की बहुत पहले पढ़ी एक छोटी कविता अभी मुझे याद आ रही है। इतने वर्षों बाद भी मैं क्यों नहीं इस कविता को भूल पाया ? शायद यह कविता की ताकत है, जो कहीं गहरे मेरी चेतना में पैठ गयी है। मृत्यु के बाद भी जीवन एवं प्रकृति से जुड़ने की कवि की अदम्य आकांक्षा ही इस कविता को हमारी संवेदनशीलता से जोड़ती है। आपकी अनुमति से मैं इस कविता को उद्धृत करना चाहूंगा -

विदा
यदि मैं मरूँ
बरामदा खुला छोड़ देना
बच्चा खाता है नारंगी
(बरामदे से देखूँगा उसे)
कोई मजदूर काटता है मक्का
(बरामदे से मैं सुनूँगा उसे)
यदि मैं मरूँ
खुला छोड़ देना बरामदा !

1. लघु पत्रिकाएं :

वर्तमान साहित्य (कविता विशेषांक) अप्रैल-मई (संयुक्तांक) 1992 :

सं. से.रा. यात्री, विभूति नारायण राय, राजेश जोशी, संपर्क : 109, रिछपाल पुरी, पो.बाक्स नं. 13, गाजियाबाद-201001, मूल्य 30 रुपये।

एक साल तक लगातार विज्ञापित होने के बाद प्रकाशित 'वर्तमान साहित्य' के कविता-विशेषांक के संपादकीय में राजेश जोशी लिखते हैं-"कविता के लिए यह समय तनाव, गहरी निराशा, असमंजस और एक खास तरह की खीज से भरा है। चारों ओर घट रही घटनाओं ने हमारे बहुत सारे सपनों और विश्वासों को आहत किया है ... मुसीबत के इस वक्त में 'कौन-सी कविताएँ होंगी हमारे साथ' या 'कौन-से शब्द होंगे' यह कहना कठिन है।" राजेश की चिंता वाजिब है। आज के इस कठिन समय में कविता ही संकटग्रस्त नहीं है, स्वयं मनुष्य भी, जिसके कारण कविता संभव होती है, लड़ाई कविता को बचाने के लिए भी और जीवन को बचाने के लिए भी लगातार लड़ी जा रही है। हैरानी की बात है कि साहित्य में जनतंत्र की दुहाई देते हुए भी हम कविता और कहानी में अशोक वाजपेयी को अपना दुश्मन मान बैठे हैं।

राजेश आगे लिखते हैं-"धूमिल के बाद की कविता पर इस अंक को केंद्रित करने का आग्रह इसलिए भी हमने किया था कि कविता में इस बीच एक महत्त्वपूर्ण परिवर्तन हुआ है, जिसे रेखांकित किया जाना जरूरी है। हिंदी कविता ने इस बीच मूल्यों में जनतांत्रिक होने से लेकर अपने पूरे रचना व्यवहार में जनतांत्रिक होने की प्रक्रिया पूरी की है। कह सकते हैं कि पायी है। **मोची राम** या **पटकथा** का फटेहाल भारत संभवतः हिंदी कविता के अंतिम नायक थे। बाद की कविता नायकों की नहीं, चरित्रों की कविता है। अपने आसपास के जीवन और उसके चरित्र ही नहीं, उसी की भाषा भी कविता ने प्राप्त की है। यहाँ कविता की भाषा में अतिविशिष्ट दिखने का कोई आग्रह नहीं हैं। वह तद्भव के बीच तत्सम की सत्ता का अस्वीकार है।" राजेश की इस स्थापना से सहमत होते हुए भी मुझे लगता है, भले ही कविता की भाषा में अतिविशिष्ट दिखने का कोई आग्रह न हो लेकिन इस संपादकीय की उनकी भाषा में अतिविशिष्ट दिखने का आग्रह जरूर है 'वस्तुतः यह एक हारिजेंटल एक्सिस की कविता है, वर्टिकल एक्सिस की नहीं।'

364 पृष्ठों के इस विशेषांक में धूमिल के बाद या लगभग समकालीन-देवेन्द्र कुमार की कविता को प्रस्तावना मान लें तो परमानंद श्रीवास्तव से लेकर रोचना विश्वकीर्ति तक-93 कवियों की कविताएँ संकलित हैं। यानी समकालीन कविता की चार पीढ़ियाँ यहां मौजूद हैं। नई कविता के आखिरी दौर के कवि भी और साठोत्तरी पीढ़ी-अकविता के कवि भी। इस विशेषांक में जिन महत्त्वपूर्ण कवियों की कविताएँ शामिल हैं उनमें धूमिल के समकालीन विजेन्द्र, ऋतुराज, चंद्रकांत देवताले, प्रयाग शुक्ल, कुमार विकल, सौमित्र मोहन, जगूड़ी, एवं विनोद कुमार शुक्ल है। आठवें दशक के कवियों में आलोक धन्वा, वेणुगोपाल, ज्ञानेन्द्र पति, मंगलेश डबराल, गिरिधर राठी, इब्बार रब्बी, वीरेन डंगवाल, मनमोहन, अरुण, कमल, उदय प्रकाश, विष्णु नागर, विनोद भारद्वाज, नरेन्द्र जैन एवं स्वप्निल श्रीवास्तव तथा नवें दशक के-राजा खुगशाल, भारत यायावर, देवी प्रसाद मिश्र, विमल कुमार, कुमार अंबुज, एकांत श्रीवास्तव, निलय उपाध्याय, प्रमोद कौंसवाल, बद्रीनारायण, मांझी अनंत, नवल शुक्ल, तेजी ग्रोवर, वीरा, चंपा वैद, क्षमा कौल, निर्मला गर्ग आदि की कविताएँ हैं।

विनोद कुमार शुक्ल धूमिल के बाद की पीढ़ी के कवियों में संभवतः सबसे महत्त्वपूर्ण कवि हैं। उनकी कविताएँ चुपचाप जिस तरह से मनुष्य के दुःख-सुख में शामिल होती हैं उसी तरह प्रकृति के पास चली जाती हैं-मनुष्य ध्वनि को पहचानने की कोशिश करती हुई। उनमें मनुष्य के लिए भी और प्रकृति के लिए भी एक ललक है। इस अंक में संकलित 'वहीं जहाँ से' उनकी कविता में धोबिन के आत्मीय चित्र के पीछे स्थित आज का भयावह यथार्थ भी है। लीलाधर जगूड़ी की कविता का मुहावरा अब रूढ़ हो चुका है-'जरूरी नहीं कि आग सिर्फ वही जलाये, जो पकाना जानता हो।' कुमार विकल की कविताओं में अब विद्रोह के स्थान पर अपने 'स्वप्न घर' लौटने की बेचैनी और प्रेम की तड़प है। अपनी पीढ़ी के कवियों में वेणुगोपाल संभवतः एकमात्र ऐसे कवि हैं जो पिछले बीस साल से लगातार हत्यारे का पीछा कर रहे हैं। आलोकः धन्वा की कविता के चरित्र और स्वभाव में तेजी से आ रहे बदलाव को इस विशेषांक में संकलित उनकी तीनों कविताओं-'चौक' 'फर्क', और 'छतों पर लड़कियाँ'

में देखा जा सकता है। सरल, सपाट लगती मंगलेश डबराल की कविताएँ जटिल यथार्थबोध की कविताएँ हैं। 'सभ्यता यही कहती थी कि एक आदमी जरूर बचा रहे तस्वीर में नहीं, बल्कि नंगा जीता-जागता कभी-कभी दिखता हुआ। इब्बार रब्बी की दोनों कविताएँ-'नीलकंठ' और 'बिंदी' अच्छी कविताएँ हैं। मनमोहन की कविताएँ खासतौर से ध्यान आकृष्ट करती हैं-कविता की जटिल संरचना के कारण। उदय प्रकाश की कविता में संश्लिष्टता है, 'हत्या' की फैंटेंसी में हमारे समाज का नंगा चेहरा है। नये कवियों में कुमार अंबुज, विमल कुमार, बद्रीनारायण, देवी प्रसाद मिश्र, बोधिसत्व, निलय उपाध्याय, प्रमोद कौसवाल, वीरा एवं कात्यायनी की कविताएँ, कविता के भविष्य के बारे में आश्वस्त करती हैं।

इस विशेषांक में कविता पर परमानंद श्रीवास्तव, अजय तिवारी तथा मलय के लेख हैं। रघुवीर सहाय, केदारनाथ सिंह एवं नंदकिशोर नवल से बातचीत है।

इस विशेषांक में कई महत्त्वपूर्ण कवि छूट गये हैं या छोड़ दिये गये हैं। जगदीश चतुर्वेदी, अशोक वाजपेयी, विष्णु खरे, विश्वनाथ प्रसाद तिवारी, विनोद दास, विनोद पदरज, नरेन्द्र पुंडरीक, अष्टभुजा शुक्ल, मदन कश्यम की कविताएँ भी होतीं तो यह अंक अधूरा नहीं लगता।

ज्ञानरंजन द्वारा संपादित 'पहल' के पहले कविता विशेषांक (1980) का स्पष्ट प्रभाव इस विशेषांक की प्रस्तुति में है। समकालीन कविता की प्रवत्तियों की सही पहचान की दिशा में यह एक सार्थक प्रयास है।

2.पल प्रतिपल (समकालीन कहानी)-अक्तूबर-91, मार्च 1992 :

सं. देश निर्मोही, संपर्क : 372/सेक्टर-17, पंचकूला, (हरियाणा), मूल्य-16 रुपये

यह मात्र संयोग है कि कविता एवं कहानी की दुनिया में एक साथ हलचल हुई। वर्तमान साहित्य के कविता विशेषांक के आसपास ही **पल प्रतिपल** का समकालीन कहानी पर केंद्रित महत्त्वपूर्ण अंक प्रकाशित हुआ है। हिंदी कहानी के विकास को रेखांकित करते हुए अपने संपादकीय में देश मिर्मोही ने टिप्पणी की है-''रवींद्र कालिया के अतिथि संपादन में वर्तमान साहित्य का कहानी महाविशेषांक पिछले वर्ष का एक बड़ा कार्य था। इस विशेषांक में प्रकाशित साठ से अधिक कहानियों पर अगर ढंग से बातचीत होती तो आज की कहानी के विकास को जानने में काफी मदद मिलती। उसकी ऐतिहासिक प्रक्रिया को भी रेखांकित किया जा सकता था। लेकिन हुआ ठीक इसके विपरीत। कृष्णा सोबती की कहानी 'ऐ लड़की' को आलोचकों ने जुमलेबाजी से उछाल, सारे प्रयास को एक गहरे अंधेरे कुएँ में धकेलने का कार्य किया। इसी दौर की चर्चित कहानियों पर केंद्रित 'समकालीन परिभाषा' के विशेषांक पर भी आलोचक खामोश रहे। इस अंक पर भी कोई सार्थक बातचीत न कर पाये और न ही महत्त्वपूर्ण मुद्दो की तलाश।'' संपादकीय आरोप में पर्याप्त सच्चाई है। कथा आलोचकों की उदासीनता की ही यह परिणति है कि पिछले 20 वर्षों से लिखी जा रही कहानियाँ आज भी अँधेरे कोने में पड़ी किसी दूसरे नामवर सिंह, विजय मोहन सिंह का इंतजार कर रही हैं।

इस विशेषांक में आठवें एवं नवें कथा-दशक के 22 कहानीकारों की कहानियाँ प्रकाशित हैं। इनमें ज्यादातर वही कहानीकार हैं जिनकी कहानियाँ वर्तमान साहित्य के पिछले कहानी महाविशेषांक में छप चुकी हैं। इन कहानियों में आज के क्रूर यथार्थ को भाषिक संवेदना के

आधार पर पकड़ने की कोशिश की गयी है। जड़ होती मानवीय संवेदना, भ्रष्ट व्यवस्था, नैतिक एवं सांस्कृतिक मूल्यों को सामाजिक प्रक्रिया के बरक्स रखकर गहराई में उठाने की सार्थक कोशिश है। सांप्रदायिकता आज हमारे समाज की सबसे बड़ी चुनौती है। इन कहानियों में सांप्रदायिक सोच की विकृतियों को भी हम पहचान सकते हैं। आज के मनुष्य का संघर्ष, सामाजिक, राजनीतिक अंतर्विरोध इन कहानियों में तीव्रता के साथ उभारे गये हैं। इन कहानियों में विकसित यथार्थबोध हमें अपने आसपास की एक ऐसी दुनिया से साक्षात्कार कराता है, जिससे हम बेखबर हैं। ये कहानीकार नयी भाषा भी गढ़ रहे हैं। और शिल्प के प्रति भी सतर्क हैं। जो लोग यह आरोप लगाते हैं कि आज अच्छी कहानियों नहीं लिखी जा रहीं, उनसे मेरा निवेदन है कि वे इस विशेषांक की कुछ कहानियाँ-जीविका-जीवन (हरिचरन प्रकाश), थर्ड डिग्री (उदय प्रकाश), आदमी जात का आदमी (स्वंय प्रकाश), कुआँ (सुरेश कांटक), सन्नाटा-भंग (जय नंदन), आदि पुरुष की प्रेमकथा (राजकुमार राकेश), सत्संग (शंकर) मँझधार किनारे (अरुण प्रकाश) तथा राज बिहारी ! पानी ले ले (ब्रज मोहन) पढ़ें।

अपनी 'सीट' कहानी के लिए चर्चित हरिचरन प्रकाश की नयी कहानी 'जीविका-जीवन' आज की जिंदगी, जो जीविका से इस कदर बँध गयी है कि सबकुछ पीछे छूट गया लगता है, को मार्मिकता के साथ सामने लाता है। उदय प्रकाश कविता एवं कहानी दोनों में प्रयोग करते हैं। 'थर्ड डिग्री' जिसे वे कहानी के मूलपाठ के बाहर घटित हुई बताते हैं, दरअसल कहानी के भीतर ही घटित होती है। यह कहानी आज की भ्रष्ट पुलिस-व्यवस्था को बेनकाब करती है। 'रशीद का पायजामा' की तरह स्वयं प्रकाश की यह कहानी 'आदमी जात का आदमी' भी मनुष्य के सांप्रदायिक मानसिकता को एक झटका देती है। एक मामूली घटना से उद्‌भूत यह वैचारिक बदलाव आज की कहानी में यथार्थ की सही पकड़ का संकेत देती है। सुरेश कांटक मुख्यतः ग्रामीण परिवेश के कहानीकार हैं। 'कुआँ' कहानी में आज के गाँव की टुच्ची राजनीति में फँसे मुकदमेबाजी से ग्रस्त एक इंसान की त्रासदी को गहरी मार्मिकता के साथ हमारे सामने लाते हैं। सुरेश कांटक की भाषा बिल्कुल सहज और अकृत्रिम है। इन कहानियों से बनती-उभरती दुनिया में आज के मनुष्य के नैतिक और सांस्कृतिक संकट का बोध ही नहीं है, आत्मीय संबंधों के टूटने की पीड़ा ('भाई'-गंभीर सिंह पालनी) भी।

इस विशेषांक में हिंदी कहानी के पिछले दो दशक में लिखी गयी कहानियों पर रमेश उपाध्याय एवं ओमप्रकाश ग्रेवाल के बीच एक प्रायोजित पत्राचार है, जिसमें इस बीच लिखी कहानियों को उपयुक्त नाम देने पर गहराई से विचार किया गया है तथा समकालीन कहानी की प्रवृत्ति को रेखांकित करने की कोशिश की गयी है। शिवमूर्ति, संजीव एवं ज्ञान प्रकाश विवेक के नये कहानी संग्रहों पर समीक्षाएँ भी हैं। देश निर्मोही ने परिश्रमपूर्वक बहुत सूझ-बूझ के साथ इस अंक का संयोजन किया है।

2. नए प्रकाशन :

1. **माई का शोक गीत** (कहानी)-दूधनाथ सिंह, राधाकृष्ण प्रकाशन, 2/38, अंसारी रोड, दरियागंज, नई दिल्ली, मूल्य-40.00

2. **अपना-अपना कुरुक्षेत्र** (कहानी)–शैलेन्द्र श्रीवास्तव, जनभारती ए-128-ए, लाजपत नगर, साहिबाबाद, मूल्य 70.00
3. **श्रम एव जयते**(उपन्यास)-जयनंदन, भारतीय ज्ञानपीठ, 18 इंस्टीट्यूशनल एरिया, लोदी रोड, नई दिल्ली -110003 मूल्य-50.00
4. **ख्वाबरो**(उपन्यास)-जोगेंद्र पाल-राजकमल प्रकाशन, 1-बी , नेताजी सुभाष मार्ग, नई दिल्ली-110002, मूल्य 45.00
5. **अन्वेषण** (उपन्यास)-अखिलेश, राधाकृष्ण प्रकाशन, नई दिल्ली, मूल्य 45.00
6. **चौराहे** (उपन्यास)-प्रेमपाल शर्मा, साहित्य सहकार, ई-10/4, कृष्णनगर, दिल्ली-110051, मूल्य 50.00
7. **सवालों के बीच** (उपन्यास)-बनाफर चंद्र, दिशा प्रकाशन 138/16, त्रिनगर, दिल्ली-110035, मूल्य-40.00
8. **लाल पंखों वाली चिड़िया** (कविता)-शील-राधाकृष्ण प्रकाशन, नई दिल्ली, मूल्य 65.00
9. **बीसवीं सदी : इक्कीसवीं सदी** (कविता)-सुधीर सक्सेना ई-7/20, चार इमली, भोपाल-462016, मूल्य 10.00
10. **इतिहास स्मृति, आकांक्षा** (निबंध)-निर्मल वर्मा, नेशनल पब्लिशिंग हाउस, 23, दरियागंज, नई दिल्ली, मूल्य 55.00
11. **कुछ और गद्य रचनाएँ** (लेख)-शमशेर बहादुर सिंह, राधाकृष्ण प्रकाशन, नई दिल्ली-110002, मूल्य 125.00
12. **उदयराज सिंह रचनावली** (तीन खंड)-अशोक प्रेस, शेखपुरा, पटना, मूल्य (संपूर्ण सेट) मूल्य 500.00
13. **नाटक के रंगमंचीय प्रतिमान**(आलोचना)-डॉ. वशिष्ठ नारायण त्रिपाठी, किताबघर, 24/4866, अंसारी रोड, दरियागंज, नई दिल्ली-110002, मूल्य 100.00

(हंस, जून 1992)

पिछले दिनों एक गोष्ठी में हिंदी के एक प्रतिष्ठित आलोचक से मेरी मुलाकात हुई। बातचीत के दौरान उनसे जानना चाहा कि आज हिंदी में कविताएँ, कहानियाँ एवं संस्मरण तो खूब लिखे जा रहे हैं, पत्रिकाओं के विशेषांक भी धड़ाधड़ निकल रहे हैं, लेकिन साहित्य की एक महत्त्वपूर्ण विधा उपन्यास को लेकर, कथा आलोचकों एवं खुद रचनाकारों में, एक अर्से से घनघोर चुप्पी, सन्नाटा क्यों छाया हुआ है। उनका जवाब था- 'उपन्यास साहित्य की एक जटिल विधा है। जिंदगी के यथार्थ को संपूर्णता में पकड़ने की कोशिश न केवल कठिन परिश्रम की माँग करती है, एक स्पष्ट 'विजन' एवं जीवन यथार्थ के संचित अनुभव को एक श्रेष्ठ सर्जनात्मक कलाकृति में रूपांतरित करने की क्षमता की भी। आज की युवा पीढ़ी के पास, भाग-दौड़ के बीच इतना समय कहाँ है कि एक उपन्यास के लिखने में वर्षों परिश्रम करें। अमृतलाल नागर की तरह ब्यौरेवार तथ्य संकलित करे, फिर 'होमवर्क' करे। इसी की शायद परिणति है कि आज की युवा पीढ़ी ने कविता एवं कहानी लिखने पर ही अपने को केंद्रित कर लिया है। अपने लिए एक सुगम, सुविधाजनक रास्ता तलाश लिया है।' ऐसी स्थिति में आश्चर्य नहीं, पिछले दस-बारह वर्षों के दौरान नयी पीढ़ी द्वारा लिखे उपन्यासों पर हम गौर करें तो मुश्किल से छह-सात अच्छे उपन्यास सामने आते हैं-'नौकर की कमीज' (विनोद कुमार शुक्ल), 'तत्सम' (राजी सेठ), 'सूखा बरगद' (मंजूर एहतशाम), 'झीनी-झीनी बीनी चदरिया' (अब्दुल बिस्मिल्लाह), 'उस चिड़िया का नाम' (पंकज बिष्ट), 'एक जमीन अपनी' (चित्रा मुद्गल), 'हरे फूल की खुशबू' (रमेश उपाध्याय), 'डूब' (वीरेन्द्र जैन), 'पाहीघर' (कमलाकांत त्रिपाटी), तथा अभी-अभी प्रकाशित जयनंदन का उपन्यास 'श्रम एव जयते'। इसे हम नयी पीढ़ी की रचनाशीलता का ह्रास समझें या श्रम से पलायन ? लेकिन स्थिति चिंताजनक जरूर है। यदि हम समकालीन अन्य भारतीय भाषाओं विशेषतः मराठी एवं बांग्ला में आज लिखे जा रहे उपन्यासों की ओर ध्यान दें तो स्थिति शायद उजागर ज्यादा हो।

1. लघु पत्रिकाएं :

1. समकालीन भारतीय साहित्य (त्रैमासिक)-जनवरी-मार्च 1992

सं. गिरिधर राठी, प्र. साहित्य अकादेमी, रवीन्द्र भवन, 35 फिरोजशाह रोड, नई दिल्ली-110001, वार्षिक-50.00, एक प्रति-15.00

लगभग साढ़े ग्यारह वर्षों तक इस पत्रिका के कुशल संपादन के बाद, पिछले वर्ष जब शानी रिटायर हुए, तो बीच में पत्रिका के दो अंकों (45 एवं 46) का अतिथि-संपादन विजय दान देथा (बिज्जी) ने किया। इस पत्रिका का विधिवत् संपादक नियुक्त होने के बाद गिरिधर राठी के संपादन में अब पहला अंक निकला है। राठी महत्त्वपूर्ण समकालीन कवि तो हैं ही, उनके पीछे संपादन का लंबा अनुभव भी जुड़ा हुआ है। इस पहले अंक की सामग्री, प्रस्तुति

एवं संयोजन से ही उनकी परिष्कृत साहित्यिक रुचि का सुखद एहसास होता है। 'नौकर की कमीज' के एक वाक्य से आरंभ संपादकीय में समकालीन भारतीय साहित्य में सबकुछ अच्छा समेट लेने की उनकी बेचैनी स्पष्ट झलकती है। भले इस अंक की चिंतन-भूमि पर अवस्थित आले अहमद सुरूर एवं निर्मल वर्मा के लेखों में आपको उलझाव लगे, लेकिन समकालीन चिंतन के द्वैत के यथार्थ का एक पक्ष यह भी है। टिवाणा (पंजाबी), अहमद सगीर (उर्दू), जगन्नाथ प्रसाद दास (ओड़िया), के.शिवा रेड्डी (तेलुगू) एवं रघुवीर सहाय, कुंवर नारायण तथा कुमार अम्बुज की अच्छी कविताएँ इस अंक में प्रकाशित हैं। कहानी, उपन्यास-अंश, नाटक-रंगमंच तथा रिव्यू भी विचारोत्तेजक हैं। राठी के संपादन में प्रकाशित इस पत्रिका का स्वागत होगा, ऐसा मेरा विश्वास है।

2. इतिहास (प्रवेशांक : जनवरी 1992) :

सं. डा. विवेकानंद झा, प्रकाशक-राजकमल प्रकाशन, 1-बी, नेताजी सुभाष मार्ग, दरियागंज, नई दिल्ली-110002, मूल्य रु. 50.00

अंग्रेजी में तो 'भारतीय इतिहास अनुसंधान परिषद' (आई.सी.एच.आर.) की पत्रिका 'इंडियन हिस्टोरिकल रिव्यू' का प्रकाशन 1974 से आरंभ हुआ। लेकिन राष्ट्रभाषा हिंदी में पहली बार परिषद् की ओर से अब 'इतिहास' पत्रिका का प्रकाशन शुरू हुआ है। इतिहास का देशी प्रेत शायद देर से ही जागता है।

जिस तरह साहित्य इतिहास का स्रोत है। ठीक उसी तरह इतिहास भी साहित्य का स्रोत है। बल्कि यह कहना शायद ज्यादा ठीक होगा कि इतिहास वर्तमान की आँख है, जिससे भविष्य में भी हम झाँक सकते हैं। आज के जीवन को मात्र साहित्य में कैद रहकर हम नहीं समझ सकते। आज के इस कठिन समय में यथार्थ की जटिलता को पकड़ने के लिए हमें साहित्येतर अनुशासन-इतिहास, भूगोल, अर्थशास्त्र, राजनीतिशास्त्र एवं समाज शास्त्र के पास जाना होगा।

320 पृष्ठों की खूबसूरत इस पत्रिका के प्रवेशांक में संकलित तमाम सामग्री परिषद् की अंग्रेजी पत्रिका से अनूदित है। लेकिन संपादक का आश्वासन है कि भविष्य में मूल रूप से हिंदी में लिखी सामग्री ही प्रकाशित होगी।

प्रस्तुत अंक में प्राचीन, मध्यकालीन तथा आधुनिक भारतीय इतिहास के विविध विषयों पर गवेषणापूर्ण लेख, समीक्षा लेख एवं पुस्तक समीक्षाएँ प्रकाशित हैं। 'ऋग्वैदिक समाज में संघर्ष, वितरण और विभेदीकरण, (डॉ. रामशरण शर्मा), चंडाल और अस्पृश्यता का उद्भव (विवेकानंद झा), औरगंजेब के शासन के उत्तरार्द्ध में उसकी धार्मिक नीति : कुछ विचार (सतीश चंद्र), प्राक्-औपनिवेशक और औपनिवेशिक भारत में संचय की प्रक्रियाएँ (इरफान हबीब), बंगला में स्वतंत्रता आंदोलन और महिलाओं में जागृति : 1911-29 (भारती राय), गांधीवादी राष्ट्र का तर्कशास्त्र (सुमति सरकार), जवाहर लाल नेहरू, भारतीय राष्ट्रीय कांग्रेस और फासीवाद विरोधी संघर्ष : 1939-1945 (रवीन्द्र कुमार) तथा उपाश्रयी (सवाल्टर्न), स्वायत्तता और राष्ट्रीय आंदोलन (बी.बी. चौधरी) महत्त्वपूर्ण लेख हैं। कुछ अच्छी पुस्तकों की समीक्षाएँ भी इस अंक में प्रकाशित हैं। डॉ. सुवीरा जायसवाल, प्रो. कयामुद्दीन अहमद एवं प्रो. जे. सी.झा द्वारा लिखित समीक्षाएं ध्यान आकृष्ट करती हैं। इस पत्रिका का प्रकाशन एक बड़ी

आवश्यकता की पूर्ति करता है। भविष्य में डॉ. झा साहित्य के इतिहास से संबंधित कुछ उपयोगी सामग्री भी प्रकाशित करेंगे।

3. विषय वस्तु (अक्तूबर-दिसम्बर 1991) :

सं. धर्मेन्द्र गुप्त, संपर्क : 274, राजधानी एन्क्लेव, रोड नं. 44, शकूर बस्ती, दिल्ली-110034, वार्षिक रु. 20.00, एक अंक रु. 5.00

धर्मेन्द्र गुप्त लघु-पत्रिकाओं से एक लंबे अर्से से जुड़े रहे हैं। इलाहाबाद से प्रकाशित 'कथा-कहानी' (संपादक-स्वं. देवेन गुप्त) के बाद इन्होंने सातवें दशक के उत्तरार्द्ध में 'निकेत' निकाला था। फिर उस पत्रिका को बंद करके 'विषयवस्तु' निकालना शुरू किया। इस लघुकाय त्रैमासिक पत्रिका के नये अंक में कथाकार स्व. रमाकांत पर संपादक का एक लंबा मार्मिक संस्मरण है। अर्चना त्रिपाठी के कविता संग्रह 'शब्द बोलेंगे' तथा राजकुमार सैनी की पुस्तक 'यथार्थवाद और सौंदर्यशास्त्र' की समीक्षाएँ तथा निर्मला गर्ग की तीन अच्छी कविताएँ हैं। 'विषयवस्तु' एक संघर्षरत पत्रिका है। और संपादक की लगनशीलता एवं परिश्रम का उदाहरण। लेकिन धर्मेन्द्रजी रचनाओं के चयन में ज्यादा सावधानी बरतें तो पत्रिका दीर्घजीवी हो सकेगी। 'नोटिस' लेने लायक भी।

4. समकालीन सृजन (अप्रैल 1992) :

सं. शंभुनाथ, प्रकाशक 20, बालमुकुंद मक्कर रोड, कलकत्ता वार्षिक रु. 32, यह अंक रु. 10.00

साहित्य और सामाजिक आलोचना की यह पत्रिका पिछले दिनों 'सांप्रदायिकता विरोधी अंक' के कारण चर्चा में रही है। पत्रिका के नये अंक में 'हिंसा की चुनौती' पर आयोजित संवाद में निर्मल वर्मा, विद्या निवास मिश्र, केदारनाथ सिंह, किशन पटनायक, जी.सुब्रह्मण्यम, सच्चिदानंद सिन्हा, नंद किशोर आचार्य तथा मृत्युंजय ने अपने विचार प्रकट किये हैं। संपादकीय में सही सवाल उठाया गया है कि 'हमारे मौजूदा राष्ट्रीय जीवन में किसी क्रांति या व्यापक जन-आंदोलन की लहर कहीं नहीं है तब भी इतनी हिंसा है। क्या इतनी हिंसा इसलिए है कि हमारे मौजूदा राष्ट्रीय जीवन में किसी क्रांति या व्यापक जन-आंदोलन की लहर नहीं है? इस अंक में अब्दुल बिस्मिल्लाह, माहेश्वर, पुन्नीसिंह, सृंजय, नरेन्द्र नागदेव, अलका सरावगी आदि की अच्छी कहानियाँ तथा उप्पल की कविताएँ हैं। बौद्ध कला पर माणिक बच्छावत का अच्छा लेख भी। पत्रिका साफ-सुथरी एवं दृष्टि संपन्न है। शंभुनाथ के संपादन में एक सुरुचि संपन्नता है।

5. युग साक्षी (अक्तूबर-दिसम्बर 1991) :

सं. डा. देवराज, संपर्क : 52 बादशाहनगर, लखनऊ-226007, वार्षिक रु. 28, एक प्रति रु. 7.50

साहित्यिक पत्रिकाओं का एक केंद्र लखनऊ भी रहा है। 'माधुरी', 'सुधा' एवं 'कानपुर' जैसी महत्त्वपूर्ण पत्रिका लखनऊ से ही निकली थी। छठे दशक के आरंभ में डॉ. देवराज एवं कुँवरनारायण के संपादन में निकली 'युगचेतना' और फिर 'उत्कर्ष' अपने समय की चर्चित लघु पत्रिकाएँ थीं। एक लंबे अंतराल के बाद डॉ. देवराज ने फिर एक नयी त्रैमासिक पत्रिका

'युग साक्षी' (प्रवेशांक : जुलाई-सितम्बर 1986) निकालना आरंभ किया है। अब तक प्रकाशित पत्रिका के 20 अंकों में साहित्य एवं दर्शन से संबंधित कई उल्लेखनीय लेख-कार्ल मार्क्स और इतिहास दर्शन (डॉ. हर्षनारायण), हेगल का इतिहास-दर्शन (डॉ. संगमलाल पांडेय), ग्राम्शी का नव्य मार्क्सवाद (श्रीप्रकाश मिश्र) तथा कीर्केगार्दे की जीवन दृष्टि (डॉ. रमेश कुमार त्रिपाठी) प्रकाशित हुए हैं। बीच में पत्रिका का एक विशेषांक 'हिंदी साहित्य : नवाँ दशक' पर केन्द्रित था। कहने की आवश्यकता नहीं, डॉ. देवराज मूलतः एक दार्शनिक आलोचक हैं। इसलिए उनकी चिंता के केंद्र में साहित्य का इतिहास-दर्शन है। पत्रिका के नये अंक में 'संस्कृत साहित्य-शास्त्र आधुनिक परिप्रेक्ष्य में' उनका एक सुचिंतित लेख है। डॉ. रामस्वरूप चतुर्वेदी का एक लेख 'मध्यप्रदेश में आधुनिकता का उदय : सांस्कृतिक चुनौती' भी पठनीय है। 'युग साक्षी' साहित्य एवं समीक्षा की एक विचारोत्तेजक पत्रिका है।

2. नये प्रकाशन :

1. **किवाड़** (कविता) - कुमार अम्बुज, आधार प्रकाशन, 372, सेक्टर-17, पंचकूला (हरियाणा), मूल्य रु. 40.00
2. **सपने में एक औरत से बातचीत** (कविता)-विमल कुमार, प्रकाशक-वही, मूल्य रु. 40.00
3. **नंगे पाँव का रास्ता** (कविता)-नरेन्द्र पुंडरीक, परिमल प्रकाशन, 17, एम.आई. जी., बाघम्बरी आवास योजना, अल्लापुर, इलाहाबाद, मूल्य रु. 60.00
4. **बीते कितने बरस** (कविता)—प्रयाग शुक्ल, वाणी प्रकाशन, 4697/5, 21ए, दरियागंज, नई दिल्ली-2, मूल्य रु. 40.00
5. **औरत** (उपन्यास)—शिवप्रसाद सिंह, राजपाल एंड संस, कश्मीरी गेट, दिल्ली-110006, मूल्य रु. 90.00
6. **अपने-अपने राम** (उपन्यास)—भगवान सिंह, मानक पब्लिकेशन्स प्रा. लि., शकरपुर, दिल्ली-110092, मूल्य रु. 150.00
7. **प्रतिहिंसा तथा अन्य कहानियाँ**-मुद्राराक्षस, विकास पेपर बैक्स, मेन रोड, गांधी नगर, दिल्ली-110031, मूल्य रु. 50.00
8. **प्रेमचंद : पत्र प्रसंग**—संपादक-मंगलमूर्ति, परिमल प्रकाशन, इलाहाबाद, मूल्य रु. 100.00
9. **मित्र-संवाद**(केदारनाथ अग्रवाल एवं रामविलास शर्मा के पत्र)- संपादक—डॉ. रामविलास शर्मा एवं अशोक त्रिपाठी, परिमल प्रकाशन, इलाहाबाद, मूल्य रु. 300.00
10. **बंजारा जाति : समाज और संस्कृति**-ले. यशवंत जाधव, वाणी प्रकाशन, दरियागंज, नई दिल्ली-110002, मूल्य रु. 175.00
11. **धर्मवीर भारती**-संपादक-डॉ. प्रभाकर श्रोत्रिय, आयाम प्रकाशन, 1/11873, उल्धनपुर, नवीन शाहदरा, दिल्ली-110032, मूल्य रु. 125.00

3. अन्य पत्रिकाओं में :

1. **कुँवर नारायण से विनोद दास की बातचीत**-'अंतर्दृष्टि-4
2. **रेवर मारिया रिल्के** (लेख)-केदारनाथ सिंह-वही
3. **जंग** (कहानी)-चंद्र किशोर जायसवाल-'हंस', मार्च-1992
4. **उस रात की गंध** (कहानी)-धीरेन्द्र अस्थाना, इंद्रप्रस्थ भारती (अक्तूबर-दिसम्बर 1991)
5. **सोमदत्त का सहज संसार** (साक्षात्कार)-महावीर अग्रवाल, 'विपाशा', 40
6. **कविता**-केदारनाथ अग्रवाल-'बहुमत'(प्रवेशांक)-मई, जुलाई 1992
7. **घर** (कविता)-मदन कश्यप-'पाटलिप्रभा', अप्रैल 1992
8. **रघुवीर सहाय का स्वदेश** (लेख)-अशोक वाजपेयी-इंद्रप्रस्थ भारती (अक्तूबर-दिसम्बर 1991)
9. **कविता की अंतर्यात्रा** (विचार)-विजेन्द्र, 'ओर'-14, मार्च 1992

(हंस, अगस्त 1992)

कविता के लिए कठिन समय (परमानंद श्रीवास्तव) में भी आज सबसे ज्यादा कविताएँ ही लिखी जा रही हैं। आज ही क्यों किसी भी समय में सबसे ज्यादा कविताएँ ही लिखी जाती रही हैं। इस विरोधाभास के बावजूद हमें यह स्वीकार करने में कोई हिचक महसूस नहीं होती कि आज के मानवीय संकट/चुनौतियों का सामना भी आगे बढ़कर कविता ही कर रही है। इस सच्चाई के बावजूद आज की कविता अस्तित्व-बोध के संकट से गुजर रही है। ढेरों लिखी जा रही कविताओं के बीच से एक अच्छी कविता या एक अच्छे कवि को ढूँढ लेना एक आविष्कार की तरह लगता है। पिछले दो-ढाई वर्षों में करीब एक-डेढ़ दर्जन लघु-पत्रिकाओं के कविता विशेषांक हमारे देखने में आए हैं, जिनमें पहल, पल-प्रतिपल, उन्नयन, आवर्त, इंद्रप्रस्थ भारती, कारखाना, गूंज, आज की कविताएँ, आजकल, सर्वनाम, वर्तमान साहित्य एवं 'अलाव' आदि प्रमुख हैं। इन विशेषांकों में प्रकाशित हजार कविताओं को पढ़ना एक दुष्कर कार्य है। फिर भी अच्छे कवियों की नई पीढ़ी कविता की सतह पर उभर रही है। कहने की आवश्यकता नहीं यह समय कविता के संकट का भी है और कवियों के संकट का भी। 'वर्तमान साहित्य' के कविता विशेषांक में प्रकाशित अपने साक्षात्कार में पूछे गए एक सवाल 'क्या आप हिन्दी कविता की वर्तमान स्थिति से संतुष्ट हैं ?' के जवाब में डा. नंदकिशोर नवल ने बिल्कुल ठीक टिप्पणी की है-'मुझे समकालीन कविता से कोई शिकायत नहीं है। नामवरजी की पीढ़ी के बाद हिन्दी में कायदे से आलोचकों की कोई पीढ़ी नहीं आई और साठोत्तरी कहानी के बाद हिन्दी में कहानी का युग बीत गया, लेकिन कविता के साथ ऐसी कोई बात नहीं है। कविता का प्रवाह हिन्दी में निरंतर जारी है। हर दस वर्ष के बाद कवियों की एक नई पीढ़ी आ जाती है, जो अज्ञेय या मुक्तिबोध चाहे उत्पन्न न करे, लेकिन हिन्दी कविता को कुछ दे जाती है, उसे आगे बढ़ा जाती है। यह निश्चय ही अत्यंत संतोष की बात है।'

1. लघु पत्रिकाएँ :

1. अलाव-4 (जून 1992) :

सं. रामकुमार कृषक, संपर्क : सी-3/59, सादतपुर विस्तार, करावल नगर, दिल्ली-110094, मूल्य-20.00 रुपये

पंजाब पर केन्द्रित अंक के कारण यह पत्रिका चर्चा में आई थी। एक लंबी प्रतीक्षा के पश्चात् अब इस पत्रिका का विशेषांक नहीं कवितांक प्रकाशित हुआ है, जिसमें कविता की जीवित प्रौढ़तम पीढ़ी के कवि नागार्जुन से लेकर युवतम पीढ़ी के कवि संजय चतुर्वेदी तक के करीब 100 कवियों की कविताएँ संकलित हैं। इन कविताओं के चयन के पीछे कवि-संपादक रामकुमार कृषक की दृष्टि रही है कि 'समकालीन कविता के किसी विशेष काल-खंड या

किसी विशेष प्रवृत्ति को उजागर करने अथवा एक खास तरह की अग्राह्य बौद्धिक ऊंचाई पर आरोहण करने वाली कविता 'दिखाने' का हमारा कोई इरादा नहीं रहा, क्योंकि जनता के व्यापक अनुभव से परे कवि के निजी और नितांत विरल अनुभव वाली कविता प्रायः धोखेबाजी होती है। इसलिए हमारी कोशिश यह रही है कि कोई नया या अपरिचित कवि भी अगर अपने समय को पहचानने, विश्लेषित करने की क्षमता रखता है तो उसे सम्मानित किया जाना चाहिए।' कहने की आवश्यकता नहीं इस प्रौढ़वय में भी नागार्जुन की कविता की धार बनी हुई है। अन्य कवियों में एकांत श्रीवास्तव, कृष्ण मोहन झा, चंपा वैद, निर्मला गर्ग, मांझी अनंत, वीरा, संजय चतुर्वेदी, शहंशाह आलम, कालिका प्रसाद सिंह तथा हेमंत कुकरेती की कविताएँ उल्लेखनीय हैं। इस कवितांक का विचार पक्ष भी ध्यान आकृष्ट करता है। रघुवीर सहाय का लेख एवं विष्णु चंद्र शर्मा का साक्षात्कार विचारोत्तेजक है। पश्चिम के समाजवादी संकट से संबंधित कविताएँ विशेष उल्लेखनीय हैं। हरिपाल त्यागी, सुरेश सलिल तथा ब्रेख्त की अनूदित कविता उम्मीद जगाती है। कुल मिलाकर कृषकजी का यह आयोजन समकालीन कविता को एक वैचारिक परिप्रेक्ष्य देता है। पत्रिका की प्रस्तुति एवं उत्पादन सराहनीय है।

2. सर्वनाम-25 (जनवरी-मार्च 1992) :

सं. विष्णुचंद्र शर्मा, संपर्क : ई-11, सादतपुर, दिल्ली-110094, प्रति अंक 6.00 रुपये

छठे दशक के उत्तरार्द्ध में विष्णुचंद्र शर्मा ने बनारस से 'कवि' नामक महत्त्वपूर्ण लघु-पत्रिका के कई अंक निकाले थे। अपने समय की इस चर्चित पत्रिका का अब ऐतिहासिक महत्त्व है। इस पत्रिका के अंकों में न केवल मुक्तिबोध की कविताएँ छपी थीं, 'विवेक' स्तंभ के अन्तर्गत उन पर नामवरजी की टिप्पणी भी छपी थी। खुद नामवर सिंह की कविताएँ तो इसमें छपी ही थीं, जिन्हें बाद में अज्ञेय ने पंतजी की षष्टिपूर्ति पर 1960 में प्रकाशित संकलन 'रूपाम्बरा' में संकलित किया था। नामवर जी की कविताओं की जो छिटपुट चर्चा हिन्दी साहित्य में होती है, उसका आधार 'कवि' ही है। इस ऐतिहासिक महत्त्व की पत्रिका के पुराने अंकों का एक जिल्द में प्रकाशन अब सचमुच आवश्यक है। शायद कभी किसी सुधी पाठक, शोधकर्त्ता एवं प्रकाशक की नजर इस ओर जाए।

एक लंबे अर्से बाद बनारस से दिल्ली आने पर विष्णुजी ने नयी पत्रिका 'सर्वनाम' का प्रकाशन आरंभ किया। महापंडित राहुल सांकृत्यायन एवं शमशेर की कविताओं के चयनकर्ता एवं रक्षक जगत शंखधर पर अंक निकालने के बाद संपादक ने समकालीन पंजाबी कविता पर पत्रिका का नया अंक केन्द्रित किया है। इस अंक में पंजाब के महत्त्वपूर्ण कवियों सुरजीत पातर, जगतार, अमरजीत कौंके, पाल कौर आदि की अच्छी कविताएँ संकलित हैं। जिसमें आज के पंजाब की त्रासदी एवं उमंगें एक साथ प्रकट हुई हैं। सरोद सुदीप की कविता 'खत जो पोस्ट न हो सका' एक मार्मिक कविता है जिससे आज के पंजाब का डर पूरी भयावहता के साथ उजागर हुआ है। इस अच्छी पत्रिका को पाठकों के आर्थिक सहयोग की जरूरत है।

3. पाटलिप्रभा (कविता-विशेषांक) अप्रैल 1992 :

सं. गौरी नाथ द्विवेदी, संपर्क : क्वार्टर नं. ए-III सेक्टर-II कोयला नगर, धनबाद (बिहार)-826005, मूल्य 10.00 रुपये.

संयोगवश यह पत्रिका भी कविता पर ही केन्द्रित है-कविता विशेषांक। हमें लगता है, आज कविता विशेषांक निकालना सबसे आसान है। उससे भी आसान है कविता के संकट-चुनौतियों पर संपादकीय लिखना। संपादकीय में लिखा गया है-'संवेदना कविता में है तो बड़ी बात है, पर हमारे दैनिक व्यवहार में यह संवेदना दिखाई पड़े, इसकी कोई जरूरत नहीं। क्या ऐसी प्रवृत्तियों ने कविता को संकट में नहीं डाला है।' बिल्कुल ठीक बात है। कवि के दुहरे चरित्र ने भी कहीं कविता को संकट में डाला है। इस विशेषांक में ज्यादातर अच्छी कविताएँ शामिल हैं। श्रीराम तिवारी, मदन कश्यप, सुरेन्द्र स्निग्ध, अरुण कमल, वेणु गोपाल, कालिका प्रसाद सिंह, चंद्रकला त्रिपाठी, शहंशाह आलम, नरेन्द्र पुण्डरीक, हेमंत जोशी, राजीव सभरवाल-आदि की कविताएँ संकलित हैं। 'शब्द संस्कृति की रक्षा जरूरी है' पर डॉ. मैनेजर पांडेय का वक्तव्य उल्लेखनीय है। समकालीन कविता पर राम निहाल गुंजन एवं मृत्युंजय उपाध्याय का लेख पढ़ा जा सकता है। अपनी सीमा में पत्रिका का प्रयत्न प्रशंसनीय है। प्रस्तुति उत्कृष्ट है।

4. कथानक (कहानी-विशेषांक) मई-अगस्त 1992 :

सं. सुनील कौशिश, संपर्क के-74, यशोदा नगर, कानपुर-208011, मूल्य 15.00 रुपये

आज कविताएँ ही नहीं, कहानियाँ भी खूब लिखी जा रही हैं। आश्चर्य नहीं, आज का पाठक कविता और कहानी दोनों से उदासीन हो गया है। लगभग वही कहानीकार हर पत्रिका में नजर आता है। कहानी जैसी महत्त्वपूर्ण विधा का जिस तेजी से व्यवसायीकरण हुआ है, चौंकानेवाला है। पिछले दिनों लगातार लघु पत्रिकाओं के कहानी विशेषांक निकले हैं, जिनमें 'वर्तमान साहित्य' 'समकालीन परिभाषा', पल प्रतिपल, संबोधन आदि प्रमुख हैं। यदि कहानी की इस बाढ़ में नये कहानीकारों की पहचान नहीं बन पा रही है तो इसके लिए खुद कहानीकार भी कम दोषी नहीं हैं। आलोचक तो कहानी पढ़ते नहीं, पाठक भी बार-बार उन्हीं नामों को देखकर अब नौक-भौं सिकोड़ने लगा है। ऐसी स्थिति में अच्छी-बुरी कहानी पढ़ने की एकमात्र मजबूरी कथा पत्रिकाओं के संपादक की नियति है। पता नहीं राजेन्द्र यादव एवं अर्चना वर्मा इस यंत्रणा को कैसे झेल रहे हैं। आज तो स्थिति यह है कि जब तक राजेन्द्र जी किसी कहानी पर 'हंस' में चर्चा न करें तब तक अच्छी कहानी भी पाठकों की नजर से ओझल रहती है। पिछले दिनों लिखी प्रायः तमाम अच्छी कहानियाँ 'हंस' में प्रकाशित होकर ही चर्चित हुई हैं। कहानी की पहचान का यह संकट लगातार गहराता जा रहा है। कुछ कहानीकार खुद कथा-आलोचक की भूमिका भी निभा रहे हैं। लेकिन बात बनती नहीं नजर आती। ढाक के वही तीन पात।

'कथानक' के इस विशेषांक में वे कहानीकार भी सम्मिलित हैं, जिनकी कहानियाँ व.सा. के विशेषांक में छपी थीं। चंद्रकिशोर जायसवाल की एक उत्कृष्ट कहानी 'विदाई कांड' इस अंक में प्रकाशित है। इस कहानी का कथ्य व्यवस्था के प्रमुख-तंत्र पुलिस से ताल्लुक रखता है। इस कहानी में उन्होंने जिस सूक्ष्मता के साथ पुलिस तंत्र के एक अहम स्तंभ दारोगा हर गोविन्द पांडे की मानसिकता को उभारा है, चकित करता है। एक बंजर प्रदेश में अपने तबादले से परेशान पांडे चलते-चलते यज्ञ के नाम पर कुछ वसूल लेना चाहता है। स्थिति यहाँ तक पहुँचती है कि उन्हीं का एक चमचा प्रस्ताव रखता है-'एक उपाय है, हुजूर, डकैती करवा

देते हैं।' कहानी के कथ्य, शिल्प के ब्यौरे में न जाकर मैं सिर्फ यह संकेत करना चाहता हूँ कि भ्रष्ट व्यवस्था के इस तंत्र को जिस सूक्ष्मता से जायसवाल ने पकड़ा है, वह आज का भयावह यथार्थ है। यह कहानी इधर लिखी सैकड़ों कहानियों के बीच आज के सामाजिक यथार्थ की भयावहता को प्रकट करनेवाली है-यथार्थ का आकाश दीप। अन्य कहानियों में गिरिराज किशोर, नारायण सिंह, वसंत कुमार, नमिता सिंह, रघुनन्दन त्रिवेदी की कहानियाँ पठनीय हैं। डॉ. सुरेन्द्र चौधरी के लेख में समकालीन कहानी की चिंता है। शंभु गुप्त का लेख परिश्रमपूर्वक लिखा गया है। समकालीन कहानी पर बातचीत के संदर्भ में इस पत्रिका की जरूरत कथा-आलोचक और पाठक महसूस करेंगे, ऐसा मेरा विश्वास है।

5. दस्तक (अप्रैल 1992) :

सं. राघव आलोक, संपर्क : किशोरी भदन परसुडीह, जमशेदपुर-831002, मूल्य 8.00 रुपये

इस पत्रिका के प्रवेशांक को देखकर मुझे लखनऊ से प्रकाशित 'प्रयोजन' (संपादक-वीरेन्द्र यादव) की याद हो आई। इस पत्रिका की प्रस्तुति, सामग्री चयन में एक साफ-सुथरी दृष्टि है।

सुरेन्द्र चौधरी इधर लगातार कथालोचना करते रहे हैं। लेकिन उनकी दिक्कत यह है कि अपनी बात वे खुलकर नहीं कह पाते। इस अंक में प्रकाशित अपने साक्षात्कार में भी उन्होंने कथालोचना के संदर्भ में 'नैरेटर और नैरेशन' की अपनी पुरानी रट दुहराई है। डॉ. विश्वंभर नाथ उपाध्याय अब लोकातीत हैं। आश्चर्य की बात नहीं, अब यदि वे 'चमत्कार' कर रहे हैं। संजीव एक समझदार कहानीकार हैं। इसलिए अपनी टिप्पणी 'सामाजिक मूल्य और कहानी' में उन्होंने भविष्य के कहानीकारों-हेमंत, जयनंदन, संजय खाती, नारायण सिंह, सृंजय-की संभावनाओं पर ठीक संकेत किया है। निलय उपाध्याय की कविता पढ़कर मुझे सहसा शमशेर की कविता-पंक्ति 'बादलों के मौन गेरु-पंख संन्यासी हुए हैं' याद आ गयी। निर्मला ठाकुर के कथा-संग्रह 'निचली सतह का चेहरा' पर आयोजित गोष्ठी रपट उल्लेखनीय है। निर्मलाजी के दूसरे कथा-संग्रह 'छाँव में जलते हुए' की कहानियाँ भी मैंने पढ़ी हैं। निर्मलाजी की कहानियाँ हमारे आज के परिवेश की कहानियाँ हैं। हमें इस पत्रिका के अगले अंक का इंतजार रहेगा।

6. बहुमत (मई-जुलाई 1992) :

सं. विनोद मिश्र, संपर्क : 9 बी, रसियन कॉम्प्लेक्स, सेक्टर-7, भिलाई-490064, मूल्य 10.00 रुपये

सुदूर भिलाई से प्रकाशित इस पत्रिका का प्रवेशांक मुग्ध कर देता है। केदार नाथ अग्रवाल की कविता का उल्लेख मैं कर चुका हूँ। विमल कुमार, कुमार अम्बुज, एकांत श्रीवास्तव एवं मांझी अनंत की अच्छी कविताएँ इस पत्रिका को सार्थकता प्रदान करती हैं। बाबा नार्गाजुन से डॉ. विजय बहादुर सिंह की बातचीत महत्त्वपूर्ण है। 41 पृष्ठों की यह पत्रिका लघु-पत्रिकाओं के संपादकों के लिए उदाहरण होना चाहिए। मेरी कामना है कि यह सुदंर पत्रिका निरन्तर प्रकाशित होती रहे।

(हंस, सितंबर 1992)

''आलोचना अपने पंडिताऊपन और बोझिलपन के कारण साहित्य की एक बदनाम विधा है, जिसका सामान्य पाठकों से कोई संबंध नहीं है। सामान्य पाठक उसके प्रति अनादर का भाव न रखते हों, लेकिन वे उसे अपना प्यार नहीं देते। उधर आलोचक हैं, जो पाठकों का प्यार पाने की जगह उन्हें आतंकित करने में विश्वास रखते हैं। ऐसी स्थिति में उस आलोचना का विशेष महत्त्व है, जो अकादमिक लीक से अलग हटकर, संदर्भ-ग्रंथों के बिना, सिर्फ स्मृति के सहारे लिखी गयी है। 'सृजनात्मक आलोचना' एक चालू मुहावरा है, लेकिन उसका साक्षात्कार कम ही स्थलों पर होता है। हिंदी में उसका विकास तब तक नहीं हो सकता, जब तक कि भारी-भरकम प्रबंधों और निबंधों को छोड़कर वह रोचक ढंग से नये-नये रूपों में नहीं लिखी जायेगी।'' (नयी आलोचना पुस्तक 'यथा प्रसंग' के बर्ल्व से उद्धृत) समकालीन आलोचना की हालत पर इससे तल्ख और कठोर शायद ही दूसरी टिप्पणी हो। लेकिन एक और गंभीर पक्ष है। आलोचना का वर्तमान संकट क्रमशः कहीं अपनी विश्वसनीयता खोते जाने का भी है। आखिर वह कौन-सा कारण है कि निराला के बाद अचानक केदारनाथ अग्रवाल हमारे समय के सबसे बड़े कवि घोषित कर दिये जाते हैं। कविता परिदृश्य से मुक्तिबोध को सहसा ओझल करके ? जब तक आलोचक अपने तमाम पूर्वग्रहों (जिसमें 'मित्र-संवाद' भी है) को छोड़कर निष्पक्ष रूप से सरल, सहज भाषा में रचना की परख अपने साहित्यिक विवेक के आधार पर नहीं करते, आलोचना की विश्वसनीयता संदिग्ध बनी रहेगी।

1. लघु पत्रिकाएं :

1. दस्तावेज-52· (जुलाई-सितंबर-1991) :

सं. विश्वनाथ प्रसाद तिवारी, संपर्क : बेतिया हाता, गोरखपुर (उ.प्र.) मूल्य 15.00 रु. एक प्रति

सबसे पहले अशोक वाजपेयी ने अपनी पत्रिका 'पूर्वग्रह' का एक अंक (44-45) नामवर सिंह पर केंद्रित किया था। एक लंबे अंतराल बाद फिर ज्ञानरंजन ने 'पहल' का एक विशेषांक (34) उन पर निकाला था। अब 'दस्तावेज' ने 'नामवर सिंह की आलोचना' पर अपना अंक केंद्रित किया है। पत्रिका में पहला लेख संपादक विश्वनाथ प्रसाद तिवारी का है-'नामवर सिंह की आलोचना की सीमाएं'। तिवारी जी लिखते हैं : 'बिना वाद-विवाद के उन्हें शायद आलोचना में मजा नहीं आता। वे सबसे पहले एक प्रतिपक्ष खड़ा करते हैं और उसके विरोध में अपना तर्कशास्त्र' ('कविता के नये प्रतिमान' और 'दूसरी परंपरा की खोज' में उन्होंने खासतौर से ऐसा किया है) जब नामवरजी खुद लिख चुके हैं कि आलोचना कर्म वाद-विवाद नहीं तो और क्या है ? लेखक-आलोचक के बीच, आलोचक-आलोचक के बीच। (वाद-विवाद संवाद)। कहने

की आवश्यकता नहीं, हिंदी आलोचना का विकास वैचारिक, टकराहटों, बहस, मुबाहिसों के बीच ही हुआ है। अब प्रतिपक्ष खड़ा करने वाली बात। लगभग ऐसा ही आरोप रामवृक्ष ने डॉ. रामविलास शर्मा की आलोचना पर लगाया है-'डॉ. शर्मा को लिखने की प्रेरणा खंडन से मिलती है। वह पहले अपना शत्रु तय करते हैं, और तब उनका हर शत्रु पुस्तक की योजना बनाकर डॉ. शर्मा को देता है और वे उसी योजनानुसार पुस्तक लिखते हैं (रामविलास शर्मा जी का यह गुण नामवर सिंह में भी मिलता है। वे भी शत्रु के विरुद्ध मोर्चा बनाकर लिखते हैं।)' केदारनाथ सिंह ने इस प्रवृत्ति की ओर संकेत करते हुए लिखा है कि नामवर सिंह जी प्रश्नों का सामना एक योद्धा की तरह करते हैं। (पहल-34)। स्पष्ट है डॉ. शर्मा और डॉ. सिंह दोनों की रणनीति एक ही है। लेकिन अपना प्रतिपक्ष वे हवा में नहीं खड़ा करते। जिनके विचारों की आलोचना करनी होती है पूरे दम-खम से करते हैं। तिवारीजी ने 'दूसरी पंरपरा की खोज' में आचार्य शुक्ल की छवि धूमिल करने का जो आरोप नामवर सिंह पर लगाया है, वह नया नहीं है। डॉ. रामविलास शर्मा इससे बहुत पहले ये सारे आरोप नामवर सिंह और खुद डॉ. हजारी प्रसाद द्विवेदी पर लगा चुके हैं। नामवरजी की आलोचना की कोई नयी सीमा-रेखा इस लेख में नहीं खींची गयी है। रेवती रमण का लेख नामवर जी के विस्मृत कवि रूप को रेखांकित करता है। प्रो. रामचंद्र तिवारी के शोध-परक लेख से नामवर जी की समीक्षा-दृष्टि का पता चलता है। परमानंद श्रीवास्तव ने आलोचना-संपादक के रूप में नामवर जी की देन को खंडित रूप में आत्ममुग्धता के साथ प्रस्तुत किया है।

इस अंक में नामवरजी की पुस्तकों के प्रकाशन काल से संबंधित भयंकर भूलें हैं। इस तथ्य के बावजूद यह अंक नामवरजी की आलोचना में रुचि रखनेवाले पाठक, रचनाकार और शोधार्थियों के लिए महत्त्वपूर्ण है।

2. जनमत (मार्च-अप्रैल 92) :

प्रधान संपादक : महेश्वर, अतिथि संपादक : नीलाभ, अजय कुमार, संपर्क : समकालीन जनमत, आजाद मार्किट, पीर मुहानी, पटना-800003, मूल्य : 10.00

'जनसंस्कृति' पत्रिका की ओर से प्रायोजित, लेकिन 'जनमत' की ओर से प्रकाशित, 'वामिक जौनपुरी' पर केन्द्रित पत्रिका का यह विशेषांक महत्त्वपूर्ण है।

वामिक जौनपुरी भारत के उन कुछ चंद मशहूर शायरों में हैं जिन्होंने आजादी के आसपास अपनी शायरी का 'नीला परचम' लहराते हुए धूम मचा दी थी। देश और वतन के लिए अपनी अच्छी-भली नौकरी छोड़कर वे शायरी की दुनिया में आये। इस विस्मृत शायर का स्मरण करके 'जनसंस्कृति' एवं 'जनमत' ने महत्त्वपूर्ण काम किया है। उपेन्द्रनाथ अश्क ने उनका ठीक मूल्यांकन किया है।

प्रस्तुत विशेषांक के रचना-खंड में वामिक जौनपुरी का आत्मकथ्य के साथ उनकी प्रसिद्ध नज़्में और ग़ज़लें संकलित हैं। वामिक जैसे क्रांतिकारी, प्रगतिशील, धर्मनिरपेक्ष शायर की उपेक्षा करके कहीं हम अपनी परंपरा की उपेक्षा ही तो नहीं कर रहे ? नीलाभ एवं अजय कुमार इस सुंदर विशेषांक के संपादन के लिए धन्यवाद के पात्र हैं।

3. ओर-14 (जनवरी-मार्च 92) :

सं. विजेन्द्र, संपर्क-सी-133, वैशाली नगर, जयपुर (राजस्थान), मूल्य 10.00 रु.

'ओर' का यह नया अंक इस दृष्टि से ध्यान खींचता है कि पत्रिका फिर अपनी जमीन पर लौट आयी है। इस अंक में डॉ. रामविलास शर्मा एवं त्रिलोचन की भेंट-वार्ताएँ तो उल्लेखनीय हैं ही, सबसे महत्त्वपूर्ण बात है निराला की कविता 'हिंदी के सुमनों के प्रति' पर आयोजित संवाद। 'कविता की अंतर्यात्रा' निराला की इस कविता पर डॉ. रामविलास शर्मा, त्रिलोचन एवं विष्णुचंद्र शर्मा के विश्लेषण कविता के अदृश्य पक्षों को सामने लाते हैं। किसी हिंदी कविता को इतनी गहराई और सूक्ष्म दृष्टि से अन्वेषित करने की यह सार्थक कोशिश है। बहुत पहले दिनकर की 'उर्वशी' पर 'कल्पना' ने एक व्यापक संवाद कायम करने की पहल की थी।

राजस्थानी कविता के जनक चंद्रसिंह एवं समकालीन ब्रजभाषा-काव्य के दुर्लभ व्यक्तित्व स्व. गिरिराज मित्र पर भी इस अंक में महत्त्वपूर्ण सामग्री प्रकाशित है। 'ओ' का यह अंक कई विशिष्टताएं लिये हुए हैं।

4. निष्कर्ष (जुलाई 1992) :

सं. गिरीशचंद्र श्रीवास्तव, संपर्क : 59, खैराबाद, दरियापुर रोड, सुलतानपुर-228001, मूल्य : 12.00 रु.

छोटी पत्रिकाओं के सावधान संपादक रचना को महत्त्व देते हैं, पत्रिका की आवर्तिता को नहीं।

पत्रिका के नये अंक में नादीन गार्डिमर की एक अच्छी अनूदित कहानी 'शेर राज मार्ग पर' प्रकाशित है जो सामयिक ही नहीं, आज की व्यवस्था से भी ताल्लुक रखती है। अन्य कहानियों में 'यातना शिविर' (बद्रीसिंह भाटिया), लावारिस पिता (जयनंदन) दाखिल खारिज (रमासिंह) पढ़ने लायक हैं। डॉ. चंद्रेश्वर कर्ण का लेख 'समकालीन कहानी का सौंदर्यशास्त्र' एक बहस-तलब लेख है। सवाल उठता है कहानी का सौंदर्यशास्त्र क्या कहानी के भीतर से रचा जायेगा या बाहर की उस दुनिया से जिसमें कहानी का पात्र संघर्ष-रत है ? 'लोकधर्मी काव्य-भाषा और समकालीन कविता' (शंभु गुप्त) एक प्रासंगिक लेख है, कवियों और आलोचकों-दोनों के लिए। इस अंक में सुरेंद्र स्निग्ध की कविता 'माँ', कामरेड और दोस्त' तथा विनोदकुमार श्रीवास्तव की कविताएँ अच्छी हैं। नारायण सिंह के कहानी संग्रह 'तीसरा आदमी' की समीक्षा (अशोक कुमार) ठीक है। शोभनाथ शुक्ल ने 'संबोधन'-91, में प्रकाशित कहानियों पर एक सार्थक टिप्पणी की है। कथा-वर्ष 91 जौनपुर में आयोजित गोष्ठी की रपट से समकालीन कहानी पर प्रकाश पड़ता है। पत्रिका की सामग्री विचारोत्तेजक है।

5. पुनः 6 (फरवरी 1992) :

सं. कृष्णानंद कृष्ण, संपर्क : दक्षिणी अशोक नगर, कंकड़ बाग, पटना-800020 मूल्य 10.00 रुपये

कोई लघु-पत्रिका संपादकीय महत्त्वाकांक्षा का कैसे शिकार होती है, इसका खुद उदाहरण है यह पत्रिका। फिर भी इस पत्रिका के प्रस्तुत अंक में चंद्रशेखर कर्ण का लेख 'हिन्दी कथालोचना : कथालोचक और कहानीकार' एक विचारोत्तेजक एवं उपयोगी लेख है। ज्ञान प्रकाश विवेक

की कहानी ठीक है। भविष्य में यदि संपादक इस लघु पत्रिका के पृष्ठों पर अपना ही एकाधिकार वर्चस्व कायम न करें तो अच्छी बातें होंगी।

2. अन्य पत्रिकाओं में :

1. **स्वान्तः सुखाय** (कहानी)-देवेन्द्र, 'हंस' जून 1992
2. **संक्रमण** (कहानी) -राजेन्द्र दानी वर्तमान साहित्य, (जुलाई 1992)
3. **तुक, ताल, लय, मात्रा और छंद** (कहानी)-संजीव, 'कथा बिंब', मार्च 1992
4. **कुमारेन्द्र पारसनाथ सिंह की कविताएँ**-'जनसत्ता' 5 जुलाई 1992
5. **विष्णु नागर की कविताएँ**-उद्‌भावना-27, जन-मार्च 1992
6. **शायद आप जानते हों**–(कविता) ओमप्रकाश वाल्मीकि, नवभारत टाइम्स, 26 जुलाई 1992
7. **नवजागरण की परंपराएँ और क्रांतिकारी आंदोलन** (लेख)-डॉ. रामविलास शर्मा-पहल-43/44 (इतिहास अंक)
8. **डी. डी. कोसाम्बी की इतिहास-दृष्टि** (लेख)-राजेन्द्र चोपड़ा, 'पहल' (इतिहास अंक)
9. **कवि श्रीकांत वर्मा** (लेख)-डॉ. नंद किशोर नवल, 'साक्षात्कार', 143/148 (अक्तूबर 91-मार्च 1992)
10. **'मैं पंक्ति बदलने की बजाय संपादक बदलना पसंद करूँगा** (टिप्पणी)-स्वयं प्रकाश-शिनाख्त-1
11. **निकानोर पारों की कविताएँ** (अनुवाद-संजय चतुर्वेदी), तनाव-48, अप्रैल-जून 1991

3. अन्य पत्रिकाओं के नये अंक :

1. **पहल-43-44** (इतिहास अंक) : संपादक : ज्ञानरंजन, कमला प्रसाद, अतिथि संपादक-प्रदीप सक्सेना, संपर्क : 101, रामनगर, आधारताल, जबलपुर-482004, मूल्य : 25 रुपये
2. **कथ्य-रूप-10** (जुलाई 1992) : भाऊ समर्थ पर केंद्रित, संपादक : अनिल श्रीवास्तव, संपर्क : डी-224, तुलाराम बाग, इलाहाबाद, मूल्य-10.00 रुपये
3. **अंतर्दृष्टि-4** (1992) : संपादक : विनोद दास, संपर्क : सेक्टर-18, मकान नं. 66, इंदिरा नगर, लखनऊ, मूल्य : 8.00 रुपये
4. **परिवेश-12**(अगस्त 1992) : संपादक : कुमार संभव, मूलचंद गौतम, संपर्क : शक्ति नगर, चंदौसी, मुरादाबाद-202412, मूल्य : 10.00 रुपये
5. **वर्तमान साहित्य** (अगस्त 1992) : त्रिलोचन पर केंद्रित, अतिथि संपादकः वाचस्पति, संपर्क-109, रिछपालपुरी, पोस्ट बाक्स नं. 13, गाजियाबाद, मूल्य : 7.00 रुपये
6. **इंद्रप्रस्थ भारती** (जनवरी-मार्च 92) : संपादक : विजय मोहन सिंह,

संपर्क : हिंदी अकादमी, /26/27, सनलाइट इंश्योरेंस बिल्डिंग, आसफ अली रोड, नयी दिल्ली, मूल्य : 8.00 रुपये

7. **संबोधन : 92 :** संपादक : कमर मेवाड़ी, संपर्क : चांदपोल, कांकरोली, राजस्थान, मूल्य : 20.00 रुपये
8. **डगर** (अगस्त 1992) : संयोजक : विभूति आनंद, शहंशाह आलम, संपर्क : गुलजार पोखर, मुंगेर-811201 मूल्य : 7.50
9. **जनपथ-4 :** संपादक : अनंतकुमार सिंह, संपर्क : चरपोखरी, भोजपुर-802223, मूल्य : 10.00

4. नये प्रकाशन :

1. **निराला रचनावली** (पेपर बैक)-आठ खंड-संपादक नंदकिशोर नवल, राजकमल प्रकाशन, 1-बी, नेताजी सुभाष मार्ग, नई दिल्ली-110002, 1992, संपूर्ण सेट का मूल्य रु. 480.00
2. **भाषाई अस्मिता और हिन्दी** (निबंध)-डॉ. रवीन्द्रनाथ श्रीवास्तव वाणी प्रकाशन, 4697/5, 21-ए दरियागंज, नई दिल्ली-110002 मूल्य-125.00
3. **सोहम्** (निबंध)-विद्या निवास मिश्र, वाणी प्रकाशन, नई दिल्ली मूल्य 75.00
4. **जंगल गाथा** (कहानी)-नमिता सिंह, वाणी प्रकाशन, नई दिल्ली 1992 मूल्य 60.00
5. **बहुरि अकेला** (कुमार गंधर्व के लिए विदा गीत)-अशोक वाजपेयी, संस्कृति प्रतिष्ठान, नई दिल्ली, 1992, मूल्य-?
6. **हल्दी-चावल और अन्य कविताएँ** दिविक रमेश-पराग प्रकाशन, 3/114, कर्ण गली, विश्वास नगर, शाहदरा, दिल्ली-110032, 1992, मूल्य 60.00
7. **सुनो हिरामन** (कविता)-भगवत रावत, प्रज्ञा प्रकाशन, 129, आराधना नगर, कोटरा सुल्तानाबाद, भोपाल-462003, 1992, मूल्य 10.00
8. **निचली सतह का चेहरा** (कहानी, निर्मला ठाकुर आर्ट प्रिंटिंग हाउस, 43, यूरोपियन एसाइलय लेन कलकत्ता-700016, मूल्य 45.00

(हंस, अक्तूबर 1992)

भाऊ समर्थ एक बेचैन चित्रकार ही नहीं, मुक्तिबोध के संगी भी थे। 'रंगों में बेचैन उनकी कविताएँ'-मुक्तिबोध की अंतिम कविता 'अंधेरे में' को आगे बढ़ाती है। सचमुच यह हैरानी की बात है कि भाऊ के अवसान के करीब डेढ़ वर्ष बाद भी लघु-पत्रिकाओं के मुखपृष्ठ पर उनके रेखांकन उसी तरह छपते हैं। सुमति अय्यर ने एक पत्र में मुझे लिखा था- भाऊ नहीं रहे, यह बात आज भी गले नहीं उतरती। अभी भी मुझे लगता है, एक प्यारा-सा लंबा खत किसी दिन आयेगा और खिलखिलाकर लिखेंगे-'कैसा रहा री देख, मैं तो खटिया में वाचस्पति के यहाँ पड़ा ये पेंटिंग बना रहा था...' ऐसा कभी होगा। इसकी अपेक्षा पिछले सालभर से कर रही हूँ। नहीं होगा, पता है।" इस मार्मिक सच्चाई को झुठलाने की कल्पना सपना है। लेकिन जब तक लघु-पत्रिकाओं के मुखपृष्ठ भाऊ बने रहेंगे, इस सच्चाई को जज़्ब करना मुश्किल होगा। उनकी स्मृति में प्रकाशित 'कथ्य-रूप' पत्रिका के अंक के साथ-साथ हिंदी के वरिष्ठ कवि त्रिलोचन पर 'वर्तमान साहित्य' ने अपना अंक केंद्रित किया है। इस प्रसंग पर अपने नाम लिखे वाचस्पतिजी के पत्र से कुछ अंश उद्धत हैं-

आदरणीय भाई,

...'कथ्य-रूप' के भाऊ समर्थ स्मृति की जिम्मेदारी-पत्र व्यवहार और रचनाएं जुटाने की अनिल श्रीवास्तव ने मुझे सौंपी थी। अपने साथी हरि मौर्य, चित्रकार हरिपाल त्यागीजी के अनवरत प्रयास तथा अनिल के जीवट से यह अंक करीब सवा साल के बाद निकल सका।

...वर्तमान साहित्य, 'अगस्त 92 के अंक में त्रिलोचन पर कुछ सामग्री देने का इच्छुक था। जनवरी 92 में भाई विभूतिनारायण राय ने मुझसे कहा। बनारस-सागर-भोपाल-दिल्ली-पटना आदि में त्रिलोचन जी से जुड़े कुछ रचनाकारों, आलोचकों से पत्र-संपर्क किया। कई ने जवाब नहीं दिये। जब हिंदी के चांद-सितारों में से अधिक हाथ नहीं आये तब कुछ नक्षत्रों से ही काम लिया।

आपका ही
वाचस्पति

1. लघु पत्रिकाएं :

1. कथ्यरूप-10 (जुलाई 1992) :

सं. अनिल श्रीवास्तव, संपर्क : डी-224, तुलाराम बाग, इलाहाबाद-211006, मूल्य-10.00 रुपये

पिछले वर्ष 'जन सामान्य संदेश' (नागपुर) ने भाऊ पर केंद्रित अंक जब निकाला था तो इस पत्रिका की समीक्षा करते हुए मैंने टिप्पणी की थी कि हिंदी-प्रदेश से निकलनेवाली

लघु-पत्रिकाएं पिछले 25-30 वर्षों से भाऊ के साथ अपने आत्मीय लगाव बनाये हैं। लेकिन उनका स्मरण कम ही किया है। मुझे यह देखकर हार्दिक प्रसन्नता हुई है कि 'कथ्य-रूप' ने भाऊ की स्मृति में यह सुंदर अंक निकाला है।

भाऊ चित्रकार होने के साथ-साथ कला समीक्षक भी थे। बहुत संवेदनशील साहित्यकार भी। लेकिन उनकी सबसे बड़ी चिंता समकालीन बने रहने की थी। इसी अंक में मुक्तिबोध पर छपा उनका संस्मरणात्मक लेख उल्लेखनीय है।

भाऊ के विशृंखलित, लेकिन सहज, अकृत्रिम एवं निश्छल व्यक्तिव को नागार्जुन की कविता, वाचस्पति के स्मरण, हरिपाल त्यागी के आत्मीय संस्मरण, सुरेश सलिल, हरि मौर्य एवं रज्जन त्रिवेदी, मनमोहिनी के लेखों में देखा जा सकता है। शमशेर बहादुर सिंह ने भाऊ के हस्ताक्षर से आरंभ संस्मरण में उनके चित्रों की थीम को तो प्रगतिशील माना है लेकिन उनकी यह टिप्पणी 'वे कुछ कमर्शियल थे, पर उनके चित्रों के रेट औरों से प्रायः कम होते थे' दुर्भाग्यपूर्ण है। हरीश अड्यालकर, वृंदा माहेता, नरेन्द्र जैन, प्रकाश मनु के लेख भी भाऊ के रचनाकार-कलाकार व्यक्तित्व को विभिन्न कोणों से उभारते हैं। ये लेख छोटे-बड़े होते हुए भी भाऊ के कद को छोटा नहीं करते। प्रस्तुत अंक में नयी एवं पुरानी पीढ़ी के रचनाकारों के नाम लिखे भाऊ के कुछ पत्र भी संकलित हैं। इन पत्रों से भाऊ का एक बेहद आत्मीय, घरेलू रूप हमारे सामने उभरता है। आश्चर्य नहीं होगा यदि 21वीं सदी में प्रकाशित किसी लघु-पत्रिका के मुखपृष्ठ पर फिर आपको भाऊ मिले।

2. वर्तमान साहित्य (अगस्त 1992) :

सं. से.रा.यात्री, विभूतिनारायण राय, इस अंक के अतिथि संपादक-वाचस्पति, संपर्क-109, रिछपालपुरी, पोस्टनाका नं. 13, गाजियाबाद-201001, मूल्य 7.00 रुपये

'संतो आयी ग्यान की आँधी रे/भ्रम की टाटी सबै उड़ानी माया रहे न बांधी रे।' शताब्दियों पहले कबीर ने कहा था। शुकदेव सिंह कबीर की इस बानी का मर्म या व्यंग्य समझे बिना यदि 'ग्यान की आंधी' उड़ाने के भ्रम में खुद उड़े चले जा रहे हैं, तो ताज्जुब नहीं। हैरानी की बात यह है कि जिस 'वर्तमान साहित्य' ने प्रगतिशीलता का दम भरते हुए 'त्रिलोचन' पर अपना अगस्त अंक केन्द्रित किया था, उसी पत्रिका के अभी प्रकाशित अक्तूबर अंक में 'साहित्य के बहाने' लेखमाला की तीसरी किस्त में शुकदेव सिंह की टिप्पणी है-'50 से 60 के बीच कविताएँ चुनकर किसी सौंदर्य-निकष के बहाने यह देखना ही होगा कि त्रिलोचन, नागार्जुन, एक समय तक केदार अग्रवाल प्रचारित कवि हैं, पुरस्कृत कवि हैं, दरअसल ये हिंदी के कवि नहीं हैं, हिंदी की राजनीति के 'बुढभस' हैं। यह कुछ ऐसे ही हैं जैसे जवान लड़कियों को चिढ़ाने के लिए किसी संकुट बुढ़िया की मांग में सिंदूर भर दें।' आगे छपा कृष्ण मुरारी पहाड़िया का पत्र, जो केदारनाथ अग्रवाल से संबंधित है, भर्त्सना योग्य है। हर युग के अपने श्रीनाथ सिंह होते हैं। यदि समकालीन साहित्य के 'श्रीनाथसिंह' शुकदेव सिंह हैं तो आश्चर्य की बात नहीं।

क्या अब भी कहने की जरूरत बच रहती है कि त्रिलोचन कौन हैं ? आधुनिक हिंदी कवियों में त्रिलोचन संभवतः सबसे 'पिच्छिल, कवि हैं और उन्होंने भी सारनाथ के पास बनारस

में ही ज्ञान प्राप्त किया है। भले उनके शिष्य 'अग्यानी' रह गये। वे रहस्यवादी नहीं हैं, लेकिन रहस्यमय तो जरूर हैं। जितना रहस्य उनके जीवन में है, उससे कहीं अधिक उनकी कविताओं में। वे उथले नहीं, गहरे कवि हैं।

वाचस्पति के संपादन में 'पचहत्तर पार त्रिलोचन' पर केंद्रित अंक में पुराने आलोचक/साहित्यकार अनुपस्थित हैं लेकिन नये रचनाकारों की निगाह से त्रिलोचन को जानने का यह सार्थक प्रयास है। ज्ञानेन्द्रपति, स्वप्निल श्रीवास्तव, मधुरेश की रचनाएँ त्रिलोचन के कवि की संवेदनशीलता को पकड़ने की कोशिश करती हैं। सबसे उल्लेखनीय है-उषा सिंह की 'त्रिलोचन हमारे घर में।' उनके गद्य की ताजगी सम्मोहित करती है। हमारे समय के महत्त्वपूर्ण कवि त्रिलोचन की कविता की विशिष्टता को नये धरातल पर प्रतिष्ठित करने की यह सार्थक कोशिश है।

3. साखी (अक्तूबर-दिसम्बर 92) :

सं. केदारनाथ सिंह, संपर्क-प्रेमचंद साहित्य संस्थान, एम.आई.जी.-137, राप्तीनगर, प्रथम चरण, गोरख पुर (उ.प्र.) -273003, मूल्य-10.00 रुपये

प्रेमचंद साहित्य संस्थान द्वारा प्रकाशित इस त्रैमासिक के संपादकीय में केदारनाथ सिंह ने बिना कोई रूपक बाँधे लिखा है कि 'पिछले कुछ समय से पत्र-पत्रिकाओं की दुनिया में जो एक भयावह खालीपन भर गया है उसे एक गंभीर साहित्यिक प्रयास के द्वारा किसी हद तक कम किया जाये।

...'साखी' का एक प्रमुख उद्देश्य यह होगा कि वह इन सहयोगी प्रयासों के बीच संवाद का एक सार्थक मंच बने और एक ऐसी साहित्यिक आबोहवा निर्मित करने में अपना योगदान दे, जिसमें लेखक और पाठक के बीच की दूरी को यथासंभव कम किया जा सके।'

बहुत सूझबूझ के साथ प्रस्तुत अंक में संकलित रचनाओं में सर्वाधिक उल्लेखनीय है डॉ. नामवर सिंह का लेख 'अंग्रेजी ढंग का नॉवल और भारतीय उपन्यास', जिसमें उन्होंने उपन्यास की अवधारणा पर विचार करते हुए भारतीय उपन्यास को राष्ट्र की अस्मिता एवं आकांक्षाओं से जोड़ा है। 'मुक्त बाजार और साहित्य' पर आयोजित परिचर्चा में पूरनचंद जोशी, नेमिचंद्र जैन, राजेन्द्र यादव, अशोक वाजपेयी, मैनेजर पांडेय ने मुक्त बाजार से उत्पन्न संभावित खतरों की तरफ संकेत किया है। सुभाष मुखोपाध्याय से प्रभा खेतान की एक लंबी एवं अनौपचारिक बातचीत दिलचस्प और तलस्पर्शी है। इस बातचीत से सुभाष मुखोपाध्याय के विचारों में तेजी से हो रहे परिवर्तनों का आभास मिलता है। आक्टोविया पॉज का लेख 'कविता कौन पढ़ता है' विचारोत्तेजक है। सबसे मार्मिक है-'त्त्स्वेतायेवा के पत्र'। इस पत्र के अनुवाद के लिए वरयामसिंह बधाई के पात्र हैं। वाद-विवाद संवाद, 'भारत और यूरोप, प्रतिश्रुति के क्षेत्र' तथा 'सब कुछ होना बचा रहेगा' पुस्तकों की क्रमशः पुरुषोत्ताम अग्रवाल, राजकिशोर तथा परमानंद श्रीवास्तव द्वारा समीक्षाएँ महत्त्वपूर्ण हैं। समकालीन अंग्रेजी कविताओं का अनामिका द्वारा दिया अनुवाद सहज है। कहने की आवश्यकता नहीं, केदारजी ने इस पत्रिका के संपादन से अपने भीतर छिपे, अब तक अदृश्य, अच्छे एवं सजग संपादक की गहरी अंतर्दृष्टि का परिचय दिया है।

4. समास (सितम्बर 1991) :

सं. अशोक वाजपेयी, संपर्क-आई-47, जंगपुरा एक्सटेंशन, नई दिल्ली-110014, एक प्रति का मूल्य रु. 50.00

हिंदी साहित्य में प्रयोग करनेवाले लेखकों के अगुआ अज्ञेय रहे हैं। कविता में कुछ प्रयोग प्रो. नलिन विलोचन शर्मा ने भी किये थे और अब एक लंबे अंतराल के बाद अशोक वाजपेयी भाषा एवं संस्कृति के क्षेत्र में नया कुछ कर रहे हैं। दुहराने की जरूरत नहीं कि साहित्य से संबंधित महत्त्वपूर्ण सवालों को उलझाते हुए जिस तरह 'साहित्य की स्वायत्तता', 'साहित्य का जनतंत्र', एवं 'कविता का जनपद' एक नयी भाषा एवं संस्कृति की चिंता करते हुए, वे अपनी पूरी मंडली के साथ, विकसित करना चाहते हैं, उसका संबंध हिंदी पाठकों से कम ही है। उनका यह सारा उपक्रम हिंदी साहित्य को अपना निजी उपनिवेश बनाने का है।

'पूर्वग्रह' के बंद होने के बाद उनके द्वारा चौथी संपादित पत्रिका 'समास' है जिसका अभी-अभी लोकार्पण कुंवरनारायण ने किया है। 'समास' का एक अर्थ 'अंतर दूर कर विवाद का निबटारा करना' भी है। इसका मतलब यह हुआ कि भोपाल में उठे विवादों का निबटारा अब दिल्ली में होगा। तुलसीदास ने यूँ ही नहीं लिखा था-'कवि सब चरित समास बखाने।' अद्‌भुत संयोग है, अशोक कवि भी हैं। यह दूसरी बात है कि 'समास' में न उनका संकल्प, न दिशा और न ही प्रतिबद्धता स्पष्ट है। सब कुछ चमत्कार की तरह है।

'समास' के प्रवेशांक में संपादकीय का पहला वाक्य 'हिंदी में कुछ करना अंततः निराशा का कर्त्तव्य बन जाता है' कम निराश करनेवाला नहीं है। हिंदी गद्य की जिस भाषा को हमने एक शताब्दी में विकसित किया है -यहां पहुँचकर दम तोड़ रही है।

'समास' के प्रकाशन से अशोक वाजपेयी दृश्यांतर उपस्थित करना चाहते हैं। वे यह भी पूछते हैं-'क्या एक नयी शुरुआत कुछ खुले दिलो दिमाग से हो नहीं सकती ?'

इस अंक में प्रभात त्रिपाठी का लेख राजेन्द्र यादव सहित औरों को भी पसंद आया है। लेकिन मेरे पल्ले सिर्फ पुनश्चः में कही बातें ही आयीं। 'पूर्वग्रह' के शतांक-प्रकाशन के अवसर पर अशोक वाजपेयी ने अपना लेख 'सीढ़ियाँ शुरू हो गयी हैं' तथा नामवर सिंह ने 'साहित्य की मुक्ति और कछुआ धर्म' पढ़ा था। इस पर चर्चा भी हुई थी। 'साहित्य और विचार' पर कुँवर नारायण का बहुत अच्छा लेख है। कुंवरजी के विचारों में गंभीरता होती है और भाव स्पष्ट। विनोद कुमार शुक्ल की कविताएँ आकृष्ट करती हैं। मणि कौल और सत्यजीत राय से संबंधित सामग्री पठनीय है।

पत्रिका के एक अंक की कीमत 50 रुपये 'पहल' की वार्षिक राशि के बराबर है। पत्रिका का कवर पेरिस में सैयद हैदर रजा ने विशेष रूप से तैयार किया है। यदि पत्रिका का नाम 'समास' की जगह 'पूर्वग्रह' रख दिया जाये तो कोई फर्क नहीं पड़ेगा। सभी कुछ वही है।

5. पल-प्रतिपल-20 (सितंबर 1992) :

सं. देश निर्मोही, अतिथि संपा. हेमंत जोशी, देवेन्द्र चौबे, संपर्क-372/- सेक्टर-17, पंचकूला (हरियाणा) मूल्य 20.00 रुपये

भले सार्त्र एवं कामू को हम जानते हों, लेकिन समकालीन फ्रांसीसी साहित्य से हम लगभग

अपरिचित ही हैं। जां काक्तू, जॉ आनुयी, पॉल नेयोतो, ग्राब्रायिल मारसेल, आन्द्रे मोरबा, आरागों, प्रेवेर, ब्रैकेट आदि समकालीन फ्रांसीसी साहित्यकारों की रचनाएं कम ही हिंदी में अनूदित हुई हैं। 'पल-प्रतिपल' ने समकालीन फ्रांसीसी साहित्य पर अपना नया अंक केंद्रित कर परिश्रमपूर्वक हमें इस विदेशी साहित्य संदर्भ से परिचित कराने की सार्थक कोशिश की है।

इस अंक में फ्रांसीसी-साहित्य के भारतीय विशेषज्ञों के गंभीर साक्षात्कार तो हैं ही, खुद फ्रांसीसी रचनाकारों की महत्त्वपूर्ण सामग्री भी है। समकालीन फ्रांसीसी साहित्य पर अभय कुमार का लेख उस साहित्य के सरोकारों से हमें परिचित कराता है। जॉक ब्रेने का आधुनिक फ्रांसीसी उपन्यास पर बहुत अच्छा लेख है इस लेख से आज लिखे जा रहे हिंदी उपन्यासकारों की मानसिकता को भी समझा जा सकता है। आज के फ्रांसीसी कवियों एवं कहानीकारों की अनूदित कहानियाँ भी इस अंक में प्रकाशित हैं। प्रसिद्ध संरचनावादी लूसिए गोल्डमान पर डॉ. मैनेजर पांडेय का एक पूर्वप्रकाशित लेख यहाँ संकलित है। देरिदा पर प्रो. रवींद्रनाथ श्रीवास्तव ने गहराई में विचार किया है। रोलां बार्थ का 'लेखक का अवसान' बहुत विचारोत्तेजक लेख है। उत्तर संरचनावाद को क्यों और कैसे पढ़े। इस संदर्भ में मैनेजर पांडेय की बातचीत विशेष उल्लेखनीय है। बेहद स्पष्टता और व्यवस्थित ढंग से उन्होंने विषय का विवेचन किया है। और अपनी बात को संप्रेषणीय बनाया है। इस अंक में समकालीन फ्रांसीसी साहित्य पर पुनर्विचार करते हुए रोलांस कोसे ने साहित्य से संबंधित कुछ विचारणीय बातें कही हैं। इतनी अच्छी पत्रिका पर इतनी छोटी टिप्पणी-मात्र परिचयात्मक ही हो सकती है-अपनी सीमाओं को देखते हुए।

पुनश्च :

पिछले अंक में नये प्रकाशन के अंतर्गत असावधानीवश कविता संग्रह 'हल्दी-चावल' और अन्य कविताएँ' के कवि के बारे में गलत सूचना चली गई थी। इसके लेखक हैं-दिविक रमेश।

(हंस, नवंबर 1992)

सर्वेक्षण : हिंदी साहित्य : वर्ष 1992

अभी-अभी अतीत हुआ वर्ष, साहित्य में कितना शून्य पीछे छोड़ गया है, हिसाब लगाना मुश्किल है। वर्षारंभ ठीक-ठाक हुआ था। लेकिन मार्च के मध्य में सहसा प्रसिद्ध कथाकार राही मासूम रजा हमसे बिछुड़ गये। 'आधा गाँव' का यथार्थ भी वस्तुतः उसी पूरे गाँव का यथार्थ है। साठोत्तरी पीढ़ी के विद्रोही कवि कुमारेन्द्र पारसनाथ सिंह का असामयिक निधन हिंदी कविता को विपत्र कर गया। एक कवि का 'इतिहास से संवाद' अचानक खत्म हो गया। महत्त्वपूर्ण भाषा वैज्ञानिक डॉ. रवीन्द्रनाथ श्रीवास्तव के निधन ने तो सचमुच हमें स्तब्ध कर दिया। इनके साथ भारतीय सिनेमा के शिखर-पुरुष सत्यजित राय, रमेशबक्षी (लेखक एवं भूतपूर्व संपादक 'ज्ञानोदय' एवं 'आवेश'), ओमप्रकाश निर्मल, ('कल्पना' के संपादक-मंडल के सदस्य), ललित कुमार शर्मा 'ललित' (संपादक 'सनीचर') तथा साँवर दइया (राजस्थानी एवं हिंदी लेखक) के प्रति हम अपनी हार्दिक श्रद्धांजलि निवेदित करते हैं।

गोष्ठी-लोकार्पण (मुख्यतः दिल्ली केंद्रित) :

पिछले वर्ष पुस्तकों -पत्रिकाओं के लोकार्पण समारोह एवं गोष्ठियों की धूम रही। हिंदी अकादमी, दिल्ली की ओर से आयोजित 'मलयज स्मृति संगोष्ठी' इस अर्थ में एक सार्थक गोष्ठी रही कि इसमें पहली बार मलयज की कविता एवं आलोचना-कर्म के विविध पक्षों पर केन्द्रित आलेख अशोक वाजपेयी, विष्णु खरे एवं राजकिशोर द्वारा पढ़े गये। डॉ. नामवर सिंह ने मलयज की डायरी से उनकी आलोचना के अंश उद्धृत करते हुए उन्हें एक महत्त्वपूर्ण संभावनापूर्ण आलोचक बताया।

अपने प्रकाशन के छह वर्ष पूरा करने एवं संस्थापक प्रेमचंद की जयंती के अवसर पर 'हंस' एवं जन-नाट्य मंच के संयुक्त तत्वावधान में 'हिंदी साहित्य' में दलित चेतना-विशेष संदर्भ प्रेमचंद' पर आयोजित गोष्ठी में विषय को भारतीय साहित्य के व्यापक साहित्यिक एवं राजनीतिक संदर्भ में उठाया गया। विषय की प्रस्तावना करते हुए प्रसिद्ध कथाकार एवं 'हंस' संपादक राजेन्द्र यादव ने नारायण सुर्वे के हवाले से एक बहुत अच्छी बात कही कि 'प्रेमचंद से जिस विचार की शुरुआत हुई, उस हिसाब से आज मंच पर होरी को बैठे होना चाहिए था। लेकिन स्थिति यह है कि होरी जहाँ था वहीं है और हम लोग हिंदी में उसे अपने साथ शामिल नहीं कर पा रहे हैं।' परिसंवाद में डॉ. मैनेजर पांडेय, डॉ. जी.पी. देशपांडे, डॉ. नामवर सिंह, मृदुला गर्ग, राजकिशोर, वीरेन्द्र कुमार बरनवाल तथा ओमप्रकाश वाल्मीकि ने भाग लिया।

मराठी के प्रसिद्ध उपन्यासकार भालचंद्र नेमाडे के हिंदी में अनूदित उपन्यास 'कोसला'

पर नेशनल बुक ट्रस्ट की ओर से एक विचारोत्तेजक विचार-गोष्ठी का आयोजन किया गया। इस गोष्ठी में राजधानी के तमाम प्रसिद्ध साहित्यकार तो उपस्थित थे ही, खुद भालचंद्र नेमाडे भी मौजूद थे। रचना और आलोचना की यह प्रक्रिया निश्चित रूप से सृजनात्मकता को धार देनेवाली है।

महानगर कलकत्ता में लघु-पत्रिका 'समकालीन सृजन' (सं. डॉ. शंभुनाथ) द्वारा 'लघु पत्रिकाएँ : नई चुनौतियाँ और दिशाएँ' पर आयोजित दो दिवसीय राष्ट्रीय संगोष्ठी का महत्त्व इस दृष्टि से है कि इसमें लघु-पत्रिकाओं की भूमिका के बारे में जमकर बातें हुईं। ज्ञानरंजन का उद्घाटन भाषण, यद्यपि लिखित था, लेकिन उनकी बातों में कोई अन्विति नहीं थी। उनका गद्य भी उखड़ा-उखड़ा था।

भगवान सिंह के उपन्यास 'अपने-अपने राम' पर जनवादी लेखक संघ द्वारा आयोजित विचार गोष्ठी वक्ताओं के पूर्वग्रहों के कारण विचारोत्तेजक होते हुए भी समर-भूमि में बदल गयी।

दो गोष्ठियाँ कमलाकांत त्रिपाठी के उपन्यास 'पाही घर' पर भी हुईं और वीरेन्द्र जैन का 'डूब' चर्चा में बना रहा। 'आकाश : एक आपबीती' (शरद देवड़ा) एवं अशोक वाजपेयी द्वारा संपादित नई पत्रिका 'समास' का लोकार्पण-समारोह भारी उपस्थिति के बावजूद अंततः उबाऊ ही साबित हुआ। अलबत्ता कुँवर नारायण का वक्तव्य जरूर महत्त्वपूर्ण था।

कवि रामगोपाल शर्मा 'रूद' की स्मृति में 14-15 नवंबर को पटना में नंदकिशोर नवल के व्यक्तिगत प्रयास से 'उत्तर छायावाद काल' श्रृंखला की दूसरी गोष्ठी हुई। जिसमें कवि रामेश्वर शुक्ल अंचल, डॉ. शिवमंगल सिंह सुमन एवं प्रो. निर्मला जैन की सक्रिय उपस्थिति ने गोष्ठी को दिलचस्प बना दिया। विषय की गंभीरता के लिए 'अपसंस्कृति' पर हिंदी अकादमी की गोष्ठी भी याद रखी जाएगी। हिंदी के प्रारंभिक उपन्यास वाली गोष्ठी की तरह 'राष्ट्र और राष्ट्रीयताएं' पर भी 'हिंदी अकादमी' ने महत्त्वपूर्ण परिचर्चा आयोजित की।

रघुवीर सहाय स्मृति पुरस्कार आयोजन ('पल प्रतिपल' द्वारा) को सभा में परिणत कर आज के विषाक्त सांप्रदायिक माहौल में हस्तक्षेप करना ज्यादा जरूरी समझा गया। अशोक वाजपेयी, राजेन्द्र यादव, त्रिलोचन शास्त्री, गिरिधर राठी, प्रयाग शुक्ल ने हाल की सांप्रदायिक घटनाओं पर चिंता व्यक्त करते हुए धर्मनिरपेक्षता की अवधारणा को सुरक्षित एवं मजबूत करने की आवश्यकता पर बल दिया।

पत्रिकाओं के विशेषांक :

हिंदी में अच्छी पत्रिकाओं का क्रमशः बंद होते जाना निश्चय ही चिंताजनक है। इस वर्ष भी नियमित पत्रिकाएँ केवल 'हंस' और 'वर्तमान साहित्य' ही रहीं। 'मधुमती' अपठनीय हो गयी। 'साक्षात्कार' अनियमित। लेकिन कुछ नई पत्रिकाएँ निकली भी हैं। 'पूर्वग्रह' के बंद होने का दुःख-जिस तरह अशोक वाजपेयी के संपादन में अब 'समास' का शानदार प्रकाशन हुआ है-देखते हुए बेमानी ही होगा। कवि केदारनाथ सिंह के संपादन में एक नयी अच्छी पत्रिका 'साखी' का प्रकाशन हुआ है। कुछ पत्रिकाओं का पुनःप्रकाशन भी हुआ-1. पुरुष (सं. विजय कांत), वातायन (सं. हरीश भादानी), परिवेश (सं. मूलचंद गौतम/कुमार संभव)।

इस वर्ष भी साहित्यिक बहसें दैनिक पत्रों के 'रविवारीय' अंकों में ही होती रहीं-विशेष रूप से 'नवभारत टाइम्स' और 'जनसत्ता' में पिछले वर्ष अनेक पत्र-पत्रिकाओं ने विशेषांक निकाले। आश्चर्यजनक रूप से छोटी पत्रिकाएँ मोटी बनती गयीं। 'वर्तमान साहित्य' के कविता-विशेषांक को हम छोड़ भी दें तो लघु-पत्रिकाओं के बृहत् विशेषांक ध्यान खींचते हैं। 'पल प्रतिपल' का समकालीन कहानी एवं फ्रांसीसी साहित्य पर केन्द्रित अंक क्रमशः अच्छी कहानियों एवं विदेशी साहित्य से परिचित कराने के लिए महत्त्वपूर्ण है। 'समकालीन परिभाषा' ने भी समकालीन कहानी एवं स्वर्गीय कथाकार रमाकांत पर केंद्रित अपने विशेषांक निकाले हैं। पाटलिप्रभा, उन्नयन एवं इंद्रप्रस्थ भारती के कविता-विशेषांक भी आए हैं। विजयमोहन सिंह के संपादन में 'इन्द्रप्रस्थ भारती' और गिरिधर राठी के संपादन में 'समकालीन भारतीय साहित्य' के कई पठनीय अंक निकले हैं। 'पहल' का इतिहास विशेषांक विवादास्पद हो सकता है, लेकिन प्रस्तुत अंक में साहित्य एवं इतिहास-दृष्टि में टकराहट नहीं है। छोटी पत्रिकाओं का असली स्वरूप एवं चरित्र जिन पत्रिकाओं से उभरता है, उनमें प्रमुख हैं-कथ्य-रूप (सं. अनिल श्रीवास्तव), अंतर्दृष्टि (सं. विनोददास), निष्कर्ष (सं. गिरीशचंद्र श्रीवास्तव), संभव (सुभाष शर्मा), साम्य (विजय गुप्त), संबोधन (कमर मेवाड़ी), विपक्ष (सं भारत यायावर), दस्तावेज (डॉ. विश्वनाथ प्रसाद तिवारी)।

लेकिन सबसे ध्यानाकर्षक बात है 'आज' का साहित्य विशेषांक और एक व्यावसायिक समाचार-पत्रिका 'इंडिया टुडे' द्वारा पहली बार हिंदी में 'साहित्य वार्षिकी' का प्रकाशन। किसी पत्रिका द्वारा कविता, कहानी उपन्यास-अंश, व्यंग्य, छापना सामान्य है। लेकिन जिस तरह इस पत्रिका ने हिंदी साहित्य की चिंता से जुड़ते हुए 'हिंदी साहित्य : वर्तमान परिदृश्य' पर विचारोत्तेजक एवं दिलचस्प संवाद आयोजित कर एक साथ बहुत सारे सवाल उछाल दिये हैं, उस पर आगे भी बहस होनी चाहिए। विद्यानिवास मिश्र, नामवर सिंह, निर्मल वर्मा, कृष्णा सोबती, राजेन्द्र यादव, अशोक वाजपेयी, गिरिधर राठी, सत्यदेव दुबे, रामगोपाल बजाज, सुरेन्द्र प्रताप सिंह जिस तरह साहित्य के गंभीर सवालों से टकराते हैं, पाठकों को सोचने को बाध्य करता है। हिंदी साहित्य में पाठक की कमी, मीडिया की भयानक दुष्टताएँ, लेखन-प्रक्रिया, विचारधारा, उपन्यास, कहानी, आलोचना, कविता, नाटक सब विधाओं पर यहाँ विचार किया गया है। यह भी कोशिश की गई है कि स्वतंत्रता के बाद लिखे गये महत्त्वपूर्ण हिंदी उपन्यासों को भी रेखांकित किया जाय।

दिल्ली से बाहर कहानी पर सबसे अधिक गोष्ठियाँ हुईं। झाँसी, दतिया, टाटानगर, सतना, हजारी बाग और उज्जैन इनमें प्रमुख हैं। जनवादी लेखक संघ और प्रगतिशील लेखक संघ के महत्त्वपूर्ण सम्मेलन जयपुर और भोपाल में हुए।

चर्चित विधा :

इस वर्ष की चर्चित विधा कविता, कहानी एवं उपन्यास रही।

राजेश जोशी के अतिथि संपादन में प्रकाशित 'वर्तमान साहित्य' के कविता विशेषांक से उम्मीद की गयी थी कि समकालीन कविता में व्याप्त सन्नाटे को यह तोड़ेगी। लेकिन राजेश ने अपने पूर्वाग्रहों के कारण निराश ही किया। 'कविता के लिए कठिन समय' की चिंता करते

हुए परमानंद श्रीवास्तव महसूस करते हैं कि 'जरूरत कविता को बचाने की ही नहीं है, उसमें जरूरी तोड़-फोड़ करके वह नयी ताकत, जीवट या ऊर्जा भरने की है जो कठिनतर दिनों में कविता के काम आती है।' क्या भविष्य की कविता इसी फार्मूले पर लिखी जाएगी ? कहने की आवश्यकता नहीं, कविता का संबंध हमारी अंतश्चेतना-अनुभूति एवं संवेदनशीलता से होता है। इसलिए कविता का संकट खुद कवि का भी संकट होता है। हमें लगता है आज की कविता संप्रेषणीयता के संकट से सबसे ज्यादा ग्रस्त है। कवि जिस नये मुहावरे की तलाश आज कर रहा है, उसे मिल नहीं रहा है। यथार्थ का असली चेहरा इसीलिए सामने उभर नहीं पाता। ताज्जुब नहीं, धूमिल के बाद की पीढ़ी, जिस आक्रामकता के साथ कविता में आज 'प्रोटेस्ट' करना चाहती है, उसे न उपयुक्त भाषा न मुहावरा ही मिला है।

समकालीन कविता से ज्ञान गायब है, संवेदना की प्रधानता है। इसलिए बदले हुए यथार्थ को नये मुहावरे के अभाव में कविता गहराई से संप्रेषित नहीं कर पा रही। लेकिन समकालीन कविता का संसार निराशाजनक नहीं है। जिन कुछ कवियों ने आज की कविता में मनुष्यता को बचाये रखने का आत्मसंघर्ष किया है, उनमें विनोद कुमार शुक्ल प्रमुख हैं। उनकी कविता पंक्ति हैं-'जो मेरे घर कभी नहीं आयेंगे/मैं उनसे मिलने/उनके पास चला जाऊंगा।' यद्यपि इस वर्ष प्रकाशित कविता संग्रहों की संख्या अधिक है। लेकिन आज के इस भयावह समय में भरोसा देनेवाली कविताएँ कम ही हैं। 'पुरुष-16' में सांप्रदायिक दंगे पर लिखी ज्ञानेन्द्र पति की कविताएँ मार्मिक हैं। विष्णु खरे, मंगलेश डबराल, विष्णु नागर, स्वप्निल, देवीप्रसाद मिश्र, निलय उपाध्याय, बोधिसत्त्व, बद्री नारायण, मदन कश्यप, विमल कुमार, एकांत श्रीवास्तव, कुमार अंबुज, संजय चतुर्वेदी की कविताएँ समकालीन कविता के प्रति आश्वस्त करती हैं।

इस वर्ष नये कवियों के कविता संग्रह ही अधिक आये हैं। विनोद कुमार शुक्ल का कविता संग्रह 'सब कुछ होना बचा रहेगा, उल्लेखनीय है। प्रयाग शुक्ल, विष्णु नागर, स्वप्निल, मदन कश्यप एवं विमल कुमार के संग्रह भी पठनीय हैं।

कहानी :

हिंदी कहानी का सबसे बड़ा संकट आज का यथार्थ है। और यह यथार्थ इतना बहुआयामी है कि बार-बार के प्रयत्न के बाद भी कहानी में आ नहीं पाता। आज सबसे ज्यादा कहानियाँ कस्बे या गाँवों में लिखी जा रही हैं। लेकिन इन कहानीकारों के सामने सबसे बड़ी चुनौती बनकर खड़े हैं-पूर्ववर्ती कहानीकार फणीश्वरनाथ रेणु, 'जिनका अतिक्रमण नहीं कर पा रहे हैं नये कहानीकार। जाने हुए यथार्थ को ही और भ्रष्ट भाषा में इधर लिखी कहानियाँ सामने प्रस्तुत कर रही हैं। सोचने की बात यह भी है कि समकालीन कहानी आज सामान्य आदमी से दूर क्यों और किस भाषा के कारण हो रही है ? क्या यथार्थ की जटिलता को संप्रेषित करने के लिए जटिल भाषा जरूरी है ?

इधर संजीव, संजय एवं शिवमूर्ति की कहानियाँ चर्चा में रही हैं। लेकिन इनकी कहानियों में कहानीपन से ज्यादा जोर कहानी का नया सौंदर्य शास्त्र रचने में है। नये कहानीकारों में अरुण प्रकाश, सुरेश कांटक, अखिलेश, हरीचरन प्रकाश, राजकुमार राकेश की कहानियाँ ज्यादा अपील करती हैं जो कहानी को कहानी की शर्त पर उठाते हैं। पिछले वर्ष प्रकाशित कहानियों

में सबसे चर्चित कहानी रही, उदय प्रकाश की लंबी कहानी 'और अंत में प्रार्थना'। आज के यथार्थ की विद्रूपता को शायद इसी शैली में ज्यादा व्यक्त किया जा सकता है। चंद्रकिशोर जायसवाल की दो कहानियाँ-'जंग' ('हंस' में प्रकाशित) तथा 'विदाई कांड' (कथानक में प्रकाशित) निश्चय ही अच्छी कहानियाँ हैं। स्वयंप्रकाश, पंकज बिष्ट, संजीव, मैत्रेयी पुष्पा, जया जादवानी एवं देवेन्द्र की इधर प्रकाशित कहानियाँ भी देखी जा सकती हैं। इस वर्ष प्रकाशित कहानी संग्रहों की संख्या काफी है। उल्लेखनीय हैं सुरक्षा तथा अन्य कहानियाँ (श्रीलाल शुक्ल), माई का शोकगीत (दूधनाथ सिंह), शिकस्त (कामतानाथ), मानपत्र (रमेशचंद्र शाह), दूसरे देशकाल में (राजी सेठ), अनुगूंज (गीतांजलिश्री), घोड़ा-बादल (तेजिन्दर), भैया एक्सप्रेस (अरुण प्रकाश), आसमान कितना नीला (गोविन्द मिश्र)। सबसे महत्त्वपूर्ण है राजेन्द्र यादव द्वारा संपादित 'कहानी दशक' जिसमें उन्होंने एक दुनिया समानांतर को और ऊपर उठाया है।

उपन्यास :

'इंडिया टुडे' द्वारा प्रायोजित संवाद में उपन्यास पर चर्चा करते हुए जब अशोक वाजपेयी ही नहीं, विद्यानिवास मिश्र, नामवर सिंह एवं राजेन्द्र यादव कहते हैं कि उपन्यास विधा को हिंदी लेखक अब तक साध नहीं पाये हैं तो सचमुच चिंता होती है। इस विधा को साधने के लिए नये उपन्यासकारों को क्या विदेश में प्रशिक्षण लेने जाना चाहिए ? विदेशी प्रतिमान से जब तक हम भारतीय साहित्य की तुलना करते रहेंगे-हम इसी तरह के निष्कर्ष पर पहुँचेंगे। आखिर विनोद कुमार शुक्ल के उपन्यास 'नौकर की कमीज' में क्या कमी है ?

इस वर्ष प्रकाशित उपन्यासों की संख्या ही नहीं, गुणवत्ता भी पिछले साल प्रकाशित उपन्यासों की तुलना में अधिक है। प्रसिद्ध लेखक विष्णु प्रभाकर का महत्त्वाकांक्षी उपन्यास-'अर्द्धनारीश्वर' की कथा वस्तु के केन्द्र में है-बलात्कार। वस्तुतः बलात्कार की समस्या का समाजशास्त्रीय अध्ययन है यह उपन्यास। लेकिन उपन्यासकार का निष्कर्ष बहुत स्पष्ट नहीं है। 'आकाश : एक आप बीती' (शरद देवड़ा) एक रोमांटिक आत्मकथात्मक प्रयोग है, जिसका कथा-संसार साहित्यिक-पत्रिका जगत् है। भगवान सिंह की कृति 'अपने अपने राम' पर डॉ. नामवर सिंह ने टिप्पणी की थी 'एक मिथक पर दूसरा मिथक नहीं गढ़ा जा सकता और भाषा की विडंबना पर टिकी ट्रेजेडी को एक षड्यंत्र बना दिया गया है इस उपन्यास -में।' विवादास्पद होने के कारण हिंदी के पाठकों की रुचि इस उपन्यास में जरूर होगी। डॉ. शिवप्रसाद सिंह 'औरत' में ग्रामांचल-कहानी की अपनी पुरानी जमीन-की ओर लौट गये हैं। लेखिकाओं में अपनी विशिष्ट लेखन शैली के लिए चर्चित चंद्रकांता ने अपने नये उपन्यास 'यहाँ वितस्ता बहती है' में राजनाथ कौल के माध्यम से कश्मीरी पृष्ठभूमि में सांस्कृतिक-सामाजिक मूल्यों के बीच चल रही टकराहट को आकर्षक भाषा में चित्रित किया है। मदन मोहन के आदिवासी जीवन पर लिखे गये उपन्यास 'गगन घटा गहरानी' की यहाँ विशेष चर्चा होनी चाहिए।

आलोचना/निबंध :

पिछले वर्ष पत्र-पत्रिकाओं में हिंदी आलोचना की वर्तमान स्थिति के प्रति क्षोभ तो प्रकट किया ही गया, आलोचना से विश्वसनीयता के गायब होने का आरोप भी लगाया गया। आधुनिक

हिंदी कवियों के मूल्यांकन के साथ, कथालोचन को विकसित करने का छिटपुट प्रयास दिखाई पड़ा। रचना और आलोचना के बीच क्रमशः दूरी बढ़ती गयी है। मार्क्सवादी आलोचना आज खुद संकटग्रस्त है।

इस वर्ष के महत्त्वपूर्ण प्रकाशनों में-आचार्य हजारी प्रसाद द्विवेदी के कुछ असंकलित लेखों का संग्रह 'पुनश्च' शमशेर की 'कुछ और गद्य रचनाएँ', अशोक वाजपेयी द्वारा संपादित पुस्तक 'कविता का जनपद' तथा नंदकिशोर नवल के लेखों का संग्रह 'यथा प्रसंग' हैं। विद्यानिवास मिश्र के निबंध संग्रह 'सोहम्' का प्रकाशन भी ध्यान आकृष्ट करता है।

काशीनाथ सिंह के जिन संस्मरणों की धूम रही 1991 में, इस वर्ष उनका संकलन 'याद हो कि न याद हो' नाम से छपा है। पुस्तक रूप में पढ़ने पर ये संस्मरण फिर गुदगुदाते हैं- अपनी ताजगी के कारण। संस्मरण इस वर्ष साहित्य के परिदृश्य से गायब रहा। यात्रा-संस्मरण और डायरी भी। मुद्राराक्षस का व्यंग्य संग्रह जरूर निकला है। इस वर्ष कुछ महत्त्वपूर्ण पत्र-संग्रह निकले हैं। जिनमें 'मित्र-संवाद' एवं 'प्रेमचंद : पत्रसंग्रह' प्रमुख हैं।

'निराला रचनावली', बालकृष्ण शर्मा 'नवीन' गद्य रचनावली तथा सियाराम शरण गुप्त रचनावली का प्रकाशन भी उपयोगी है। शोध की दृष्टि से भी और हिंदी कविता में रुचि रखनेवाले पाठकों के लिए भी।

राजेन्द्र यादव द्वारा 'हंस' में लिखित और पहले के संपादकीय टिप्पणियों का चार खंडों में प्रकाशन रेखांकित करने योग्य है। इसमें विचार के साथ साहित्य और समाज भी है। नाम है 'काँटे की बात'।

कुल मिलाकर 1992 का वर्ष हिंदी साहित्य में सृजनात्मकता की दृष्टि से उर्बर वर्ष रहा। सबसे बड़ी बात लेखक-संगठनों की संकीर्णता दूर हुई है और असहमति के मुद्दे भी कम हुए हैं। बढ़ती हुई सांप्रदायिकता ही प्रायः हर रचना और गोष्ठी का विषय रही। केन्द्रीय साहित्य अकादमी की पुरस्कार नीति पंजाबी पुरस्कार के कारण विवादों के बीच रही और सरकार की संस्कृति-नीति पर निष्कर्षहीन बहसें होती रहीं।

1. वर्ष 1992 के उल्लेखनीय प्रकाशन :

1. उपन्यास :

1. **अर्द्धनारीश्वर-** विष्णु प्रभाकर, शब्दकार, 159, गुरु अंगद नगर(वेस्ट), दिल्ली-110092, मूल्य रु. 150.00
2. **आकाश : एक आपबीती-**शरद देवड़ा, राधाकृष्ण प्रकाशन, 2/38 अंसारी रोड, दरियागंज, नई दिल्ली-110002, मूल्य रु. 150.00
3. **अपने अपने राम-**भगवान सिंह, मानक पब्लिकेशंस प्रा. लि. 3-ए, वीर सावरकर ब्लॉक, मधुबनरोड, शकरपुर, दिल्ली-110092, मूल्य रु. 150.00
4. **औरत-**शिवप्रसाद सिंह, राजपाल एंड संस, कश्मीरी गेट, दिल्ली, मूल्य रु. 90.00

5. **आखिरी दिन**-रमेश चंद्र शाह, वाग्देवी प्रकाशन, सुगन निवास, चन्दन सागर, बीकानेर-334001, मूल्य रु. 60.00
6. **यहाँ वितस्ता बहती है**-चंद्रकांता, नेशनल पब्लिशिंग हाउस, 23 दरियागंज, नई दिल्ली-110002, मूल्य रु. 90.00
7. **अनात्मकथा**-प्रभात त्रिपाठी, वाग्देवी प्रकाशन, बीकानेर, मूल्य रु. 70.00
8. **दीक्षांत**-सूर्यबाला, नेशनल पब्लिशिंग हाउस, नई दिल्ली, मूल्य रु. 45.00
9. **अन्वेषण**-अखिलेश, राधाकृष्ण प्रकाशन, नई दिल्ली, मूल्य रु. 45.00
10. **चौराहे**-प्रेमपाल शर्मा, साहित्य सहकार, ई-10/4, कृष्ण नगर, दिल्ली-110051, मूल्य रु. 50.00
11. **उकाव**-क्षितिज शर्मा, प्रवीण प्रकाशन, 1/1079 ई, महरौली, नई दिल्ली-110030, मूल्य रु. 125.00
12. **श्रम एव जयते**-जयनंदन, भारतीय ज्ञानपीठ, 18, इंस्टीट्यूशनल एरिया, लोधी रोड, नई दिल्ली-110003, मूल्य रु. 50.00
13. **सवालों के बीच**-बनाफर चन्द्र, दिशा प्रकाशन, 138/16, त्रिनगर, दिल्ली-110035, मूल्य रु. 40.00

2. कहानी संग्रह :

1. **सुरक्षा तथा अन्य कहानियाँ**-श्रीलाल शुक्ल, राजकमल प्रकाशन, 1-बी, नेताजी सुभाष मार्ग, नई दिल्ली-110002, मूल्य रु. 50.00
2. **माई का शोकगीत**-दूधनाथ सिंह, राधाकृष्ण प्रकाशन, नई दिल्ली, मूल्य रु. 40.00
3. **शिकस्त**-कामतानाथ, राधाकृष्ण प्रकाशन, नई दिल्ली, मूल्य रु. 60.00
4. नागरिक-हृदयेश, नेशनल पब्लिशिंग हाउस, नई दिल्ली, मूल्य रु. 56.00
5. **मानपत्र**-रमेश चंद्र शाह, वाग्देवी प्रकाशन, बीकानेर, मूल्य रु. 60.00
6. **आसमान कितना नीला**-गोविन्द मिश्र, राधा कृष्ण प्रकाशन, नई दिल्ली, मूल्य रु. 45.00
7. **दूसरे देशकाल में** -राजी सेठ, नेशनल पब्लिशिंग हाउस, नई दिल्ली, मूल्य रु. 50.00
8. **कहानी दशक**-सं. राजेन्द्र यादव, हिंदी अकादमी, दिल्ली, ए-26/27, सनलाइट इंश्योरेंस बिल्डिंग, आसफअली रोड, नई दिल्ली-110002, मूल्य रु. 150.00
9. **जंगल गाथा**-नमिता सिंह, प्र.-वाणी प्रकाशन, 4697/5,21-ए, दरियागंज, नई दिल्ली-110002, मूल्य रु. 60.00
10. **घोड़ा-बादल**-तेजिन्दर, परिमल प्रकाशन, 17 एम. आई. जी. बाघम्बरी आवास योजना, अल्लापुर, इलाहाबाद-211006, मूल्य रु. 50.00

11. **जगदंबा बाबू गाँव आ रहे हैं**-चित्रा मुद्‌गल, नेशनल पब्लिशिंग हाउस, नई दिल्ली, मूल्य रु. 55.00
12. **गृह प्रवेश**-सूर्यबाला, ग्रंथ अकादमी, 1686, पुराना दरियागंज, नई दिल्ली-110002, मूल्य रु. 60.00
13. **भैया एक्सप्रेस**-अरुण प्रकाश, आयाम प्रकाशन, 1/11873 दिल्ली-110032, मूल्य रु. 50.00
14. **शेष : अशेष**-चंद्रभान भारद्वाज, अनामिका प्रकाशन, 185, नया बैरहना, दिल्ली-110032, मूल्य रु. 50.00
15. **कंचन मृग**-शालिग्राम शुक्ल, तक्षशिला प्रकाशन, 23/4762, अंसारी रोड, दरियागंज, नई दिल्ली-110002, मूल्य रु. 75.00
16. **अपना-अपना कुरुक्षेत्र**-शैलेन्द्र श्रीवास्तव, जनभारती, ए-128 ए, लाजपत नगर, साहिबाबाद-201005, मूल्य रु. 70.00
17. **करम जरुआ**-धनेश दत्त पांडेय, तूलिका प्रकाशन, 20/11, वार्ड नं-1, नई दिल्ली-110030, मूल्य रु. 50.00
18. **अनुगूंज**-गीतांजलिश्री, राजकमल प्रकाशन, नई दिल्ली-110002

3. कविता संग्रह :

1. **सब कुछ होना बचा रहेगा**-विनोद कुमार शुक्ल, राजकमल प्रकाशन, नई दिल्ली-110002, मूल्य रु. 65.00
2. **बहुरि अकेला** (कुमार गंधर्व के लिए विदागीत)-अशोक वाजपेयी, संस्कृति प्रतिष्ठान, नई दिल्ली
3. **लाल पंखोंवाली चिड़िया**-शील-राधाकृष्ण प्रकाशन, नई दिल्ली, मूल्य रु. 65.00
4. **आग कुछ नहीं बोलती**-रामदरश मिश्र, इंद्रप्रस्थ प्रकाशन, के-71, कृष्ण नगर, दिल्ली-110051, मूल्य रु. 40.00
5. **बीते कितने बरस**-प्रयाग शुक्ल, वाणी प्रकाशन, नई दिल्ली, मूल्य रु. 40.00
6. **बच्चे, पिता और माँ**-विष्णु नागर, अपूर्व प्रकाशन, ए-34, न.भा.टा.अपार्टमेंट्स, मयूर विहार, फेज-1, नई दिल्ली-110091, मूल्य रु. 50.00
7. **जख्मों के कई नाम**-सुदीप बनर्जी, राधाकृष्ण प्रकाशन, नई दिल्ली, मूल्य रु. 60.00
8. **ताख पर दियासलाई**-स्वप्निल श्रीवास्तव, संभावना प्रकाशन, रेवती कुंज, हापुड़-201021, मूल्य रु. 60.00
9. **हल्दी, चावल और अन्य कविताएँ**-दिविक रमेश, प्र-पराग प्रकाशन, 3/114 कर्ण गली, विश्वास नगर, शाहदरा, दिल्ली-110032, मूल्य रु. 60.00
10. **कविता दशक**-संपादक केदार नाथ सिंह, हिंदी अकादमी, दिल्ली, मूल्य रु. 75.00
11. **सच मैंने बनाये नहीं**-विनोद कुमार श्रीवास्तब, संभावना प्रकाशन, हापुड़

12. **सन्नाटे में दूर तक**-अमृता भारती, भारतीय ज्ञानपीठ, नई दिल्ली, मूल्य रु. 100.00

13. **लेकिन पृथ्वी उदास है**-मदन कश्यप, आधार प्रकाशन, 372, सेक्टर-17, पंचकुला(हरियाणा), मूल्य रु. 40.00

14. **सपने में एक औरत से बातचीत**-विमल कुमार, आधार प्रकाशन, पंचकूला, मूल्य रु. 40.00

15. **किसी भी समय**-अग्निशेखर, संभावना प्रकाशन, हापुड़, मूल्य रु. 80.00

16. **किवाड़**-कुमार अंबुज, आधार प्रकाशन, पंचकूला, मूल्य रु. 40.00

17. **अपनी ही तरह का आदमी**-प्रमोद कौंसवाल, प्र.- वही, मूल्य रु. 40.00

18. **नंगे पाँव का रास्ता**-नरेन्द्र पुण्डरीक, परिमल प्रकाशन, इलाहाबाद, मूल्य रु. 60.00

19. **पके धान की गंध**-सुरेन्द्र स्निग्ध, साहित्य संसद, 27, जिया सराय, नई दिल्ली-110016, मूल्य रु. 40.00

20. **चिनिया**-रमेश सक्सेना, पिकासो, जी. एल.-64, अंसल भवन, कस्तूरबा गांधी मार्ग, नई दिल्ली-110001, मूल्य रु. 60.00

21. **बर्फ पर नंगे पाँव**-महाराज कृष्ण संतोषी, पल्लवी प्रकाशन, ए-35, निर्माण विहार, दिल्ली-110092, मूल्य रु. 50.00

22. **कुछ शब्द जैसे मेज**-संजीव मिश्र, वाग्देवी प्रकाशन, बीकानेर, मूल्य रु. 70.00

4. निबंध/आलोचना :

1. **पुनश्च**-हजारी प्रसाद द्विवेदी, किताब घर, 24, अंसारी रोड, नई दिल्ली-110002, मूल्य रु. 40.00

2. **कुछ और गद्य रचनाएँ**-शमशेर बहादुर सिंह, राधाकृष्ण प्रकाशन, नई दिल्ली, मूल्य रु. 125.00

3. **भाषाई अस्मिता और हिंदी**-डॉ. रवीन्द्रनाथ श्रीवास्तव, वाणी प्रकाशन, नई दिल्ली, मूल्य रु. 125.00

4. **सोहम्**-विद्यानिवास मिश्र-वाणी प्रकाशन, नई दिल्ली, मूल्य रु. 75.00

5. **कविता का जनपद**-सं. अशोक वाजपेयी, प्र.-राधाकृष्ण प्रकाशन, नई दिल्ली, मूल्य रु. 175.00

6. **यथा प्रसंग**-नंदकिशोर नवल, किताब घर, नई दिल्ली, मूल्य रु. 75.00

7. **आंचलिकता यथार्थवाद और फणीश्वरनाथ रेणु**-सुवास कुमार, साहित्य सहकार, कृष्ण नगर, दिल्ली

5. संस्मरण, डायरी, पत्र :

1. **याद हो कि न याद हो**-काशीनाथ सिंह, राजकमल प्रकाशन, नई दिल्ली, मूल्य रु. 75.00

2. **मित्र-संवाद**(डॉ. रामविलास शर्मा एवं केदारनाथ अग्रवाल के पत्र) सं. डॉ.

रामविलास शर्मा एवं अशोक त्रिपाठी, परिमल प्रकाशन, इलाहाबाद, मूल्य रु. 300.00

3. **प्रेमचंद : पत्र-संग्रह**-सं.मंगलमूर्ति, परिमल प्रकाशन, इलाहाबाद, मूल्य रु. 100.00

6. नाटक एवं व्यंग्य :

1. **गुलाम बादशाह** (नाटक) नंद किशोर आचार्य, वाग्देवी प्रकाशन, बीकानेर, मूल्य रु. 75.00
2. **मथुरा दास की डायरी** (व्यंग्य) -मुद्राराक्षस, जगतराम एण्ड संस, मेन बाजार, गांधी नगर, दिल्ली-110031, मूल्य रु. 50.00
3. **चंपाकली**-रवीन्द्रनाथ त्यागी, किताब घर, नई दिल्ली, मूल्य रु. 65.00
4. **सच के बहाने**-प्रदीप पंत, सामयिक प्रकाशन, 3543, जटवाड़ा दरियागंज, नई दिल्ली-110002, मूल्य रु. 50.00
5. **काँटों की खुशबू**-गोपाल कृष्ण कौल, सुनील साहित्य सदन, ए-101, उत्तरी घोंडा, दिल्ली-110053, मूल्य रु. 35.00
6. **तिरछी नजर**-जगत सिंह बिष्ट, अमन प्रकाशन, 1041, अर्बन एस्टेट-II, हिसार-125005, मूल्य रु. 50.00
7. **तलाश कालिदास वाले पेड़ की**-शिवनारायण सिंह सुयोगी, पारुल प्रकाशन, 889/58, त्रिनगर, दिल्ली-35, मूल्य रु. 40.00
8. **पागलखाना** (नाटक)-अशोक कुमार अंचल, अमन प्रकाशन, 1/20, महरौली, नई दिल्ली-110030, मूल्य रु. 50.00

7. रचनावली/ग्रंथावली :

1. **निराला रचनावली** (आठ खंड)-सं. नंदकिशोर नवल, राजकमल प्रकाशन, नई दिल्ली, मूल्य-पेपर बैक रु. 480.00, साजिल्द-रु. 2000.00
2. **सियाराम शरण गुप्त रचनावली** (पाँच खण्ड) सं. ललित शुक्ल, किताब घर, नई दिल्ली, मूल्य रु. 1000.00
3. **बाल कृष्ण शर्मा 'नवीन' गद्य रचनावली** (पाँच खण्ड)-सं. लक्ष्मी नारायण दुबे, साहित्यवाणी, 28, पुराना अल्लापुर, इलाहाबाद-211006, मूल्य रु. 600.00

8. अनुवाद :

1. **कोसला** (उपन्यास)-भालचंद्र नेमाडे, मराठी से अनुवाद-भगवान दास वर्मा, नेशनल बुक ट्रस्ट इंडिया, ए-4, ग्रीनपार्क, नई दिल्ली-110016, मूल्य रु. 48.00
2. **सफेद घोड़ा** (चेक उपन्यास), जॉन कोजाक, अनु. राजेन्द्र अवस्थी, हिमाचल पुस्तक भंडार, सरस्वती भंडार, गांधी नगर, दिल्ली-110031, मूल्य

रु. 35.00

3. **ख्वाबरौ** (उपन्यास)-जोगेंद्र पॉल-उर्दू से अनुवाद-कृष्णापॉल, राजकमल प्रकाशन, नई दिल्ली, मूल्य रु. 45.00
4. **अग्निगर्भ**-(कविता) सुभाष मुखोपाध्याय, बंगला से अनु. रणजीत साहा, भारतीय ज्ञानपीठ, नई दिल्ली, मूल्य रु. 115.00
5. **उत्तर मार्ग** (उपन्यास)-प्रतिभा राय, भारतीय ज्ञानपीठ, मूल्य रु. 100.00
6. **अब चिट्ठी कभी नहीं आएगी** (पंजाबी कहानी)-कर्त्तार सिंह दुग्गल, भारतीय ज्ञानपीठ, मूल्य रु. 80.00
7. **रथचक्र** (उपन्यास)-श्री ना. पेण्डसे, भारतीय ज्ञानपीठ, मूल्य रु. 66.00
8. **सप्तर्षि शंख** (उपन्यास)-मुहम्मद, भारतीय ज्ञानपीठ, मूल्य रु. 60.00
9. **लावा** (कहानी) ह.मो.मराठे, भारतीय ज्ञानपीठ, मूल्य रु. 80.00

9. इतिहास-दर्शन : संस्कृति

1. **शूद्रों का प्राचीन इतिहास**-डॉ. रामशरण शर्मा, राजकमल प्रकाशन, मूल्य रु. 175.00
2. **आधुनिक भारत**-सुमित सरकार-प्रकाशक, वही, मूल्य रु. 250.00
3. **इतिहास** (प्रवेशांक)-सं. डॉ. विवेकानंद झा, प्र. वही, मूल्य रु. 50.00
4. **स्वाधीनता संग्राम : बदलते परिप्रेक्ष्य**-डॉ. रामविलास शर्मा, हिंदी माध्यम कार्यान्वयन निदेशालय (दि.वि.), ई. एफ./6, माडल टाउन, दिल्ली-110009, मूल्य रु. 35.00
5. **भारतीय इतिहास और ऐतिहासिक भौतिकवाद**- डॉ. रामविलास शर्मा, प्रकाशक वही, मूल्य रु. 45.00
6. **दर्शन शास्त्र के स्रोत**-देवी प्रसाद चट्टोपाध्याय, राजकमल प्रकाशन, मूल्य रु. 90.00
7. **यूरोप में दर्शन शास्त्र-बेकन से मार्क्स** तक-सतीनाथ चक्रवर्ती, अनुवाद-सुशीला डोभाल, प्रकाशन वही, मूल्य रु. 50.00
8. **दर्शन शास्त्र और भविष्य**-देवीप्रसाद चट्टोपध्याय, अनु. पंकज, वही, मूल्य रु. 90.00
9. **बंजारा जाति** : समाज और संस्कृति-यशवंत जाधव, वाणी प्रकाशन, मूल्य रु. 45.00
10. **राजनीति का अपराधीकरण**-विकास कुमार झा, सृष्टि प्रकाशन, पटना, आधारशिला कमर्शियल कॉम्प्लेक्स

10. विविध :

1. **डॉ. अम्बेडकर : चिंतन और विचार**–राजेन्द्र मोहन भटनागर, जगतराम एंड संस, मूल्य 75.00

2. **स्त्री पुरुष** : कुछ पुनर्विचार-ले. राजकिशोर प्र. वाणी प्र मूल्य रु. 75.00
3. **काँटे की बात-न लिखने का कारण**–ले. राजेन्द्र यादव, अक्षर प्रकाशन प्रा. लि., 2/36, अंसारी रोड, दरियागंज, नई दिल्ली-110002, मूल्य रु. 25.00
4. **अनपढ़ बनाए रखने की साजिश**-ले. राजेन्द्र यादव, प्रकाशक, मूल्य वही
5. **गुलामी का आतंक और स्वतंत्रता के खतरे**-ले. राजेन्द्र यादव, प्र., मूल्य वही
6. **आगे रास्ता बंद है**-ले. राजेन्द्र यादव, प्र. एवं मूल्य, वही
7. **धर्मवीर भारती**-सं. प्रभाकर श्रोत्रिय, आयाम प्रकाशन, दिल्ली, मूल्य रु. 125.00

संभव है, इस आकलन में कुछ महत्त्वपूर्ण पुस्तकें छूट गयी हों। कृपया पाठक सूचित करें ताकि 1992 में प्रकाशित पुस्तकों की सूची संतुलित हो सके।

(हंस, जनवरी 1993)

लघु-पत्रिका-आन्दोलन के 30-35 वर्षों के इतिहास में लघु-पत्रिकाओं पर केंद्रित इतना बड़ा आयोजन शायद अब तक नहीं हुआ है। साहित्य और सामाजिक आलोचना की पत्रिका 'समकालीन सृजन' संपादक (डॉ. शंभुनाथ) की ओर से 29-30 अगस्त, 1992 को कलकत्ता महानगर में 'लघु-पत्रिकाएँ : नई चुनौतियाँ और दिशाएँ' पर आयोजित दो-दिवसीय राष्ट्रीय संगोष्ठी का इसलिए विशेष महत्त्व है कि इसमें व्यापक स्तर पर देश के विभिन्न हिस्सों से प्रकाशित लघु पत्रिकाओं के संपादक इकट्ठे हुए और एक सार्थक विचार-विर्मश हुआ। संगोष्ठी की गंभीरता का अंदाजा इस बात से भी लगाया जा सकता है कि इसमें ज्ञानरंजन, काशीनाथ सिंह, परमानंद श्रीवास्तव, कल्याणमल लोढ़ा, विजेन्द्र नारायण सिंह, इसराइल, संजीव, सृंजय, अरुण कमल, मूलचंद गौतम, कुमार संभव आदि शामिल थे। इस संगोष्ठी के विभिन्न सत्रों में विचार का विषय था-'लघु-पत्रिकाओं की परंपरा और साहित्य की महत्ता', 'लघु-पत्रिकाओं के समक्ष प्रधान चुनौतियाँ और कठिनाइयाँ' तथा 'लघु पत्रिकाएँ : सामाजिक सरोकार और विचारधारा।' राजनीतिक पार्टियों के सम्मेलन की तरह भले इस संगोष्ठी में सर्वसम्मति से कोई सामूहिक प्रस्ताव पारित नहीं हुए हों। वैसे भी साहित्य से जुड़े सवालों को लेकर कोई प्रस्ताव कभी पारित हो भी नहीं सकता। लेकिन लघु-पत्रिका आंदोलन के विभिन्न पक्षों पर खुलकर हुए संवाद से एक साहित्यिक एवं वैचारिक उत्तेजना तो जरूर फैली है जिसकी अनुगूंज लघुपत्रिकाओं के इधर प्रकाशित अंकों में सुनी जा सकती है। जैसा कि अपनी गोष्ठी रपट में साधना सिंह एवं सुधा सिंह ने संकेत किया है-'संभव है यह प्रक्रिया एक वृहत्तर सांस्कृतिक आंदोलन की एक नई राह बने।'

लघु-पत्रिका-आंदोलन आज जिस मुकाम पर पहुँचा है, उसके पीछे संघर्ष का एक लंबा सिलसिला है। 'ज्ञानोदय' के अपने संपादन काल से मुक्त होने के बाद स्व. रमेश बक्षी ने 1968 में 'आवेश' निकाला था। लघु-पत्रिकाओं की पहली प्रदर्शनी भी दिल्ली में संभवतः 1969-1970 में उन्होंने हो आयोजित की थी। यही नहीं पटना से प्रकाशित एक लघुपत्रिका 'सिर्फ' (संपादक नंदकिशोर नवल) ने 1970 में युवा लेखकों का एक वृहत् सम्मेलन आयोजित किया था, जिसमें लघु-पत्रिकाओं से उभरनेवाले लेखक, कवि ही नहीं, आज के अधिकांश प्रतिष्ठित साहित्यकार युवा तेवर के साथ शामिल थे।

1. पत्रिकाएँ : व्यावसायिक / लघु-पत्रिकाएँ :

1. इंडिया टुडे (साहित्य वार्षिकी : वर्ष 1992-93) : अरुण पुरी, संपर्क-एफ-14, कनाट प्लेस, मिडल सर्किल, नयी दिल्ली-110001, मूल्य 20.00 रुपये

वर्षों पूर्व लोकप्रिय अंग्रेजी पाक्षिक 'इंडिया टुडे' ने अपनी पत्रिका का हिंदी संस्करण निकालकर हिंदी पाठकों में एक आकर्षण एवं रुचि पैदा की थी। इस पत्रिका के पृष्ठों पर

जब-तब हिंदी कहानियाँ एवं पुस्तक-समीक्षाएँ प्रकाशित होती रही हैं। लेकिन इस पत्रिका ने हिंदी साहित्य को कभी गंभीरता से नहीं लिया था। संपादकीय में इसकी स्वीकारोक्ति है-'यह पहला मौका है कि हम मुख्यतः हिंदी साहित्य पर आधारित बिल्कुल अलग अंक प्रस्तुत कर रहे हैं' लेकिन एक समाचारपत्र को इस तरह के आयोजन की जरूरत क्यों पड़ी ? बहरहाल, अरुण पुरी ने इस सवाल का जवाब देते हुए लिखा है-'हमनें महसूस किया कि हिंदी साहित्य में इधर कुछ वर्षों से एक गतिरोध एवं सन्नाटे की-सी स्थिति दिख रही है। ऐसा क्यों है, इस सवाल और इससे जुड़े कई और सवालों के जवाब पाने के लिए हमने चोटी के साहित्यकारों और आलोचकों की एक गोष्ठी (संवाद) आयोजित की।' कहने की जरूरत नहीं साहित्य के इस कल्पित सन्नाटे को तोड़ने की ऐसी एक कोशिश बहुत पहले एक बार 'साप्ताहिक हिंदुस्तान' ने भी की थी। पाठकों को याद होगा। शीर्षक था, 'साहित्य में सन्नाटा'।

'हिंदी-साहित्य : वर्तमान परिदृश्य' पर आयोजित यह संवाद और महत्त्वपूर्ण एवं विचारोत्तेजक हो सकता था। यदि संवादियों के फँसे हुए गले से लड़खड़ाती आवाज नहीं निकलती। अशोक वाजपेयी जिस तरह संवाद का आरंभ करते हैं, उससे लगता है, वे हिंदी पाठकों की समृद्ध परंपरा से अपरिचित हैं। एक साथ वे अंतर्विरोधी बात कहते हैं। उन्हें एक तरफ हिंदी भाषी समाज में पाठक की कमी महसूस होती है और दूसरी तरफ रुचि का विस्तार भी नजर आता है। इससे तो अच्छा विद्यानिवास मिश्र हैं। राजेन्द्र यादव ने विषय की गंभीरता को ठीक से पकड़ा है-'पाठक गायब नहीं हुए हैं। सिर्फ उसको हम एक सूत्र में नहीं बांध पा रहे हैं।' नामवर सिंह ने इस स्थिति का और खुलासा किया है-'दुःखद स्थिति यह है। कि हिंदी भाषी क्षेत्र में अपढ़ उतने खतरनाक नहीं है जितने कि कुपढ़ और इनकी संख्या बढ़ती जा रही है, जिनको कि हम कभी-कभी सामान्य पाठक समझ लेते हैं।' कहने की जरूरत नहीं मीडिया की भयानक दुष्टताओं पर ठीक इशारा किया गया है। साहित्य में लोकप्रियता का सवाल ही नहीं, उसका स्वरूप भी जटिल होता है। इसीलिए नामवर सिंह के अनुसार 'रामचरित मानस' की लोकप्रियता और गुलशन नंदा की लोकपियता में बुनियादी अंतर है।

लेखन प्रक्रिया का संबंध रचनाकार के भीतर और बाहर के द्वंद से जुड़ा होता हैं। यदि कृष्णा सोबती महसूस करती हैं कि 'हमारे लेखक अपने एकांत से दूर चले गये हैं तो इस चिंता में आंशिक सच्चाई ही है। दूसरी तरफ निर्मल वर्मा को लगता है कि हमारे उपन्यास उस आध्यात्मिक भूमि को उपेक्षित कर दिया गया है जो उर्वरा है और जिसमें ईश्वर, आत्मा, मनुष्य, प्रकृति के संबंध अपने ही रूप में एक नया संबंध प्राप्त करते हैं। लेकिन ऐसा क्या हो रहा है-इस बीच आज की हकीकत में इतना बड़ा विखंडन हुआ है और आज की वास्तविकता इतनी अलग-अलग टुकड़ों में दिखाई पड़ती है कि सबको जोड़कर एक मुकम्मिल तस्वीर बनाना मुश्किल होता है। 'विचारधारा' में 'विचार' कम था और 'धारा' ज्यादा। आत्ममुग्धता के साथ अपने इस अलौकिक वाक्य को दिव्यसूत्र की तरह अशोक वाजपेयी दुहराते हैं।

हिंदी उपन्यास लेखन के सौ वर्षों बाद भी यदि यह बात आज जोर से कही जा रही है कि हिंदी में उपन्यास विधा को अब तक साधा नहीं जा सका तो यह दुःखद स्थिति है।

हैरानी तब होती है जब घोषणा इसके बाद कहानीकार, आलोचक धड़ाधड़ अपनी पसंद के उपन्यासों के नाम गिनाते चले जाते हैं। इस बहस से जो बात उभरकर आती है वह यह है कि प्रेमचंद के 'गोदान' के बाद हिंदी में अब तक सिर्फ तीन-चार महत्त्वपूर्ण उपन्यास आये हैं-मैला आंचल, बाणभट्ट की आत्मकथा, राग दरबारी, नदी के द्वीप और नौकर की कमीज। कहानी में संभावना की तलाश सिर्फ राजेंद्र यादव कर रहे हैं तो कविता के अखबारीपन से ग्रस्त होने का रोना अशोक वाजपेयी रो रहे हैं।

क्या आज की आलोचना सिर्फ बनाने-बिगाड़ने का खेल मात्र है ? अशोक वाजपेयी महसूस करते हैं-'हिंदी की प्रगतिशील आलोचना में रामविलास जी ने पिछले 20-25 सालों में जो कुछ किया, उसका कोई प्रभाव नहीं है। अधिक प्रभाव नामवरजी जो करते हैं या नहीं करते हैं, उसका है।' अशोक वाजपेयी की इस नाटकीय भंगिमा की तारीफ की ही जानी चाहिए। उनकी नजर बस रमेशचंद्र शाह पर केंद्रित है। नाटक को लेकर भी चिंता प्रकट की गयी है। रामगोपाल बजाज एवं सत्यदेव दुबे ने भी समकालीन रंगमंच की स्थिति पर असंतोष व्यक्त किया है। इस संवाद में सुरेंद्र प्रताप सिंह एवं शेखर गुप्ता का हस्तक्षेप महत्त्वपूर्ण है। गिरधर राठी ने संवाद को सही दिशा में ले जाने का भरसक प्रयत्न किया है। लेकिन मुझे लगता है, यह संवाद हिंदी साहित्य के वर्तमान परिदृश्य पर कम लेखकों, आलोचकों के अपने पूर्वाग्रहों पर ज्यादा केंद्रित है। कविता और आलोचना पर नामवरजी की चुप्पी खटकती है। फिर भी यह उपक्रम प्रशंसनीय है-कुछ सीमाओं के बावजूद।

इस अंक में विष्णु प्रभाकर एवं कृष्णा सोबती के आगामी उपन्यासों के कुछ अंश प्रकाशित हैं। इस बीच विष्णु प्रभाकर का नया उपन्यास 'अर्द्धनारीश्वर' मैंने पढ़ा है। इस उपन्यास में बलात्कार की समस्या को व्यापक सामाजिक-संदर्भ के बीच उन्होंने गंभीरतापूर्वक उठाया है। बलात्कार से पीड़ित महिला की मानसिकता को, गहराई में उतरकर उन्होंने उभारा है। क्या आज नारी सिर्फ पुरुष बल के आकर्षण से मुक्ति चाहती है या पुरुष की उस कुत्सित मानसिकता से भी, जिसने नारी को मात्र भोग्या बना दिया है ?

निर्मल वर्मा की कहानियों का परिवेश प्रायः विदेशी होता है, लेकिन उनके पात्रों की मानसिकता की जड़ें कहीं अपने देश, गाँव, संस्कार एवं परंपरा से भी जुड़ी होती हैं। 'किसी अलग रोशनी में' में भी बार है, बियर का दौर है, लेकिन जिस तरह इस कहानी में बार के वेटर कोस्ता की मानसिकता में प्रवेश कर निर्मलजी एक साथ जिप्सी लड़के एवं इंडियन लड़की के अंतर्द्वंद्व को सामने लाते हैं, भीतर तक संवेदित करता है। 'समागम' मृदुला गर्ग की अच्छी कहानी है। 'जीना तो पड़ेगा' में अब्दुल बिस्मिल्लाह ने गुड्डन मियाँ के सांप्रदायिक सोच का पर्दाफाश किया है। 'उस गोलार्ध में' बसे भास्कर जैसे रहस्यमयपात्र के अहं को पंकज बिष्ट ने ध्वस्त किया है। अन्य अच्छी कहानियाँ हैं -'सत्य कथा (हृदयेश), मक्तल (जयनंदन) एवं प्रत्याशा (गिरिराज किशोर)।

'समय और सत्य' शीर्षक कविता खंड में तमाम समकालीन कवि हैं- केदारनाथ सिंह को छोड़कर। इन कविताओं की दुनिया में समाज, प्रकृति, प्रेम, चाचा, हत्यारा, न्याय और खंडहर हैं। यात्रा-वृत्तांत एवं व्यंग्य के अलावा इस अंक में फिल्म अभिनेता अशोक कुमार

की दास्तान भी है। अंक की प्रस्तुति, साज-सज्जा आकर्षक है। हरिपाल त्यागी, मनु पारेख एवं सुवाचन यादव के रेखांकन अर्थ-गांभीर्य लिये हुए हैं। निश्चय ही 'इंडिया टुडे' का यह प्रयास सराहनीय है। लेकिन भविष्य में रचना के साथ आलोचना खंड भी होना चाहिए। वर्ष की श्रेष्ठ पुस्तकों की समीक्षाएं तथा समकालीन पत्र-पत्रिकाओं की चर्चा भी, ताकि सचमुच यह 'साहित्य वार्षिकी' एक जीवंत दस्तावेज बन सके।

2. आज (पूजा वार्षिकांक-1992) :

सं. शार्दूल विक्रम गुप्त, संपादन-सहयोग-सियाराम यादव, संपर्क : 'आज' भवन, संत कबीर मार्ग, वाराणसी, मूल्य-रु. 20.00

बनारस, पटना एवं अन्य कई शहरों से निकलनेवाले दैनिक समाचार-पत्र 'आज' ने भी पहली बार अपना 'पूजा वार्षिकांक' हिंदी साहित्य पर निकाला है। 232 पृष्ठों के इस भारी-भरकम विशेषांक में साहित्य की तमाम विधाओं से संबद्ध सामग्री है। डॉक्टर बच्चन सिंह का लेख 'आज का हिंदी साहित्य : जड़ों की ओर लौटने की जरूरत' वैचारिक अस्पष्टता के कारण एक दुर्बोध लेख है। बिना इस बात का उल्लेख किये कि हिंदी साहित्य का क्या परिदृश्य है, जड़ों की ओर लौटने की जरूरत एक अमूर्त मुहावरा बनकर रह जाता है। इस अंक की अधिकांश कहानियाँ कमजोर हैं। लगता है, हिंदी कहानी पर आज व्यावसायिकता का दबाव ज्यादा है। ये कहानियाँ मन पर कोई गहरा प्रभाव नहीं छोड़तीं। कविताओं की स्थिति भी कहानी से बेहतर नहीं है। इस अंक में केदारनाथ सिंह की एक अच्छी कविता 'एक छोटा-सा अनुरोध' सचमुच अपनी जड़ों की ओर लौटती कविता है। अन्य कवियों में चंद्रकांत देवताले, कुमार अम्बुज एवं अर्चना वर्मा की कविताएँ पढ़ी जा सकती है। प्रभा खेतान की लंबी कहानी 'एड्स' जरूर अच्छी कहानी है। अपनी कहानियों के वातावरण के निर्माण में तो वे सहज होती ही हैं। एक विश्वसनीय कहानी-स्थिति भी पाठकों को आकर्षित करती है। फणीश्वरनाथ रेणु से संबंधित संस्मरण पठनीय है। 'मैला आँचल' के कुछ पत्रों का रहस्योद्घाटन भी इस संस्मरण में है। इस विशेषांक में संकलित रचनाओं में विविधता है लेकिन रचनाओं के चयन में उदारता भी साफ नजर आती है।

3. परिवेश-12, (अगस्त 1992) :

सं. कुमार संभव : मूलचंद गौतम, संपर्क-शक्ति नगर, चंदौसी, मुरादाबाद (उ.प्र.)- 202412, मूल्य 10.00 रुपये

पिछले अंक की तुलना में पत्रिका के प्रस्तुत अंक में अधिक रचनात्मक संतुलन है और विविधता भी। राही मासूम रजापर केंद्रित कुँवरपाल सिंह के आत्मीय संस्मरण का एक महत्त्वपूर्ण पक्ष 'आधा गाँव' की रचना-प्रक्रिया से संबंधित है जो उपन्यास के अदृश्य पक्षों से हमारा परिचय कराता है। 'ईरान में भौतिकवादी चिंतन के भारतीय स्रोत, पर डॉ. रामविलास शर्मा का एक महत्त्वपूर्ण लेख प्रकाशित है। मधुरेश के नाम लिखे उपेन्द्रनाथ अश्क के कुछ रोचक पत्र एवं हृदयेश की डायरी के कुछ दिलचस्प अंशों में जरूर पाठकों की दिलचस्पी होगी। माधुरी सिंह ने गीतकार माहेश्वर तिवारी से खुलकर बातचीत की है। इधर के युवा कवियों में अष्टभुजा शुक्ल ने तेजी से अपनी ओर आलोचकों का ध्यान खींचा है। 'सूरज का फूल बन गई है

पृथ्वी' शीर्षक के अंतर्गत उनकी सात कविताएँ उनके आत्मवक्तव्य के साथ प्रकाशित हैं इस अंक में वीरेन डंगवाल, स्वप्निल श्रीवास्तव, कुमार अंबुज एवं नरेंद्र पुंडरीक की अच्छी कविताएँ हैं और डंगवाल की कविताओं पर मूलचंद गौतम का लेख एवं स्वप्निल के कविता संग्रह 'ताख पर दियासलाई' पर त्रिनेत्र की समीक्षा है। 'परिवेश' अपने बीते दिनों की ओर लौट रहा है।

2. पत्रिकाओं के नये अंक :

1. **वातायन**-(अक्तूबर-दिसंबर 92)–सं. हरीश भादानी, संपर्क : छबीली घाटी, बीकानेर-334005, मूल्य एक प्रति रु. 15.00
2. **साम्य-19** (अक्तूबर 92)–सं. विजय गुप्त, संपर्क : शीतला वार्ड, ब्रह्म पथ, अंबिकापुर-497001, मूल्य-एक प्रति रु. 15.00
3. **तनाव-49** (हो चि मिन्ह की कविताएँ)–सं. वंशी माहेश्वरी, 57, मंगलवारा, पिपरिया-461775, मूल्य एक प्रति रु. 6.00
4. **पुरुष-17** (अक्तूबर 92) सं. विजय कांत, संपर्क : निराला नगर, गोशाला रोड, मुजफ्फरपुर-842002, मूल्य यह अंक रु. 15.00
5. **कालबोध-3** (नवंबर 92)–सं. परशुराम : पंचदेव, संपर्क : 140/1, रामकृष्णपुर लेन, शिवपुर, हावड़ा-711102, मूल्य रु. 5.00

(हंस, फरवरी 1993)

लघु-पत्रिका का इतिहास हिंदी साहित्य के इतिहास से अलग थोड़े ही है। वस्तुतः यह हिंदी साहित्य का अनुपूरक है। इधर हमने महसूस किया है कि समकालीन आलोचकों में लघु-पत्रिका के इतिहास लिखने का कम, उसे दुरुस्त करने की तड़प एवं बेचैनी ही ज्यादा जोर मार रही है। 'समकालीन सृजन' के पिछले किसी अंक में लघु-पत्रिकाओं से संबंधित अपनी टिप्पणी में परमानंद श्रीवास्तव ने लघु-पत्रिकाओं में 'सरस्वती' को भी समेट लिया है। यह सुविदित तथ्य है कि इंडियन प्रेस, इलाहाबाद जैसे समृद्ध, संपन्न घराने से प्रकाशित इस पत्रिका का चरित्र लघुपत्रिका से भिन्न था। इसी तरह अभी कलकत्ते में लघु-पत्रिकाओं पर आयोजित राष्ट्रीय संगोष्ठी में शंभुनाथ ने अपने संयोजकीय प्रतिवेदन में संकेत किया- ''कवि वचन सुधा' के प्रकाशन से सर्वप्रथम भारतेन्दु ने ही लघु-पत्रिका की परंपरा आरंभ की थी।'' कैसी विडंबना है कि इतिहास बनाने के अति उत्साह में हम लगातार इतिहास बिगाड़ते चले जाते हैं। ऐसा लगता है, लघु-पत्रिका के सही चरित्र, स्वरूप ही नहीं, उसके आरंभिक इतिहास से बेखबर हम सब कुछ गड्डमड्ड करने पर तुले हैं। दरअसल लघु-पत्रिका का आरंभ आजादी के बाद हुआ-छठे दशक के आरंभ में जब व्यावसायिक पत्रिकाओं से हमारी टकराहट हुई। इस दौरान जो लघु-पत्रिकाँ निकलीं, उनमें - **'विविधा' (संपादक-रणधीर सिन्हा, राजेन्द्र किशोर, पटना, प्रकाशन वर्ष 1954), 'नयी कविता' (संपादक जगदीश गुप्त एवं रामस्वरूप चतुर्वेदी, इलाहाबाद, प्रकाशन वर्ष 1954), 'कविता' (संपादक नलिन विलोचन शर्मा, पटना, प्रकाशन वर्ष-1955), 'कवि' (संपादक विष्णुचंद्र शर्मा, वाराणसी, 1957), 'अपरंपरा' (स. प्रभा शंकर मिश्र, राजेन्द्र किशोर, पटना, 1955), 'निकष' (संपादक : धर्मवीर भारतीय / लक्ष्मीकांत वर्मा, इलाहाबाद, 1956), 'वसुधा', 'नयापथ' कहानी 'युग चेतना'**, आदि प्रमुख थीं। मुक्तिबोध की प्रसिद्ध कविता 'चाँद का मुंह टेढ़ा है', सबसे पहले 'विविधा' में ही छपी थी। रेणु की चर्चित कहानी 'तीसरी कसम अर्थात् मारे गए गुलफाम' भी सर्वप्रथम 'अपरंपरा' में प्रकाशित हुई। लघु-पत्रिका आंदोलन का बिगुल इन्हीं पत्रिकाओं ने सबसे पहले बजाया था। स्पष्टतः क्षेत्रीय युवकों ने जो साहित्य के बेचैन सवालों से लबालब थे और जिनके भीतर रचनात्मकता की बेचैनी भी थी, पूँजीवादी प्रतिष्ठानों से निकलनेवाली व्यावसायिक पत्रिकाओं के विरोध में लघु पत्रिका निकालकर अपने समय के रचनात्मक विरोध को मुखर किया। ये युवा लेखक संपादक आर्थिक दृष्टि से संपन्न न थे, लेकिन उनमें आग्नेय दृष्टि थी और तत्कालीन साहित्यिक परिदृश्य के अतिक्रमण का साहस भी।

इधर हमने गौर किया है कि लघु-पत्रिकाओं के असावधान संपादक अपनी पत्रिकाओं में प्रकाशन अवधि का भी उल्लेख नहीं करते। लेकिन भविष्य के शोधार्थियों के लिए कितनी बड़ी मुश्किल वे खड़ी कर रहे हैं, उनको इसका अंदाजा नहीं है। तयशुदा बात है कि लघु-पत्रिकाएँ नहीं होती, फिर भी लघु-पत्रिकाएँ दीर्घायु आजीवन सदस्यता बनाने की घोषणा करती

प्रकाशित होती हैं। हम लघु-पत्रिका के आर्थिक पक्ष से आँखें नहीं मूँद रहे। हमारा आग्रह है कि लघु-पत्रिका के संपादकों में भी आत्मालोचन एवं आत्म-स्वीकार का साहस होना चाहिए। इस संदर्भ में 'पल प्रतिपल' पत्रिका के संपादक देश निर्मोही के 21 जनवरी 1993 के लिखे पत्र से, हम एक अंश उद्धृत करना चाहेंगे-''अंक-22 मनमाफिक नहीं आया। एक साथ कई कार्यों में उलझ गया था, केंद्रित नहीं हो पाया। अंक-23 से एकदम सक्रिय हो रहा हूँ। अंक-23 को आप प्रवेशांक ही मानें यानी जनवरी-मार्च 1993 से 'पल-प्रतिपल' की शुरुआत। किसी मकान की नींव में ईंट, रोड़ा-पत्थर सभी खपत हो जाते हैं। अब तक छपे 22 अंकों को आप 'पल-प्रतिपल' की नींव मानें। मैं जानता हूँ, जो कल्पना मेरे मन में है, उसे साकार रूप देने के लिए मुझे बहुत श्रम करना पड़ेगा। अगर मैं दिन में केवल दो घंटे 'पल-प्रतिपल' को देता रहा हूँ तो यकीन मानें आज के बाद मैं आठ घंटा दूँगा। 'पल-प्रतिपल' को लेकर मेरी व्यक्तिगत कोई महत्त्वाकांक्षी नहीं। एक स्वप्न जरूर लिया है मैंने कि समकालीन साहित्य का दमकता दर्पण (वह) अवश्य हो। किसी व्यक्ति विशेष के लिए नहीं बल्कि पूरे समाज के प्रति अपने दायित्वों को पूरी सक्रियता और गंभीरतापूर्वक निभाता हुआ। निश्चित रूप में आगामी अंक से 'पल प्रतिपल' अपनी एक नयी पहचान बनायेगा।

1. लघुपत्रिकाएं :

1. कथा-(अक्तूबर 1992) :

सं. मार्कण्डेय,-संपर्क : 2 डी, मिटो रोड, इलाहाबाद, इस अंक का मूल्य रु. 25.00

आज से करीब दो-ढाई दशक पूर्व, संभवतः 1969-70 में 'कथा' का आरंभ हुआ था। कितनी विचित्र बात है कि इन बाईस-तेईस वर्षों में इस लघु-पत्रिका के कुल सात अंक निकले। इसका दूसरा अंक हमने असम प्रदेश के तत्कालीन मिजोहिल्स जिला मुख्यालय आईजल (अब मिजोरम प्रदेश की राजधानी) में 1970 में देखा था। अब इतने अर्से बाद इसका नया अंक देखने का मौका मिला। इसके रूप रंग में कोई परिवर्तन नहीं है। कलेवर भले छोटा हो गया है। लेकिन तीक्ष्णता उसी प्रकार बनी हुई है।

प्रस्तुत अंक में धर्म से संबंधित कई लेख, महत्त्वपूर्ण चिंतकों एवं इतिहासकारों के हैं जो आज के धार्मिक, सांप्रदायिक उन्माद के माहौल में प्रासंगिक ही नहीं, विचारणीय भी हैं। धर्म अब हमें अनुशासित नहीं करता। इसलिए हमारे जीवन से धर्म निकल ही जाय तो बेहतर। बिना धर्म के भी हम जिंदा रहेंगे। अपना ईश्वर अब अपने मन के भीतर, घर के अंदर ही हम तलाश करें तो अच्छा रहेगा। धार्मिक आस्था का सार्वजनिक प्रदर्शन अब मानवता के पक्ष में नहीं है।

बोधिसत्त्व (संग्रह 'सिर्फ कवि नहीं') अपनी पीढ़ी के विलक्षण कवि हैं। वे सब कुछ अच्छा समेट लेना चाहते हैं। जीवन एवं प्रकृति उनकी कविताओं में सहजता से समायी है। डॉ. नामवर सिंह ने ठीक रेखांकित किया है-'इसीलिए चालू अर्थ में वे सिर्फ कवि नहीं हैं, जिस अर्थ में और लोग कवि हैं जिस अर्थ में असद जैदी कवि है, राजेश जोशी कवि है, उस अर्थ में बोधिसत्त्व कवि नहीं हैं।'

विश्वनाथ त्रिपाठी लिखित 'हिंदी साहित्य का संक्षिप्त इतिहास' पर नीलकांत की समीक्षा

विचारोत्तेजक है। इस इतिहास में डॉ. हजारी प्रसाद द्विवेदी छाये हुए हैं। लेकिन नीलकांत का पूर्वाग्रह भी स्पष्ट है। इस अंक में प्रकाशित, दूधनाथ सिंह की कहानी 'काशी नरेश से पूछो'। उनकी इधर की कहानियाँ लोककथाओं के माध्यम से लोकजीवन का स्पर्श करती हैं। 'कथा' विशेषतः कहानियों एवं समीक्षा के लिए चर्चित रही है, इस अंक में भी उसका कतई अभाव नहीं है।

2. अनुपूरक सूची : वर्ष 1992 के अन्य उल्लेखनीय प्रकाशन :

1. **दसों दिशाओं में** (कविता)-नवल शुक्ल, आधार प्रकाशन, 372, सैक्टर-17 पंचकूला (हरियाणा), मूल्य रु. 40.00
2. **खलल** (कविता)-विनय दुबे-परिमल प्रकाशन, इलाहाबाद, मूल्य रु. 65.00
3. **यह हरा गलीचा नहीं** (कविता)-निर्मला गर्ग, यात्री प्रकाशन, बी-131, सादतपुर, दिल्ली-110094, मूल्य रु. 50.00
4. **कुछ चिट्ठियाँ : कुछ कविताएँ**-मारीना त्स्वेतायोवा, अनु. वरयाम सिंह, आधार प्रकाशन, पंचकूला, मूल्य रु. 40
5. **कविता संभव**-संपादक-लालित्य ललित, पराग प्रकाशन, 3/114, कर्णगली, विश्वासनगर, शाहदरा, दिल्ली-110032, मूल्य रु. 60.00
6. **जनता जाग गई**(कविता)-जसबीर चावला, प्रकाशन संस्थान, 4715/2 दयानंद मार्ग, दरियागंज नई दिल्ली-110002, मूल्य रु. 40.00
7. **अश्वत्त्थामा**(उपन्यास)-रामकुमार ओझा, मानक पब्लिकेशंस, 3-A , वीर सावरकर ब्लॉक, मधुबन रोड, शकरपुर, दिल्ली-110092, मूल्य 60.00
8. **मंटो की कहानियाँ**-सं. नरेन्द्र मोहन, किताब घर, 24 अंसारी रोड, दरियागंज, नई दिल्ली-110002, मूल्य रु. 200.00
9. **देवेन्द्र सत्त्यार्थी : तीन पीढ़ियों का सफर**-सं. प्रकाश मनु, मानक पब्लिकेशंस, दिल्ली, मूल्य रु. 300.00
10. **पुरातत्त्व प्रसंग**-ब्रजमोहन पांडेय, स्वाति प्रकाशन, 34, सेंट्रल मार्केट, अशोक विहार, दिल्ली, मूल्य रु. 200.00
11. **हिंदी-साहित्य : विचार विश्लेषण** (निबंध)-देवेन्द्र प्रसाद सिंह, वीणा प्रकाशन,मछड़ा, बिहार शरीफ (नालंदा), मूल्य रु. 100.00
12. **तलाश** (उपन्यास)-वीरेन्द्र जैन, आयाम प्रकाशन, 1/11873, नवीन शाहदरा, दिल्ली-110032, मूल्य रु. 35.00
13. **आधुनिक भारतीय रंग परिदृश्य** (आलोचना)-जयदेव तनेजा, तक्षशिला प्रकाशन, 23/4762, अंसारी रोड, दरियागंज, नई दिल्ली-110002, मूल्य रु. 150.00
14. **शिकारगाह** (कहानी)-कमला चमोला, राजभाषा प्रकाशन, पॉकेट-सी-8,फ्लैट नं. 158-ए,(प्रथम तल) नानक कुंज, केशवपुरम, नई दिल्ली-35, मूल्य रु. 50.00
15. **आलोक के अंधकार पथ पर** (कविता)-कृष्णा चटर्जी गुप्ता आर.जी.प्रकाशन, 6 लाउडन स्ट्रीट, कलकत्ता-700017, मूल्य रु. 30.00

(हंस, मार्च 1993)

'समकालीनता' एक समय सापेक्ष शब्द है। इसलिए जब हम 'कहानी की समकालीनता' पर विचार करते हैं तो हमारे सामने न केवल राजनीतिक, सांस्कृतिक एवं सामाजिक परिदृश्य होता है, बल्कि इससे जुड़ी समस्याएँ भी। सांप्रदायिकता हमारे आज के राष्ट्रीय जीवन के सामने ऐसी ही चुनौती बनकर खड़ी है। लेकिन आज लिखी जा रही कहानियों में समकालीनता की सुगबुगाहट कम ही सुनायी पड़ती है। कहने की जरूरत नहीं समकालीन कहानी बौद्धिकता एवं यांत्रिकता से आक्रांत हैं। एक ओर इन अवांछित दबावों से कहानी की मुक्ति की जरूरत है तो दूसरी ओर 'कहानीपन' की वापसी की।

दशकों पूर्व डॉ. नामवर सिंह ने कथा-समीक्षा की एक पद्धति विकसित करने की कोशिश की थी। कहानी को आमने-सामने रखकर। लेकिन बाद के वर्षों में कथा-समीक्षा से उनकी उदासीनता का ही यह दुष्परिणाम है कि उनके समानान्तर ही नहीं, उनके बाद भी अनेक कथा-समीक्षक देशी-विदेशी कथा-विशेषज्ञों के तीर धनुष सँभाले कहानी के मैदान में उतरे, लेकिन उनके 'तुमुल कोलाहल' के बावजूद कहानी-समीक्षा, सीता-स्वयंवर में पड़े धनुष की तरह टस-से-मस नहीं हुई बल्कि कायदे से पिछले बीस वर्षों की अच्छी कहानियों का मूल्याकंन होना भी अभी शेष हैं। ऐसा संभवतः इसलिए भी हुआ कि जड़ सिद्धांतों की यांत्रिकता से हम कहानी को तौलते रहे। इस बीच जो अच्छी कहानियाँ प्रकाशित हुई या छिटपुट जिनकी चर्चा हुई, उसका श्रेय 'हंस' तथा वर्तमान साहित्य को है। चाहे वह 'तिरिछ' हो या 'तिरिया चरित्तर', 'कामरेड का कोट' हो या 'वे कहाँ कैद हैं', 'ए लड़की' हो या 'मनु'। इधर दो ऐसी कहानियाँ जरूर प्रकाशित हुई हैं जो पाठकों को नहीं, कथा-समीक्षकों को झकझोरने के लिए पर्याप्त हैं। उदय प्रकाश की कहानी 'और अंत में प्रार्थना' पर चर्चा शुरू हो गई है। चंद्रकिशोर जायसवाल की महत्त्वपूर्ण कहानी 'मर गया दीपनाथ' की तरफ समीक्षकों एवं पाठकों का ध्यान जाना अभी बाकी है। आज के विषाक्त सांप्रदायिक माहौल में घिरे एक आदमी के क्षण-क्षण परिवर्तित मृत्यु के भय को, उसके सांप्रदायिक मानसिक बनावट में जाकर गहराई से पकड़ने की कोशिश की गयी है इस कहानी में।

अभी प्रकाशित एक पत्रिका के नये अंक में कथा-समीक्षक सुरेन्द्र चौधरी ने अपने आत्मकथ्य 'मेरे आलोचक का जन्म, में एक दिलचस्प टिप्पणी की है-'थाने की रपट लिखनेवाले कुछ लोग कहानी की रपट भी लिख रहे हैं। उनकी शिकायत है कि मैं नैरेटर एवं नैरेशन की अपनी रपट नहीं भूल रहा। वे राबर्ट शोल्ज की 'फैब्रलैटर्स' और 'फैडरमैन' द्वारा संपादित 'सरफिक्शन' उलट लें। जेराल्ड ग्रैफ का लंबा लेख 'द मिथ ऑव पोस्ट माडर्निस्ट ब्रेक थ्रू (ट्राई क्वाटर्ली 1973) भी उन्हें इस वापसी के महत्त्व तक ले जायेगा।' (परिवेश-13) पहली बात तो यह कि समकालीन कथा-समीक्षकों के अकाल का ही दुःखद परिणाम है कि थाने

की रपट लिखनेवाले आज कहानी की रपट भी लिख रहे हैं। फिर भी यह चिंता की बात नहीं क्योंकि उनमें 'कामन रीडर' की तरह कथा साहित्य पर प्रतिक्रिया करने का सहज-बोध तो है। दूसरे, उनमें 'कथा-समीक्षा की कोई शास्त्रीय प्रणाली' विकसित करने की कोशिश भी दिखाई नहीं देती, चिंता जरूर है।

इधर मुझे जम्मू से शीराजा (हिंदी) पत्रिका के भूतपूर्व संपादक रमेश मेहता का लिखा एक पत्र मिला है। इस पत्र में व्यक्त चिंता में आप भी हिस्सेदारी कर सकें, इसलिए कुछ प्रसंग मैं उद्धृत कर रहा हूँ-'समकालीन सृजन-संदर्भ:1992' पढ़ते हुए शीराजा की दयनीय अवस्था पर रोना आया। लेकिन अब स्थिति यह हो चली है कि 'किस-किसको रोइए'। 'अस्मिता का संकट' 'पहचान के संकट' पर भारी पड़ने लगा है। एक-एक कर बंद होती जाती पत्रिकाएँ हमें झकझोर रही हैं। हम किस हिंदी की बात कर रहे हैं। 'हिंदी विश्वविद्यालय' खोलने के लिए तो हम पांच-दस करोड़ व्यय कर सकते हैं किंतु सार्थक पत्रिकाओं के माध्यम से हिंदी साहित्य को पाठकों के साथ जोड़े रखने में हमारी कृपणता आड़े आ जाती है। आपने जिन पुस्तकों की सूची यहाँ दी है, क्या हिंदी का आम पाठक वास्तव में गाँठ से पैसा लगाकर इन सबको खरीदने की स्थिति में है ? नहीं न। और पुस्तकालय ? उन्हें इन पुस्तकों की अव्वल तो जानकारी ही नहीं होगी और अगर होगी भी तो उन्हें उनका हिस्सा इनसे शायद नहीं मिलेगा। परिणाम-लेखक और पाठक दोनों दुखी। हिंदी साहित्य में इधर लगता है कि एक पूरी की पूरी पीढ़ी दुखी पीढ़ी के रूप में उभर रही है...

1. लघु पत्रिकाएँ :

1. पहल-43-44 (इतिहास अंक) :

सं. ज्ञानरंजन : कमला प्रसाद, अतिथि संपादक-प्रदीप सक्सेना, संपर्क प्लाट नंबर 101, रामनगर, आधारताल, जबलपुर-482004, मूल्य यह अंक रु. 25.00

छठे दशक में आलोचना पत्रिका ने एक इतिहास विशेषांक निकाला था जो हिंदी साहित्य पर केंद्रित था। 'पहल' के प्रस्तुत अंक में साहित्य भी है और इतिहास भी। यहाँ साहित्यिक एवं ऐतिहासिक दृष्टियों के बीच टकराहट नहीं है। बल्कि अब तक की हमारी इतिहास-दृष्टि को पुनर्व्याख्यायित एवं विश्लेषित करने की कोशिश जरूर है। ज्ञानरंजन साहित्यिक आयोजनों के लिए भी अपनी कहानियों की तरह ही चर्चित रहे हैं। पत्रिका के संयुक्तांक को 'इतिहास दर्शन के यूरेशियाई संदर्भ और परिप्रेक्ष्य', 'भारतीय पुनर्जागरण-नवजागरण के आयाम' और ऐतिहासिक द्वंद्व, इतिहासकार और ऐतिहासिक चुनौतियाँ नामक तीन खंडों में संयोजित किया गया है। जिन इतिहासकारों और लेखकों ने इसमें सहयोग दिया है उनमें डॉ. रामविलास शर्मा, इरफान हबीब, भगवान सिंह, रमेश कुंतल मेघ, गुरबख्श सिंह फ्रैंक, कुँवरपाल सिंह, लल्लन राय, राधा बल्लभ त्रिपाठी, रामकृपाल पांडेय, प्रदीप सक्सेना, सेवासिंह, वीरेन्द्र मोहन, राजेश्वर सक्सेना तथा रामनिहाल गुंजन प्रमुख हैं। इतिहास की अवधारणा ही नहीं, यहाँ इतिहास दृष्टि की भी गहराई से छानबीन की गयी है। कहीं-कहीं इन लेखों में सैद्धांतिक स्थापनाओं के कारण बोझिलता भी है, फिर भी एक स्वस्थ इतिहास दृष्टि की तलाश अवश्य है यहाँ। कहने की जरूरत नहीं, अपने आपमें यह एक जरूरी काम था।

2. वातायन (त्रैमासिक) जनवरी-मार्च 93 :

सं. हरीश भादानी, संपर्क- छबीली घाटी, बीकानेर-334005, मूल्य-प्रति अंक रु. 15.00

'वातायन' हिंदी की उन कुछ आरंभिक लघु-पत्रिकाओं में है जिनसे नये लेखकों की रचनात्मकता ही सामने नहीं आयी थी, उनकी पहचान भी बनी थी। एक लंबी अनुपस्थिति के बाद, पुर्नप्रकाशन की घोषणा को मूर्त करता जुलाई 92 से अब तक नियमित प्रकाशित, तीन अंकों की रचनाएँ सुखद अनुभूति से भर देती हैं। पत्रिका के नये अंक में प्रसिद्ध समाजशास्त्री श्यामाचरण दुबे से नंद भारद्वाज की लंबी बातचीत में भारतीय संस्कृति से जुड़े सार्थक सवाल तो हैं ही, आज के राजनीतिक परिदृश्य पर भी संतुलित टिप्पणी है। दुबेजी की नजर से साहित्य भी ओझल नहीं है। लेकिन इस अंक की कहानियाँ एवं कविताएँ कमजोर हैं। संपादकीय तल्ख है। इस पत्रिका को समकालीन रचनाकारों के व्यापक धरातल से जोड़ने की जरूरत है।

3. पुरुष (अक्तूबर 92)-17 :

सं. विजयकांत, संपर्क : निराला नगर, गोशाला रोड, मुजफ्फरपुर-842002 मूल्य यह अंक रु. 15.00

'पुरुष' के पुर्नप्रकाशन के औचित्य स्वागत का बड़ा प्रमाण है प्रस्तुत अंक में प्रकाशित व्यापक प्रतिक्रियाएँ, जिनमें तमाम महत्त्वपूर्ण रचनाकारों के साथ सुधी पाठक भी शामिल हैं। प्रस्तुत अंक में स्व. कुमारेन्द्र पारसनाथ सिंह की लिखी दस कविताएँ एवं संपादक के नाम लिखे उनके कुछ पत्र प्रकाशित हैं। निश्चय ही कुमारेन्द्र की कविताएँ महत्त्वपूर्ण हैं। संपादक विजयकांत को एक पत्र में वे लिखते हैं-'आजकल सतह पर छाये बुद्धिजीवी वर्ग में कुमारेन्द्र का नाम लेने पर छींक आती है-वो भी दबी-दबी। फिर कुमारेन्द्र की याद आपको कैसे आयी। उसके सामने जाने के लिए शेर का कलेजा चाहिए।' इसके पीछे कवि कुमारेन्द्र का अहंकार नहीं। हिंदी आलोचकों द्वारा अब तक की गयी उपेक्षा से उपजी उनकी कुंठा बोल रही है। सचमुच यह चौंकानेवाली बात है कि कुमारेन्द्र के जीवित रहते उन पर एक भी ढंग का लेख प्रकाशित नहीं हुआ। मैं हिंदी आलोचकों को इसके लिए दोषी नहीं मानता। कहीं कुमारेन्द्र का अहं भी इसके आड़े आता था। उनके जनवादी चेहरे के भीतर बैठा एक सामंतवादी चेहरा भी इसके लिए कम दोषी नहीं है। 'पहल' के कविता विशेषांक (1979) में प्रकाशित अपने एक लेख में उन्होंने घोषणा की थी-"मैंने अपनी इस सदी के चरम को छूने की कोशिश की है और मेरे कदम अपने कौमी संघर्ष के कुछ बहुत ही महत्त्वपूर्ण बिंदुओं पर पड़े हैं, किसी एक 'पहल' या 'कलम' के बूते की यह बात नहीं कि मेरे लिए कोई सही पैमाना प्रस्तुत करें।" कुमारेन्द्र का कवि-व्यक्तित्व जटिल भी था और कई ग्रंथियों से ग्रस्त भी। इस अंक में शंभुनाथ का लेख 'यथार्थवाद का ग्रामीण चेहरा' तथा श्याम बेनेगल का लेख 'सिनेमा में अभिरुचि' भी पठनीय है।

विजयकांत ने संपादकीय में एक साथ कई मोर्चेबंदी की हैं। एक तरफ उन्होंने हंस संपादक राजेन्द्र यादव को निशाना बनाया है, तो दूसरी तरफ समकालीन आलोचना को। बीच में अपनी उपलब्धियों पर अपनी ही पीठ ठोंकते गद्‌गद हैं विजयकांत। आलोचना की जरूरत

से सार्वजनिक रूप से भले वे इनकार करें लेकिन अपने भीतर बैठे रचनाकार के मूल्यांकन के लिए उन्हें भी किसी आलोचक का इंतजार है। आत्ममुग्ध रचनाकार के लिए आलोचक की जरूरत कितनी है बताने की जरूरत नहीं।

4. कालबोध (नवंबर 1992)-3 :

सं. परशुराम : पंचदेव, संपर्क : 140, रामकृष्णपुर लेन, शिवपुर, हावड़ा-711102, मूल्य प्रति अंक रु. 5.00

प्रस्तुत अंक में भी कुमारेन्द्र की तीन कविताएँ प्रकाशित हैं। मुक्तिबोध के प्रगीतकाव्य पर लिखे रामनिहाल गुंजन के लेख में कोई नयी स्थापना नहीं, पुरानी बातें या जानी हुई बातें ही दुहराई गयी हैं। 'भाषा-संरचना, रूपवाद एवं विचारधारा' पर विमल वर्मा के लेख में कई विचारणीय मुद्दे हैं जिन पर चर्चा होनी चाहिए। अलखनारायण पर अब तक एक भी अच्छा संस्मरण मुझे देखने में नहीं आया। ध्रुवदेव मिश्र 'पाषाण' की लंबी कविता-'वाल्मीकि की चिंता' पर अरुण माहेश्वरी ने गंभीरता से लिखा है। अरुणजी कम लिखते हैं, लेकिन जब लिखते हैं पूरी संलग्नता से लिखते हैं। जितेन्द्र राठौर के कविता-संग्रह 'जमीन की आग' पर भी पंचदेव की समीक्षा मुझे अच्छी लगी है। इस अंक में प्रकाशित कविताओं एवं कहानियों से मेरी शिकायत जरूर है। पत्रिका अच्छी है और विचारोत्तेजक भी।

2. नये प्रकाशन :

1. **मुक्तिबोध : ज्ञान और संवेदना** (आलोचना)-नंदकिशोर नवल, राजकमल प्रकाशन, 1-बी, नेताजी सुभाष मार्ग, नई दिल्ली-110002, मूल्य रु. 200.00
2. **छिन्नमस्ता** (उपन्यास)-प्रभा खेतान, राजकमल प्रकाशन, नई दिल्ली, मूल्य रु. 90.00
3. **जिन्दा मुहावरे** (उपन्यास)-नासिरा शर्मा, वाणी प्रकाशन, 4697/5,21-ए, दरियागंज, नई दिल्ली-110002, मूल्य रु. 75.00
4. **ये दिन वे दिन** (उपन्यास)-चाणक्य सेन, अनुवाद-साधना शाह, वाणी प्रकाशन, नई दिल्ली-110002, मूल्य रु. 200.00
5. **जुलूस वाला आदमी** (उपन्यास)-रमाकांत, राधाकृष्ण प्रकाशन, 2/38 अंसारी रोड, दरियागंज, नई दिल्ली-110002, मूल्य रु. 225.00
6. **कामरेड का कोट** (कहानी)-सृंजय, राधाकृष्ण प्रकाशन, नई दिल्ली, मूल्य रु. 50.00
7. **ये कोहरे मेरे हैं** (कविता)-भवानीप्रसाद मिश्र, राजकमल प्रकाशन, मूल्य-रु.60.00
8. **प्राणों में धुले हुए रंग** (वविध)-फणीश्वरनाथ रेणु-संपादन-भारत यायावर, वाणी प्रकाशन, नई दिल्ली-110002, मूल्य रु. 125.00

आज इतनी लघु-पत्रिकाएँ निकलती हैं कि सबकी 'नोटिस' लेना तो दूर, सबको उलटना-पुलटना भी संभव नहीं। ज्यादातर पत्रिकाएँ संपादकीय महत्त्वाकांक्षा से ग्रस्त होती हैं, आत्ममुग्धता की हद तक आत्मप्रचार करती हुई। ऐसी पत्रिकाओं ने ही लघु-पत्रिका आंदोलन को बदनाम एवं कमजोर किया है। आवश्यकता इस बात की है कि संपादकीय महत्त्वाकांक्षा से ऊपर उठकर ऐसी पत्रिकाएँ, क्षेत्रीय प्रतिभाओं की रचनात्मक संभावनाओं को सामने लायें।

इस स्तंभ में उन्हीं लघु-पत्रिकाओं की चर्चा की जाती है, जिनमें वैचारिक स्पष्टता के साथ कहीं-न-कहीं साफ संपादन-दृष्टि होती है। मेरी पूरी कोशिश रहती है कि कहीं-कुछ महत्त्वपूर्ण छूट न जाए। पिछले दिनों मुझे गया से रामनरेश पाठक का एक पत्र मिला है, जिसे मैं नीचे उद्धृत कर रहा हूँ :

'हंस' मार्च 1993 के 'समकालीन संदर्भ' में 'विविधा' और 'अपरंपरा' की चर्चा देखी, स्मरण के लिए कृतज्ञता-ज्ञापन स्वीकारें। किंतु इस उल्लेख में कुछ तथ्यगत भूलें हैं। यथोक्त निराकरण करने का कष्ट करें।

1. (क) **विविधा-1 सं.** राजेंन्द्र किशोर एवं रणधीर सिन्हा, प्रकाशन-वर्ष जून, 1956 (पटना) (ख) **विविधा-2 सं.** राजेन्द्र किशोर एवं प्रभाशंकर मिश्र, प्रकाशन-वर्ष जून, 1957 (पटना)

2 (क) **अपरंपरा-1 सं.**-गोपीकृष्ण प्रसाद, नर्मदेश्वर प्रसाद, प्रभाशंकर मिश्र, राजेन्द्र किशोर, रामनरेश पाठक, प्रकाशन-वर्ष अक्तूबर, 1958 (पटना) (ख) **परंपरा-2** और **अपरंपरा-3** के संपादन-मंडल में थोड़ा हेरफेर हुआ। अंक दो से राजेन्द्र किशोर हट गये और उनकी जगह दो नये रचनाकार राजेन्द्र प्रसाद सिंह एवं कय्यूम कादिर जुड़ गये। तीसरे अंक से भी ये संबद्ध रहे। प्रकाशन-वर्ष, क्रमशः जून 1959 (पटना) तथा 1963 (पटना)

1. लघु-पत्रिकाएं :

1. संभव-11 (अप्रैल-दिसम्बर 1992) :

सं. सुभाष शर्मा, संपर्क : 1/11052 ए, सुभाष पार्क, शाहदरा, दिल्ली- 110032, मूल्य रु. 12.00

आज बिहार से सबसे ज्यादा लघु-पत्रिकाएँ निकलती हैं। कुछ अच्छी पत्रिकाएँ भी । 'संभव' भी एक ऐसी ही पत्रिका है, जिसने तेजी से पाठकों एवं आलोचकों का ध्यान आकृष्ट किया है। 'साहित्य में प्रतिबद्धता' का सवाल नया नहीं है। थोड़े अंतराल से हर नयी पीढ़ीं ने यह सवाल नये सिरे से उठाया है। अपने संपादकीय में सुभाष शर्मा पूछते हैं-प्रतिबद्धता किसके प्रति, कला के प्रति या जीवन मूल्यों के प्रति ? साठोत्तरी कविता में राजकमल चौधरी की उपस्थिति प्रायः आलोचकों को विचलित करती रही है। ''राजकमल चौधरी : विचार और कविता' शीर्षक अपने लंबे आलेख में उनके विचार एवं कविता की पड़ताल करते हुए नंदकिशोर

नवल इस निष्कर्ष पर पहुँचते हैं-"राजकमल अराजक विद्रोही थे। उनकी स्वतंत्रता की धारणा यूरोपियन थी। उन्होंने जो प्रश्न उठाये उनका कोई सुसंगत उत्तर उनके पास नहीं था उनके विचारों में अंतर्विरोध थे, उन्हें अपने आप से बहुत प्यार था, उनमें यौन-बिंबों की भरमार है, कुत्सा और गंदगी भी है, तथापि यह सत्य है कि आधुनिक जीवन और समाज के विरुद्ध अपनी कविता में उन्होंने जैसी आवाज उठायी, उनके समकालीन किसी अन्य कवि ने नहीं।" मुझे नहीं लगता इस स्थापना से असहमत होने की गुंजायश है। इस अंक की कहानियों में कमला चमोला की कहानी 'शोधपत्र' सहज भाषा एवं अंतर्वस्तु के कारण एक अच्छी कहानी है। कविताएँ प्रायः कमजोर हैं, टी.एस. इलियट की कविताओं के अनुवाद एवं समीक्षाएँ ठीक हैं।

2. शिखर-7 :

सं. केशव, संपर्क : सैठ नं. 40, टाइप IV, शिमला-171009, मूल्य रु. 30.00

हिमाचल प्रदेश के सृजन कर्म पर केन्द्रित पत्रिका के नये अंक में प्रदेश के सोलह कहानीकार, उन्नीस कवियों की रचनाएँ, समकालीन उपन्यास कहानी एवं कविता पर आलोचनात्मक लेख संकलित हैं। कहानियों में जिया सिद्दीकी की 'तेंदुआ', योगेश्वर शर्मा की 'फागणू बल्द स्वारु' तथा राजकुमार राकेश की 'माँ को रोना नहीं आता' अच्छी कहानियाँ हैं। सुंदर लोहिया की 'हिमाचल : एक कविता कोलाज' में एक सुंदर बिंब-दृश्य है। इस अंक से समकालीन हिमाचली हिंदी लेखकों का एक सार्थक रचना-संसार उभरता है, जिसमें केशव भी हैं, वरयाम सिंह, महाराज कृष्ण काव, मस्तराम कपूर, पी.सी. प्रेम और बलराम भी। पत्रिका की छपाई-सफाई प्रस्तुति उत्कृष्ट है।

3. चर्चा-17/18 :

सं. योगेन्द्र दबे, संपर्क-ब्रह्मपुरी पीपलिया, जोधपुर-342001, मूल्य : रु. 15.00

पिछले अंक की तुलना में पत्रिका के प्रस्तुत कहानी केंद्रित अंक में न केवल स्वरूप का अंतर है, बल्कि रचनाओं के चयन में भी संपादकीय दृष्टि झलकती है। कुछ अपवादों को छोड़कर इस अंक में अधिकांशतः राजस्थान के ही स्थापित कहानीकारों की कहानियाँ संकलित हैं। लेकिन इन कहानियों की विषय-वस्तु में विविधता है। 'गलती कहाँ हुई' (रघुनंदन त्रिवेदी), 'आबादी' (मालचंद तिवाड़ी), 'उनका सपना' (सूरज पालीवाल) तथा दिल ढूँढता है (हबीब कैफी) इस अंक की अच्छी कहानियाँ हैं। लवलीन के 'लैंडस्केप' में प्रेम की सघनता नहीं, अनगढ़पना है।

4. प्रसंगवश-16 (अगस्त 1992) :

सं. वेद प्रकाश अमिताभ, संपर्क : अशोक भवन, मानसिंह गेट, अलीगढ़ (उ.प्र.), मूल्य रु. 5.00

मदनमोहन उपेन्द्र की कविताओं पर केंद्रित इस नये अंक में उनकी छब्बीस-सत्ताइस कविताएँ संकलित हैं। उनकी कविताओं पर संपादकीय सहित तीन-चार छोटी टिप्पणियाँ भी। इन कविताओं को पढ़ने पर लगता है कि कवि का अनुभव-संसार समृद्ध है, लेकिन अनुभूतियों का रूपांतरण कविता में जिस कलात्मकता के साथ होना चाहिए था, वह ठीक से नहीं हो

पाया है फिर भी उनकी कविताओं में आज के यथार्थ की एक तस्वीर तो है ही।

5. प्रति शीर्षक-17/18 (मार्च 1992) :

सं. डा. वी.एन.सिंह, संपर्क-III/98-22 फ्लेट, अशोक नगर, कानपुर, मूल्य रु. 15.00

कवितांक का संदर्भ सांप्रदायिकता है। इकबाल रामूवालिया, अमरीक सिंह दीप, शील, सुमन राजे की कविताओं से सांप्रदायिक ताकतों की साफ तस्वीर उभरती है। आज के आदमी के भीतर बैठा डर भी बार-बार इन कविताओं में अभिव्यक्त हुआ है। 'एक सिंहल सैनिक का कैंप से पत्र' (सुमति अय्यर) एक मार्मिक कविता है। इस अंक में कुछ समीक्षाएँ भी हैं। अंक ठीक-ठाक है।

6. प्रेरणा-(प्रवेशाक : सितम्बर 1992) :

सं. कैलाश नारायण सोनी डावर, संपर्क : बड़ा बाजार, नरसिंह गढ़ (म.प्र.), मूल्य रु. 8.00

इस अंक में नरेन्द्र गौड़ एवं बलराम गुमाश्ता की कविताएँ कुछ अच्छी हैं। मुक्तिबोध की कहानियों पर लिखते हुए वीरेन्द्र मोहन ने गहराई से उनकी रचना-प्रक्रिया पर विचार नहीं किया अन्यथा ऐसी टिप्पणी वे नहीं करते-'मुक्तिबोध की कविता और कहानियों की पृष्ठभूमि और वस्तु में भिन्नता भी है।' विजय मोहन सिंह ने बहुत पहले उनकी कहानियों पर लिखा था, 'साँवली गहराइयों की कहानियाँ' हैरानी की बात है कि उस पर लेखक की नजर नहीं गयी। पत्रिका का प्रवेशांक आश्वस्त करता है।

7. कतार-16 (अक्तूबर 1992) :

सं. बृज बिहारी शर्मा, शेखर, संपर्क : कतार प्रकाशन, प्रोफेसर्स कॉलोनी, चीरागोड़ा, धनबाद-826001, मूल्य रु. 12.00

प्रखर वैचारिक दृष्टि एवं साहित्यिक विवेक के कारण 'कतार' की गिनती चर्चित लघु -पत्रिकाओं में होती रही है।

'ब्राह्मणवाद-विरोधी चिंतन-परंपरा और हिंदी साहित्य' पर अवधेश प्रधान का लंबा लेख विचारोत्तेजक है। विजय बहादुर सिंह ने धूमिल की कविताओं पर ठीक टिप्पणी की है। इस अंक में अमरीक सिंह दीप एवं सुभाष शर्मा की कहानियाँ, मदन कश्यप एवं शहंशाह आलम की कविताएँ देखी जा सकती हैं। नाटक से संबंधित सामग्री भी है। इस अंक में कुल मिलाकर प्रस्तुत अंक में पठनीय सामग्री का अभाव नहीं है। पत्रिका अच्छी है।

8. विपक्ष-7 (नवम्बर 1992) :

सं. भारत यायावर, संपर्क : हिंदी विभाग, चास महाविद्यालय, चास, बोकारो स्टील सिटी (बिहार), मूल्य रु. 20.00

भारत यायावर एक अच्छे कवि ही नहीं, एक अच्छे शोधकर्ता और संपादक भी हैं। सचमुच यह प्रसन्नता की बात है कि अपने भीतर बैठे शोधकर्त्ता से उन्होंने अपने संपादक को जोड़ लिया है। प्रमाण है 'विपक्ष' का नया अंक। एक अंक में इतनी पठनीय सामग्री सचमुच चौंकाती है। विष्णु खरे की कविता 'चौथे भाई के बारे में', 'शंभुनाथ का लेख' प्रगतिशील आंदोलन की अंतर्धाराएँ, अमृतराय से अशोक जोशी की बातचीत, 'नदीं फिर बह चली' लिखने का

दर्द (संस्मरण)-हिमांशु श्रीवास्तव, वीर राजा पर आबिद हुसैन का संस्मरण, यही नहीं, स्व. कवि देवेन्द्र कुमार तथा रेणु पर भी विशेष सामग्री है। इस अंक की तीनों कहानियाँ'- 'रंग उड़ी मूरतें', (मायानंद मिश्र), 'कुआँ' (नारायण सिंह) तथा 'कुशल समाचार' (श्याम अविनाश) अच्छी कहानियाँ हैं। निश्चय ही इतने अच्छे अंक के लिए यायावर बधाई के पात्र हैं।

9. जनपथ-4 :

सं. अनंत कुमार सिंह, संपर्क : चरपोखरी, भोजपुर (बिहार)-802223, मूल्य रु. 15.00

प्रसिद्ध फिल्म 'दामुल' से तो हम परिचित हैं लेकिन 'दामुल' के कथा-लेखक शैवाल का रचनात्मक पक्ष हमारी नजरों से ओझल है। 'जनपथ' का प्रस्तुत अंक शैवाल की रचनात्मकता पर केंद्रित है। वे अपनी कविताओं और कहानियों के लिए भी चर्चित रहे हैं। इस अंक में उनकी चार कहानियाँ 'कालसूत्र' सहित, जिस पर 'दामुल' की कथा आधारित है, तथा उनकी कुछ अच्छी कविताएँ संकलित हैं। उनकी 'दंगा : 10' कविताएँ पढ़कर ही उनकी कवि-प्रतिभा का अनुमान लगाया जा सकता है। उनकी कहानियों पर सुरेन्द्र चौधरी, नीरज सिंह एवं प्रेम कुमार मणि के अच्छे लेख हैं। कुल मिलकार शैवाल के रचना-संसार की छोटी-सी यह झलक भविष्य के उनके महत्त्वपूर्ण रचनाकार का आभास देती है। संपादक अनंत कुमार सिंह ने इस अंक को परिश्रमपूर्वक संयोजित किया है। एक रचनाकार की उपलब्धि को सामने लाने की छोटी कोशिश भी कतई नहीं है।

2. पत्रिकाओं के नये अंक/प्रवेशांक :

1. **भोर** (प्रवेशांक)-जनवरी 1993, संपादक अरुण आदित्य, प्रदीप कुमार मिश्र, संपर्क चंदेल भवन, 114/2, भवानीपुर कालोनी, पो. सुदामानगर, इंदौर-452009, प्रति अंक रु. 10.00
2. **उद्भावना** (अंक 29,30),संपादक सरवर हसन सरवर, संपर्क-ए-21, झिलमिल इंडस्ट्रियल एरिया, जी.टी.रोड, शाहदरा, दिल्ली-110095, यह अंक रु. 8.00
3. **शीर्षक** (प्रवेशांक), संपादक क्षितिज विवेक, ओम, कुमार आशीष, संपर्क-11 147-1, सोसायटी कॉलोनी (मारुति स्कूल नेहरू नगर के पीछे), रीवा (म. प्र.)486001, मूल्य रु. 10.00
4. **आहट** (प्रवेशांक-दिसम्बर 1992), संपादक ब्रह्मदेव प्रसाद कार्यी, संपर्क-शब्द शक्ति प्रकाशन, शाम्भवी सदन, गांधी नगर, लक्ष्मी सागर. पो. दरभंगा-846004, मूल्य एक प्रति रु. 15.00
5. **वसुधा**-22 संपादक-भगवत रावत, रमाकांत श्रीवास्तव, संपर्क बी-79, शास्त्री नगर, भोपाल-462003, यह अंक मूल्य रु. 15.00
6. **अक्षरा**-21(अप्रैल-सितम्बर 1992)-संपादक विजय कुमार, संपर्क-हिन्दी भवन, शामला हिल्स, भोपाल-462002, प्रति अंक रु. 8.00
7. **डगर**-3(अगस्त 1992), अंक-संयोजन-विभूति आनंद, शहंशाह आलम, संपर्क-गुलजार पोखर, मुंगेर-811201, मूल्य रु. 7.50

8. **कला** (प्रवेशांक), जनवरी, 1993, संपादक कलाधर, संपर्क-नया टोला, लाइन बाजार, पूर्णिया (बिहार)-854301, मूल्य रु. 15.00
9. **साहित्य सम्पर्क**-4 (जुलाई 1992), संपादक रामस्वरूप द्विवेदी, संपर्क-511, के.एल.कीडगंज, इलाहाबाद-211003, मूल्य रु. 15.00
10. **बहुमत-2**, संपादक-विनोद मिश्र, संपर्क-9 बी, रसियन कॉम्पलेक्स, सेक्टर-7, भिलाई-490006, मूल्य रु. 5.00
11. **संदर्श-6** (केरल अंक) संपादक सुधीर विद्यार्थी, अमितेश अमित, संपर्क-श्रीदिनेश मेडिकोज, सदर बाजार, शाहजहांपुर-242001, यह अंक रु. 30.00
12. **सार्थक** (प्रवेशांक नाटक और रंगमंच पर केन्द्रित), जनवरी 1993, संपादक शिवशंकर मिश्र, 327/बी, कडरु, रांची-834002, मूल्य रु. 10.00

मेरे द्वारा संपादित अनियतकालीन लघु-पत्रिका 'पदक्षेप' के दूसरे अंक (1980) में, उन्हीं दिनों प्रकाशित त्रिलोचन के नए कविता संग्रह 'ताप के ताए हुए दिन' की समीक्षा छपी थी। और साहित्यकारों की तरह पत्रिका की एक प्रति मैंने शमशेर जी को भी उनके मॉडल टाउन, दिल्ली के पते पर भेजी थी। मेरे आश्चर्य का ठिकाना न रहा, जब एक दिन डाक से उनका भेजा कार्ड मुझे अचानक मिला और अगले दिन दो रुपये (पत्रिका का मूल्य) का मनीआर्डर। शमशेरजी का उक्त कार्ड अभी मिल नहीं रहा। लगता है, पुरानी पत्र-पत्रिकाओं के बीच कुछ ज्यादा ही सँभालकर रख दिया गया है। बहरहाल, उस पत्र में लिखी कुछ बातें अब भी मुझे याद हैं। उन्होंने लिखा था-आपकी पत्रिका मिली। त्रिलोचन के कविता संग्रह की समीक्षा बहुत अच्छी लगी। इतनी अच्छी पत्रिका को मुफ्त में पढ़ना मुझे 'अन्याय'(ठीक यही शब्द नहीं थे, लेकिन भाव कुछ ऐसा ही था) जैसा लगा, इसलिए अलग से पत्रिका की कीमत दो रुपये मनीआर्डर से भेज रहा हूँ। मनीआर्डर पाकर मुझे खुशी भी हो रही थी और क्षोभ भी। क्षोभ इसलिए कि पत्रिका के प्रकाशन का खर्च विज्ञापन से निकल गया था और कुछ प्रतियाँ छोड़कर पत्रिका की तमाम प्रतियाँ मैंने लेखकों एवं संपादकों को उदारतापूर्वक भेज दी थीं। पत्रिका की बिक्री के नाम पर कुल ये ही दो रुपये मुझे मिले थे। ऐसी स्थिति में मेरा यह सोचना गलत नहीं था कि आखिर शमशेर जी को ही मनीआर्डर भेजने की क्या जरूरत थी। सिर्फ इसलिए कि पत्रिका का मूल्य दो रुपये मुद्रित था। बहुत दिनों तक मैं असमंजस की स्थिति में रहा। अंततः लघु-पत्रिकाओं के प्रति एक वरिष्ठ साहित्यकार के ममत्व से जोड़कर मैंने अपने मन को समझा लिया। कहीं यह भी महसूस हुआ कि चूँकि शमशेरजी एक लंबे अर्से तक पत्र-पत्रिकाओं से जुड़े रहे हैं, इसलिए भी उसके आर्थिक पक्ष से वे बेखबर नहीं होंगे। लेकिन मन के कोने में कहीं यह बात दबी रही कि कभी शमशेरजी मिलेंगे तो उनसे एक बार शिकायत जरूर करूँगा। अब जब शमशेरजी नहीं रहे, मेरे हाथ से शिकायत करने का यह मौका भी निकल गया। लेकिन लघु-पत्रिका के प्रति उनके लगाव एवं ममत्व का यह अप्रतिम उदाहरण है। कवि की पंक्तियों से ही प्रेम और सौंदर्य के इस अनहद कवि को श्रद्धांजलि निवेदित है। 'लौट आ, ओ धार टूट मत' ओ साँझ के पत्थर, हृदय पर (मैं समय की एक लंबी आह मौन लंबी आह)

'समीक्षा' के नये अंक (जनवरी-मार्च 1992) में संपादक गोपाल राय की एक दिलचस्प टिप्पणी छपी है-'साहित्य में लालूवाद'। लिखते हैं-साहित्य में जिस प्रकार राजनीति की गंदगी फैल रही है, उसे बेनकाब करने के लिए तटस्थ साहित्यकारों को आक्रामक मुद्रा अपनाने की जरूरत हो गयी है....... बिहार के मुख्यमंत्री श्री लालू प्रसाद यादव जिस भद्दे और घिनौने ढंग से जातिवाद की भावना को हवा दे रहे हैं उसे देखते हुए उनकी विचारधारा

को 'लालूवाद' की संज्ञा देना असंगत नहीं लगता, फिर इस 'संकीर्ण विचारधारा' को साहित्य की राजनीति से जोड़कर 'हंस' के अगस्त 1992 अंक में प्रकाशित भगवान सिंह के उपन्यास 'अपने अपने राम' पर नामवर सिंह की समीक्षा 'रामकथा की उधेड़बुन' और उस पर राजेन्द्र यादव की संपादकीय टिप्पणी पर निशाना लगाते उसे साहित्य में जातिवाद के उभार से जोड़ देते हैं। उन्हें लगता है 'आज के उपन्यासकार और आलोचक हैं जो कदाचित् स्वयं को 'क्षत्रिय' मानते हुए 'क्षत्रिय' विश्वामित्र के प्रति अपनी आसक्ति प्रकट करते हैं. ...' राजनीति में जातिवाद के उभार को साहित्य के जातिवाद के उभार में प्रक्षेपित करने की यह कैसी तटस्थ मानसिक प्रवृत्ति है, इसे भी बेनकाब करने की जरूरत है। साहित्य में जातीय आधार पर इस तरह के विभाजन की प्रवृत्ति कम घातक नहीं। कैसी है यह आक्रामक मुद्रा जो साहित्य में राजनीति की गंदगी को रोकने के बजाय उसे और फैलाने के लिए कटिबद्ध है? बात जब रचना पर न होकर रचनाकार पर होने लगे तो 'साहित्य में लालूवाद' को आने से कौन रोक सकेगा। ऐसा लगता है, इस टिप्पणी में बल, रचना पर न होकर, साहित्येतर हो गया है। साहित्य में लालूवाद के प्रवर्तक ने अपनी निजी कुंठा का जिंस तरह प्रदर्शन किया है, उससे लगता है, यह वाद भी चल ही निकलेगा। यदि यह वाद चल निकला, तो इसका श्रेय समीक्षा संपादक गोपाल राय को होगा। हैरानी है विद्याधर शुक्ल को पता भी न चला और उनका सिंहासन पटना पहुँच गया।

'साखी' के प्रवेशांक में 'भारतीय कविता से साक्षात्कार' के अन्तर्गत बंगला के प्रसिद्ध कवि सुभाष मुखोपाध्याय से प्रभा खेतान की एक अनौपचारिक बातचीत छपी थी। उसका एक अंश है :

प्र.खे.: हिंदी-साहित्य में आपकी कविताओं का अनुवाद हो रहा है, क्या आप हिंदी कविता के बारे में कुछ कहेंगे?

सु.मु.: देखो, जहाँ तक सुमित्रानंदन पंत, महादेवी वर्मा ये लोग हैं, इनकी कविताएँ मुझे कभी अच्छी नहीं लगीं। मुझे हमेशा लगा इन पर रवींद्रनाथ का प्रभाव बहुत अधिक है यानी ये बिल्कुल रवींद्रनाथ के जैसा ही लिख रहे है।

प्र. खे.: क्या निराला भी?

सु.मु.: उनके बारे में मैं नहीं जानता।

आपस में एक-दूसरे से बेखबर हम किस भारतीय कविता से साक्षात्कार कर रहे हैं ? हिंदी-प्रदेश बंगाल से बिल्कुल सटा है, दूर का पड़ोसी नहीं। और 'निराला' तो बंगाल में ही निराला हुए। फिर भी यह कैसी विडंबना है कि हिंदी प्रदेशवाले जिस सुभाष मुखोपाध्याय को अपने कंधे पर लिये 'हुमक हुमक' कर घूम रहे हैं, वही आधुनिक हिंदी कविता के उनके सबसे बड़े कवि 'निराला' को नहीं जानता है।

1. लघु पत्रिकाएं

1. सबद (जनवरी-जून 1993) :

सं. अस्मिता सिंह, संपर्क : 77 एफ, आनंदपुरी, पटना-800001 (बिहार) मूल्य एक प्रति रु. 25.00

दिवंगत कवि कुमारेंद्र पारसनाथ सिंह की स्मृति को समर्पित पत्रिका के प्रवेशांक में आनंद प्रकाश ने अपने संपादकीय टिप्पणी में लिखा है-'पत्रिका के लिए 'सबद' नाम का चुनाव कुमारेंद्र पारसनाथ सिंह ने स्वयं किया था। यहां इसकी व्याख्या करना अभीष्ट नहीं, फिर भी इसके प्रयोग से लोक जीवन, सामान्य संस्कृति, सादगी और सरलता की तरफ संकेत हो जाता है। 'सबद' में एक तरह की सख्ती भी है जो आज के संदर्भ में जन समर्थक विचार और चिंतन से आती है। कुमारेंद्र की अपनी कविता हमेशा इस सख्ती का पर्याय रही है'।

इस अंक में कुमारेंद्र की लंबी कविता 'अराजक जनपद' है और उन पर लिखे मृत्युंजय उपाध्याय और राजेंद्र प्रसाद सिंह के लेख, श्रीराम तिवारी और यश मालवीय की कविताएँ और शील तथा सुधेश के संस्मरण हैं। कुमारेंद्र की लंबी कविता 'अराजक जनपद' त्रिलोचन के जनपद से भिन्न है। इस लंबी कविता की संरचना जटिल है और देश, संविधान, कानून-व्यवस्था के इर्द-गिर्द घूमती 'जनपद' के यथार्थ से मुठभेड़ करती है। कविता में कहीं-कहीं फैंटेसी का सहारा भी लिया गया है। लेकिन इस कविता पर मुक्तिबोध की प्रसिद्ध कविता 'अँधेरे में' तथा धूमिल की 'पटकथा' का गहरा असर है, भाषा, भाव और संवेदना के स्तर पर।

अन्य सामग्रियों में 'कविता और लोकप्रिय कविता', 'नव प्रगतिवाद : एक टिप्पणी' पढ़ी जा सकती है। कुमारेंद्र पर लिखे मृत्युंजय उपाध्याय के इस दूसरे लेख में भी भटकाव अधिक है। 'ज्ञानोदय' में प्रकाशित नामवरसिंह की लेखमाला-'नयी कविता पर क्षण भर' में कुमारेंद्र की कविता पर उनकी टिप्पणी को जरूरत से ज्यादा खींचने की कोशिश की गई है। जबकि जरूरत कुमारेंद्र की कविताओं के वस्तुपरक मूल्यांकन की है। सुरेन्द्र स्निग्ध की कविता छोड़कर बाकी कविताएँ कमजोर हैं। अंत में कुमारेंद्र की रचनाओं की सूची आलोचकों एवं शोधकर्ताओं के लिए महत्त्वपूर्ण साबित होगी। पत्रिका/विशेषांक संतोषजनक है। आशा है, 'सबद' भविष्य में अपने संकल्पों को पूरा करेगा।

2. आवर्त (सितंबर 1992) :

सं. वीरेश चंद्र, संपर्क, द्वारा अजय कुमार शर्मा, मझौलिया(भाई स्थान के पास) पो. खबड़ा, जिला मुजफ्फरपुर (बिहार), यह अंक मूल्य रु. 10.00

समकालीन कविता में मुक्तिबोध के बाद सबसे महत्त्वपूर्ण कवि रघुवीर सहाय पर केंद्रित इस अंक में संभवतः अब तक उन पर प्रकाशित किसी भी पत्रिका से अधिक सामग्री संकलित है। संपादकीय दृष्टिकोण यह रहा है कि रघुवीर सहाय की सृजनात्मकता के तमाम पहलू को समेट कर उनका वस्तुपरक विचार-विश्लेषण किया जाए। केदारनाथ सिंह के संक्षिप्त संस्मरण में उनकी कविता के कुछ सूक्ष्म सूत्र हैं। परमानंद श्रीवास्तव, नंदकिशोर नवल, खगेंद्र ठाकुर, मैनेजर पांडेय, विजय कुमार, विष्णु नागर, अरुण कमल, अपूर्वानंद, हृदयेश्वर तथा नरेंद्र कुमार झा द्वारा लिखे आलोचनात्मक लेखों के अलावा उनकी कुछ असंकलित कविताएँ भी यहाँ प्रकाशित हैं। रघुवीर सहाय का रचना संसार सचमुच विस्मित करता

है। यह अंक रघुवीर सहाय की कविता के पाठकों एवं शोधार्थियों के लिए आवश्यक संदर्भ है, इस अंक के प्रकाशन के बाद 'रघुवीर सहाय' शीर्षक से विष्णु नागर एवं असद जैदी के संपादन में एक स्वतंत्र पुस्तक छपी है, जिसमें इस पत्रिका के कुछ महत्त्वपूर्ण लेख संकलित हैं। वीरेश जी को निश्चय ही यह अंक निकालने में परेशानी हुई होगी।

2. अन्य पत्रिकाओं में :

1. **प्यास**(कहानी)-मनोज रूपड़ा, 'हंस'-मई 1993
2. **दिव्या, तुम कहाँ हो ?** (कहानी)-सूरज प्रकाश, इंद्रप्रस्थ भारती, जुलाई-दिसंबर 1992
3. **जंगल होना चाहेंगे बच्चे** (कविता)-अनिल विभाकर, इंद्रप्रस्थ भारती, जुलाई-दिसंबर 92
4. **शमशेर : वह आखिरी मुलाकात**(लेख)-नामवर सिंह, जनसत्ता, 23 मई 1993
5. **होने न होने के बीच शमशेर** (लेख)-अशोक वाजपेयी, न.भा.टा., 16 मई 1993
6. **रचना और आलोचना का संबंध** (लेख)-नंदकिशोर नवल, पुरुष-18
7. **आधुनिक कहानी : नारी-चेतना, मर्द आलोचना** (विवाद)-मृदुला गर्ग, हंस, मई 1993
8. **हिंदी के तीन मौलिक नाटककार** (संपादकीय)-नेमिचंद्र जैन, नटरंग-56, अक्तूबर-दिसम्बर 1992
9. **'वहाँ तक पहुँचने की दौड़'** (समीक्षा)-परमानंद श्रीवास्तव, साखी-2, जनवरी मार्च 93

3. नये प्रकाशन :

1. **कुहरे में युद्ध** (उपन्यास)- शिवप्रसाद सिंह, राजपाल एण्ड संस, कश्मीरी गेट, दिल्ली, मूल्य रु. 150.00
2. **फणीश्वर नाथ रेणु : व्यक्तित्व, काल और कृतियां**-(आलोचना) गोपीकृष्ण प्रसाद, राधाकृष्ण प्रकाशन, 2/38, अंसारी रोड, दरियागंज, नयी दिल्ली-110002, मूल्य रु. 80.00
3. **दृश्य अदृश्य** (रंगमंच)-नेमिचंद्र जैन, वाणी प्रकाशन, 4697/5, 21-ए, दरियागंज, नई दिल्ली-110002, मूल्य रु. 190.00
4. **राहुल चयनिका**-संपादक डॉ. विद्यानिवास मिश्र, नेशनल बुक ट्रस्ट, ए-5, ग्रीन पार्क, नयी दिल्ली-110016, मूल्य रु. 100.00
5. **मंटो दस्तावेज**-(पाँच खण्ड)संपादक-बलराजमेनरा,शरददत्त,राजकमल प्रकाशन, 1-बी, नेताजी सुभाष मार्ग, दिल्ली-2, मूल्य रु. 350.00 (पेपर बैक)
6. **निरुपमादत्त मैं बहुत उदास हूँ** (कविता)-कुमार विकल, आधार प्रकाशन, 372, सेक्टर-17, पंचकूला (हरियाणा)-134109 मूल्य रु. 40.00

7. **सच सुने कई दिन हुए** (कविता)-बद्री नारायण, राधाकृष्ण प्रकाशन, नई दिल्ली, मूल्य रु. 50.00
8. **निराला और मुक्तिबोध** (आलोचना)-नंदकिशोर नवल, राधाकृष्ण प्रकाशन, नई दिल्ली-110002, मूल्य रु. 95.00
9. **बाँस की टहनियाँ** (चीनी कविता)-बाइजूई, अनुवाद-प्रियदर्शी ठाकुर 'खयाल' साहित्य अकादेमी, रवींद्र भवन, 35, फिरोजशाह रोड, नयी दिल्ली-110001, मूल्य रु. 90.00

मासिक 'माया' (इलाहाबाद) के नववर्षांक 1965 में डॉ. नामवर सिंह का कहानी पर लिखा संभवतः अंतिम लेख छपा था-'नयी कहानी : एक और शुरुआत'। इस लेख के अंत में 'एक और शुरुआत' का संकेत करते हुए उन्होंने नयी कहानी के विरोध में उभर रही जिस नई कथा-पीढ़ी का उल्लेख किया था, उसी कथा-पीढ़ी को रेखांकित करने का काम-साठोत्तरी पीढ़ी के ही कहानीकार-समीक्षक विजयमोहन सिंह ने किया। उनके द्वारा संपादित '1960 के बाद की कहानियाँ' का प्रकाशन 1966 में हुआ। इस संकलन में साठोत्तरी पीढ़ी के नयी कहानी के बादवाली पीढ़ी के तमाम महत्त्वपूर्ण कहानीकार तो थे ही। गौर करने वाली बात है इस संकलन की भूमिका। यह कहना अनुचित नहीं होगा कि नामवर जी ने कहानी-समीक्षा को जहाँ छोड़ा था, विजयमोहन सिंह ने ठीक उसी जगह से इसे उठाया-आगे बढ़ाया। इस संकलन की भूमिका 'परिवर्तन की प्रक्रिया' में, जो स्वतंत्र लेख के रूप में विजयमोहन सिंह की समीक्षा पुस्तक 'आज की कहानी' में संकलित है। वे लिखते हैं-"परिवर्तन की इस प्रक्रिया को 'संबंधों' में सबसे अधिक स्पष्ट रूप में देखा जा सकता है-'संवेदना' में परिवर्तन का सबसे पहला और गहरा प्रभाव 'संबंधों' पर होता है। इसलिए पिछले वर्षों की कहानियाँ मूलतः 'संबंधों' की कहानियाँ हैं।" यही नहीं, उन्होंने इस ओर भी संकेत किया कि "पुराना कहानीकार समस्याओं को सुलझाता था, क्योंकि वह समस्याओं के बाहर होता था। लेकिन आज का कहानीकार समस्या के 'भीतर' है, इसलिए उसे सुलझाता नहीं, 'सफर' करता है।" कहने की जरूरत नहीं पिछली पीढ़ी के कहानीकारों से पार्थक्य की यह रेखा कहानी के बाहर नहीं, भीतर खींची गयी है। विजयमोहन सिंह ने साठोत्तरी पीढ़ी के भीतर से उठ रही 'अ-कहानी' आंदोलन का भी बलपूर्वक निषेध किया और न केवल पूर्ववर्ती पीढ़ी की कहानियों का पुनर्मूल्यांकन किया, बल्कि उन कहानीकारों की कहानियों पर भी विचार किया जिन्हें मात्र स्पर्श करके नामवरजी आगे बढ़ गये थे। क्रम से भी देखें तो उन्होंने गुलेरी, प्रेमचंद, मुक्तिबोध, राकेश, राजेन्द्र यादव, कमलेश्वर, धर्मवीर भारती, रामकुमार, निर्मल वर्मा, मन्नू भंडारी, अमरकांत, शेखर जोशी की उपलब्धियों को तो रेखांकित किया ही, आगे बढ़कर अपनी पीढ़ी के कहानीकार रवीन्द्र कालिया, दूधनाथ सिंह, ज्ञानरंजन, काशीनाथ सिंह, विजय चौहान, प्रबोध कुमार, रामनारायण शुक्ल, महेन्द्र भल्ला, प्रयाग शुक्ल की कहानियों का भी मूल्यांकन किया। यह छोटा काम नहीं था। अपने समकालीनों पर लिखना चुनौती भरा खतरनाक काम था। कथा-समीक्षा की दुनिया में ऐसी निस्संगता एवं निर्वैयक्तिकता विरल है। उनकी प्रखर तेजस्वी समीक्षा का अप्रतिम उदाहरण है-मुक्तिबोध की कहानियों का उनके द्वारा मूल्यांकन-'सांवली गहराइयों की कहानियाँ'। अपनी अस्थिरता के बावजूद विजयमोहन सिंह ने 1985-86 तक विधिवत् रूप से कथा-समीक्षा का

काम किया है। यदि उन्होंने कहानी-समीक्षा को ठीक ढंग से विकसित किया होता तो आज यह शिकायत सुनने को न मिलती कि हिंदी में कथा-समीक्षक नहीं है।

भले काशीनाथ सिंह ने अपने संस्मरणों में विजय मोहन सिंह पर लिखते हुए चुटकी ली है-"जब नामवरजी कहानी को रांड छोड़कर कविता की ओर चले गये तो विजयमोहन ने उसके पहलू में अपनी सीतल पाटी (चटाई) डाल दी।" (याद हो कि न याद हो, पृष्ठ 137) यह मजाक नहीं, हकीकत है। काशीनाथ जी ने मजाक में ही सच्चाई पर अपनी उँगली रख दी है। अभी कथा-समीक्षा पर उनकी दूसरी पुस्तक आई है। 'कथा-समय' कोई चाहे तो समकालीन कहानी का सौंदर्यशास्त्र-नामवर जी की पुस्तक एवं उनकी दोनों पुस्तकों के आधार पर तैयार कर सकता है।

1. लघु पत्रिकाएं :

1. नटरंग-56, (अक्तूबर-दिसंबर 1992) :

सं. नेमिचंद्र जैन, संपर्क : आई-47, जंगपुरा एक्सटेंशन, नयी दिल्ली-110014, मूल्य : एक प्रति रु. 15.00

भारतीय रंगमंच की एकमात्र त्रैमासिक पत्रिका 'नटरंग' के प्रकाशन की अनियमितता का कारण मात्र आर्थिक नहीं, रचनात्मकता का संकट भी है। रंगकर्म पर सही ढंग से लिखनेवाले समीक्षकों का हिंदी में आज नितांत अभाव है। पत्रिका का प्रस्तुत अंक इसका उदाहरण है। इस अंक में नाट्यकर्म से संबंधित एक-डेढ़ गंभीर लेख हैं। स्व. विपिन कुमार अग्रवाल के दो अधूरे नाटक और भुवनेश्वर पर संक्षिप्त रपट/टिप्पणी है। बाकी अंक पुस्तक समीक्षाओं से भरा पड़ा है। लेकिन कई महत्त्वपूर्ण समीक्षाएँ इस अंक में हैं, खासकर कामू के नाटकों पर ललित मोहन थपल्याल, प्रसाद के नाट्यकर्म (सत्येन्द्र कुमार तनेजा) पर अविनाश चंद्र तथा मोहन राकेश (प्रतिभा अग्रवाल) तथा, 'आधे-अधूरे : संवेदना और शिल्प' (सिद्धनाथं कुमार) पर जयदेव तनेजा 'भारतीय नाट्य परंपरा और नाट्यशास्त्र' (राधा बल्लभ त्रिपाठी) पर दशरथ ओझा तथा मास्टर फिदाहुसैन : पारसी थियेटर में पचास वर्ष (प्रतिभा अग्रवाल) पर पवन कुमार मिश्र की समीक्षाएँ भी उल्लेखनीय हैं। फिर भी यह अंक मुझे कमजोर लगा है। इस बीच मुझे सूचना मिली है कि 'नटरंग' का आर्थिक आधार मजबूत हुआ है। उम्मीद है, भविष्य में 'नटरंग' न केवल नियमित प्रकाशित होगी, बल्कि रचनाकारों को उचित पारिश्रमिक देकर अच्छी रचनाएं भी सुलभ करेगी।

2. भोर (जनवरी 1993) :

सं. अरुण आदित्य : प्रदीप कुमार मिश्र, संपर्क : चंदेल भवन, 114/2, भवानीपुर कालोनी, पो. सुदामानगर, इंदौर-452001 (म.प्र.)

सृजन संवाद पर केन्द्रित इस पत्रिका के प्रवेशांक में नयी-पुरानी प्रकाशित-अप्रकाशित, दोनों तरह की रचनाएँ शामिल हैं। यही नहीं, साहित्य के घिसे-पिटे मुद्दे 'साहित्यकार की पक्षधरता' को बहस के लिए उठाया गया है। संदीप श्रोत्रिय की कविताएँ अच्छी हैं। परामर्श-मंडल के सदस्यों की उदारता (अपने नाम को शामिल करने की) की तारीफ की

ही जानी चाहिए। लेकिन पत्रिका के इन जड़ाऊ नामों ने, कहीं भी अपना उत्तरदायित्व नहीं निभाया है। पत्रिका में संकलित रचनाओं की स्तरहीनता इस दुखद तथ्य को प्रखरता से उजागर करती है।

3. उन्नयन-13, (जनवरी 1993) :

सं. श्री प्रकाश मिश्र, संपर्क : पो. बाक्स नं. 31, शाही बाग, अहमदाबाद (गुजरात) मूल्य : प्रति अंक रु. 15.00

लघु-पत्रिकाओं के लिए शायद सबसे आसान होता है, कविता-केंद्रित अंक निकालना। कवियों के लिए जिस तरह कविता लिखना आसान है, संपादकों के लिए उसे छापना और भी आसान लगता है। कुछ अर्से पहले 'उन्नयन' ने कविता-विशेषांक निकाला था-'चंद्रकात देवताले से चंद्रकला त्रिपाठी तक' कविता की कई पीढ़ियों को जोड़ने का यह अनुप्रास चौंकानेवाला ही अधिक था। न ढंग से कवियों का चुनाव किया गया था और न ही कविता से संबंधित लेख सुचिंतित थे। कविता-परंपरा के विकास को वस्तुपरक दृष्टि से मूल्यांकन करने का तो सवाल ही नहीं उठता। बहरहाल, इस अंक में एक साथ विश्वरंजन की नौ कविताएँ प्रकाशित कर संपादक ने एक कवि के रचना-संसार को पाठकों के सामने लाने का महत्त्वपूर्ण काम किया है। विश्वरंजन का नाम लघु-पत्रिकाओं के पाठकों के लिए अपरिचित नहीं है। 'आवेग', 'तनाव' एवं 'आकंठ' आदि पत्रिकाओं में इनकी कविताएँ प्रकाशित होती रही हैं। विश्वरंजन की कविताएँ आत्मकेंद्रित नहीं हैं, उनके सामने बाहर फैली दुनिया भी है। विश्वरंजन की कविता की रचना-प्रक्रिया जटिल है। लेकिन वह भीतर से बाहर की ओर धीरे-धीरे खुलती है। उनकी रचनात्मक बेचैनी कविताओं में ही उभरती है, कभी अपनी जड़ों की ओर लौटते हुए या फिर कभी कैनवास पर रंगों से खेलते हुए। उनकी कविताओं में एक द्वंद्व है और वह द्वंद्व कविता एवं रंगों के बीच है। वे कवि भी हैं और चित्रकार भी। उनकी कविता की अमूर्तता शमशेर की कविता की याद दिलाती है। उदाहरण के लिए उनकी कविता 'सांसों के बीच की चुप्पी और नावों का शहर' देखी जा सकती है। इस अंक की उपलब्धि विश्वरंजन की कविताएँ हैं। 'चैत के बादल' (अष्टभुजा शुक्ल) पर संपादकीय टिप्पणी ठीक है। लेकिन रचनाओं के चयन में संपादक को और विवेकशील होने की जरूरत है।

4. कला-प्रवेशांक (जनवरी 1993) :

सं. कलाधर, संपर्क : नया टोला, लाइन बाजार, पूर्णिया (बिहार)-854301 मूल्य : एक प्रति रु. 15.00

पत्रिका के नाम के अनुरूप संपादक ने 'कलावादी सौंदर्य की अवधारणा और उसके आचार्य' (शिवराम) लेख छापा है लेकिन लेख इतना संक्षिप्त है कि न कलावादी सौंदर्य की धारणा स्पष्ट हो पाती है और न उसके आचार्य के विचार। ऐसा लगता है, अरुण कुमार सातवें दशक की कविता में अभिव्यक्त राजनीतिक चेतना से अनभिज्ञ हैं। इस अंक में शहंशाह आलम, तथा निलय उपाध्याय की कविताएँ तथा समीक्षाएं ठीक हैं। लेकिन रचनाओं के चुनाव में संपादकीय उदारता भी प्रकट है।

5. आयाम-(वर्ष 1993) :

सं. अरविन्द गुप्त, संपर्क : 14, शिवगंज, डिहरी-ऑन-सोन (बिहार)-821307, मूल्य : एक प्रति रु. 8.00

ऐसे समय में जब ज्यादातर लघु-पत्रिकाएँ संपादक की रचनाओं एवं उनकी पुस्तकों पर प्रकाशित समीक्षाओं से लबालब होती हैं, आयाम का यह अंक संपादकीय निस्संगता का स्वस्थ उदाहरण है। इस अंक में नरेन्द्र पुंडरीक की कविताएँ, पलाश विश्वास और अरविन्द कुमार की कहानियाँ अच्छी हैं। समीक्षाएँ धारदार हैं।

6. बहुमत-2 (अगस्त 92 जनवरी 93) :

सं. विनोद मिश्र,संपर्क : 9 बी, रसियन काम्पलेक्स, सेक्टर-7, भिलाई-490006, मूल्य : एक प्रति रु. 5.00

'बहुमत' ने प्रवेशांक से, जिस विश्वास को जगाया था, इस अंक से उसकी पुष्टि होती है। प्रस्तुत अंक की रचनाएँ आज के तमाम सवालों से टकराती हैं, चाहे वह राष्ट्रवाद की धारणा हो या व्यापारिक पूँजीवाद (डॉ. रामविलास शर्मा) या सांप्रदायिकता। इस अंक में मैनेजर पांडेय से बातचीत एवं 'वर्तमान साहित्य' के कविता विशेषांक पर सियाराम शर्मा 'व्यथित' की समीक्षा अच्छी है। यद्यपि वे आलोक धन्वा से आक्रांत हैं। यह अंक मेरे ध्यान में था। लेकिन विनय सौरभ ने फिर इस ओर मेरा ध्यान आकृष्ट किया है। एक लघु-पत्रिका जो कुछ कर सकती है, 'बहुमत' कर रही है।

2. पत्रिकाओं के नये अंक :

1. **साखी -2**, संपादक केदारनाथ सिंह, संपर्क : प्रेमचंद साहित्य संस्थान, एम. आई. जी.-137, राप्ती नगर, प्रथम चरण, गोरखपुर, मूल्य-रु. 12.00
2. **साक्षात्कार** (कथा विशेषांक) जनवरी 1993, संपादक प्रभाकर श्रोत्रिय, संपर्क : सचिव, म.प्र. साहित्य परिषद्, संस्कृति विभाग का भवन, वाणगंगा चौराहा, भोपाल-462003, मूल्य-यह अंक रु. 15.00
3. **समकालीन तीसरी दुनिया** (मासिक)-संपादक आनंदस्वरुप वर्मा, संपर्क : 14, सुविधा बाजार, सरोजिनी नगर, नई दिल्ली-110023, मूल्य-एक प्रति रु. 7.00
4. **अभिव्यक्ति 16 1** (जुलाई-सितंबर 93)-संपादक-शिवराम, संपर्क : 4-पी-46, तलवण्डी, कोटा (राजस्थान) -324005, मूल्य रु. 8.00
5. **गोदारण-प्रवेशांक** (जनवरी-मार्च 93)-संपादक भरतसिंह, संपर्क : 1/131 डी., साकेत कालोनी, अलीगढ़-202001, मूल्य एक प्रति रु. 15.00
6. **प्रकर** (मार्च 1993)-संपादक वि.सा. विद्यालंकार, संपर्क : ए-8/42 राणा प्रताप बाग, दिल्ली-110007, मूल्य एक प्रति रु. 7.00
7. **ओर-**15 (जन-मार्च 93)-संपादक-चंद्रभान भारद्वाज : विजेन्द्र, संपर्कः सी-133, वैशाली नगर, जयपुर-302012, मूल्य-एक अंक रु. 15.00

3. नये प्रकाशन :

1. **मेरे समय के शब्द** (आलोचना)-केदारनाथ सिंह, राधाकृष्ण प्रकाशन, 2/38, अंसारी रोड, दरियागंज, नयी दिल्ली-110002, मूल्य रु. 125.00
2. **कथा समय** (आलोचना)-विजय मोहन सिंह-राधाकृष्ण प्रकाशन नयी दिल्ली-110002, मूल्य रु. 95.00
3. **लौटा है विजेता** (कविता)-अर्चना वर्मा, वाणी प्रकाशन, 4697/5, 21-ए, दरियागंज, नयी दिल्ली-110002, मूल्य रु. 65.00
4. **राहुल सांकत्यायन** (जीवनी)-गुणाकर मुले, नेशनल बुक ट्रस्ट, ए-5, ग्रीन पार्क, नयी दिल्ली-110016, मूल्य-रु. 75.00
5. **कुंतो** (उपन्यास)-भीष्म साहनी, राजकमल प्रकाशन, 1-बी, नेताजी सुभाष मार्ग, नयी दिल्ली-110002, मूल्य रु. 125.00
6. **संकल्प : कथा दशक**-संपादक राजेन्द्र यादव, हिंदी अकादेमी, समुदाय भवन, पद्म नगर, दिल्ली-110007, मूल्य रु. 150.00
7. **संकल्प : कविता दशक**-संपादक केदारनाथ सिंह, हिंदी अकादेमी, दिल्ली, मूल्य-रु. 75.00
8. **संकल्प : समीक्षा दशक**-संपादक निर्मला जैन, हिंदी अकादेमी, मूल्य रु. 75.00
9. **रघुवीर सहाय** (आलोचना)-सं. विष्णु नागर : असद जैदी, आधार प्रकाशन, 372, सेक्टर-17, पंचकूला-134109, मूल्य रु. 100.00

(हंस, अगस्त 1993)

'प्रिय जन मैं बहुत जल्दी में लिख रहा हूँ/क्योंकि मैं बहुत जल्दी में हूँ/लिखने की जिसे आप भी अगर/समझने की उतनी ही बड़ी जल्दी में नहीं हैं/तो जल्दी नहीं समझ पायेंगे/कि मैं क्यों जल्दी में हूँ।'

(कुँवर नारायण के सद्यः प्रकाशित कविता संग्रह 'कोई दूसरा नहीं' में संकलित 'जल्दी में' कविता का आरंभिक अंश)

जुलाई '93 के इस स्तंभ में सुभाष मुखोपाध्याय साक्षात्कार-प्रसंग पर, जो निराला से संबंधित था, मेरी टिप्पणी छपी थी। निराला के बारे में सुभाष दा की चुप्पी (या असानता) से 'हंस' के अनेक-पाठक, लेखक एवं आलोचक स्तब्ध एवं विचलित हुए हैं। इस अप्रिय प्रसंग पर प्राप्त अनेक पत्रों में से चुनकर सिर्फ एक पत्र, नवें दशक के कवि दिनेश कुशवाहा का, मैं नीचे अक्षरशः उद्धृत करना चाहूँगा -

आदरणीय भाई,

'हंस' जुलाई का 'समकालीन सृजन-संदर्भ'। 'साखी' के प्रवेशांक में प्रभा खेतान से श्री सुभाष मुखोपाध्याय की वार्ता जब मैं पढ़ रहा था तो मुझे भी 'मैं निराला को नहीं जानता' वाली बात भीतर तक साल गयी थी। यह सु.मु. का स्पष्टतः 'बड़बोलापन' लगा था मुझे। हैरान इस बात से भी हुआ था कि सेठों के पैसे से पुरस्कार भूषित होते ही हमारे जनवादी रचनाकारों की भी 'ऋतंभरा प्रज्ञा' जागृत होकर उन्हें परमहंसी (विदेह) मुद्रा में ला देती है। यह गर्व की नहीं, शर्म की बात है सुभाष दा। आप नहीं जानते तो आपको जानना चाहिए निराला को। निराला तो नहीं रहे पर आपकी उम्र अभी बहुत बाकी है। हम युवा पीढ़ी के कवि आपसे यही तो नहीं सीखेंगे ? जिन्हें आप "भारतीय कविता से साक्षात्कार करा रहे हैं।" "आप प्रभा खेतान और केदारनाथ सिंह को जानते हैं या नहीं ? क्या कवियों को पढ़ना और जानना भी परस्पर संबंध निर्वाह होता है। अगर हिंदी वाङ्मय आपका आदर करता है तो 'शील' परस्पर सम्मान की घोषणा करता है।"

भारत भाई, आपने यह बात उठाकर हमारे जैसे बहुत सारे साथियों को 'छोटे मुँह बड़ी बात', कहने से बचा लिया।

इस सामाजिक जवाबदेही की जिम्मेदारी के लिए मेरी बधाई।

आपका

दिनेश कुशवाहा

राहुल जन्म शताब्दी वर्ष (1893-1993) में हिंदी-भाषी समाज एवं सरकारी संस्थानों ने राहुलजी को जिस तरह याद किया कम संतोषाजनक नहीं है। राहुलजी को इस बात का श्रेय दिया ही जाना चाहिए कि भारत की तथाकथित शिक्षित अशिक्षित जनता उनको पढ़कर ही मार्क्सवाद, कम्युनिज्म एवं उसके पुरोधाओं के बारे में ज्ञान प्राप्त कर सकी। लेकिन राहुलजी की लंबी जीवन-यात्रा में भी कम उतार-चढ़ाव नहीं थे। अंतर्विरोध भी कम नहीं थे। फिर भी वे हमारी सांस्कृतिक चेतना के प्रतीक थे। राहुलजी के लेखन की विविधता एवं बहुआयामी व्यक्तित्व-जिसका प्रतिफलन उनका विपुल साहित्य है, किसी को भी आश्चर्यचकित करने के लिए काफी है। शताब्दी वर्ष में न केवल राजधानी में (हिंदी अकादमी एवं मानव संसाधन विकास मंत्रालय द्वारा) उन पर गोष्ठियाँ आयोजित की गयीं, बल्कि देश के अलग-अलग हिस्सों में भी उन पर सार्थक गोष्ठियाँ हुईं। बिहार के सुदूर कस्बाई शहर जमालपुर (बिहार) में भी एक गोष्ठी प्र.ले.स. ने आयोजित की थी, जिसमें मुख्य वक्ता थे प्रसिद्ध इतिहासकार डॉ. रामशरण शर्मा। मंच के पीछे बैठे थे इस गोष्ठी के प्रेरणा-स्रोत डॉ. विमल कुमार सिंह। हिंदी की जिन लघु-पत्रिकाओं ने आगे बढ़कर उन पर अपनी पत्रिका का विशेषांक केंद्रित किया या अपनी पत्रिकाओं में उनसे संबंधित रचनाएँ प्रकाशित कीं। उनमें प्रमुख हैं 'नई धारा' (पटना), 'हंस' (दिल्ली), 'कारखाना' (बिहार), अभिव्यक्ति (राजस्थान), उत्तर प्रदेश राहुल अंक, 'समकालीन सृजन' (कलकत्ता), 'वातायन' (राजस्थान), लोकशासन (राजस्थान), विषयवस्तु (दिल्ली), इंद्रप्रस्थ भारती (दिल्ली), धर्मयुग (बम्बई), सा. हिंदुस्तान (दिल्ली)। जिस एक व्यक्ति ने सबसे आगे बढ़कर अपनी सृजनात्मक सक्रियता का परिचय दिया, उसका नाम है गुणाकर मुले। विचित्र बात है, साहित्य के अनुशासन के बाहर के लोगों में साहित्य एवं संस्कृति के प्रति उपेक्षाकृत श्रद्धा एवं अनुराग बचा हुआ है। डी.डी.कौशाम्बी मूलतः गणित के अध्यापक थे, लेकिन उन्होंने 'मिथक और यथार्थ' जैसी पुस्तक लिखी। गुणाकर मुले भी गणित की दुनिया से साहित्य में भटकते हुए आये। लेकिन जिस तरह राहुल जी पर दो पुस्तकें-'स्वयंभू महापंडित' (आलोचनात्मक निंबध-राजकमल प्रकाशन) एवं 'महापंडित राहुल सांकृत्यायन' (जीवन और कृतित्व-नेशनल बुकट्रस्ट, नई दिल्ली) लिखकर उनके विपुल साहित्य के बारे में उन्होंने हमारी जानकारी बढ़ायी है, हिंदी भाषी समाज के लिए क्या पूरे भारत के लिए गौरव की बात है। हिंदी के पुरातन विद्वानों के सिरमौर (?) ने 'राहुल चयनिका' (संपादक डॉ. विद्यानिवास मिश्र) निकालकर गुड़-गोबर कर दिया।

राहुलजी भारतीय अस्मिता ही नहीं, हमारी सांस्कृतिक चेतना के प्रतीक हैं। उनके जैसे उद्भट विद्वान् की अब तक एकमात्र जीवनी (मोनोग्राफ) अंग्रेजी में उपलब्ध थी-'राहुल

सांकृत्यायन' (प्रभाकर माचवे), जिसका प्रकाशन साहित्य अकादेमी से 1978 में हुआ था। राहुलजी ने खुद अपने बारे में इतना लिखा है-मेरी जीवन यात्रा (पाँच खंड)-कि अलग से उनकी जीवनी लिखने की गुंजाइश नहीं लेकिन एक तो उनकी 'जीवन यात्रा' उपलब्ध नहीं हैं, दूसरे 9 अप्रैल 1956 के बाद राहुलजी ने अपनी जीवन-यात्रा नहीं लिखी। ऐसी स्थिति में गुणाकर मुले की पहल हिंदी साहित्य की उपलब्धि है। खुशी की बात है कि राहुलजी की 'जीवन यात्रा' के तमाम खंडों के प्रकाशन की दिशा में राधाकृष्ण प्रकाशन सक्रिय है। उनकी अप्राप्य पुस्तकें भी विभिन्न प्रकाशनों से शीघ्र उपलब्ध होंगी।

इतिहास के मिथकों से टकराते-तोड़ते शायद राहुलजी को भी नहीं मालूम रहा होगा कि वे एकदिन खुद मिथक बन जायेंगे। अनेक मिथकों से घिरे राहुलजी को नये ढंग से आविष्कृत करना नई पीढ़ी का उत्तरदायित्व है। शताब्दी वर्ष के कुछ पहले फरवरी 1988 में पीपुल्स पब्लिशिंग हाउस ने भी राहुलजी पर एक अच्छा 'राहुल स्मत्ति' ग्रंथ निकाला था।

आखिरी बात। प्रगतिशील आंदोलन के दौरान राहुलजी पर कम आक्रमण न हुए थे। "जब राहुलजी की 'वोल्गा से गंगा' (1942) पुस्तक छपी, तो डॉ. भगवतशरण उपाध्याय ने दावा किया कि इस तरह की कुछ कहानियाँ सर्वप्रथम उन्होंने ही लिखी थीं।" यही नहीं प्रसिद्ध मार्क्सवादी आलोचक डॉ. रामविलास शर्मा ने भी अपने आरंभिक 'विध्वंसात्मक आलोचना' के दौर में राहुलजी पर कम हाथ नहीं आजमाये। एक अप्रिय प्रसंग था-डॉ. रामविलास शर्मा के झूठे आरोप, जिनसे राहुलजी को गहरी मानसिक पीड़ा पहुँची थी। रामविलासजी ने, उस समय के उनके सामाजिक-राजनीतिक नजरिये के अनुरूप, दिल्ली के साप्ताहिक 'नवयुग' में कुछ लेख लिखकर यह सिद्ध करने की कोशिश की थी कि राहुलजी मार्क्सवादी नहीं, केवलबौद्ध है। राहुलजी की टिप्पणी है- "उसमें कुछ सत्य का अंश भी था, लेकिन झूठ का अंश ज्यादा। रामविलास जी उन आदमियों में हैं, जो किसी बात पर तुल जायें, तो वह किसी हथियार को भी इस्तेमाल करने से बाज नहीं आते." (महापंडित राहुल सांकृत्यायन, पृ. 130)

डॉ. रामविलास शर्मा का दूसरा आरोप ज्यादा जघन्य था। जुलाई 1954 में एक पत्रिका में प्रकाशित अपने लेख में डॉ. रामविलास शर्मा ने लिखा कि, "सरकार राहुलजी और डॉ. रघुवीर को लाखों रुपये देकर परिभाषाएँ बनवा रही है"।

राहुलजी को यह पढ़कर बेहद दुःख होना स्वाभाविक था। ये उनकी आर्थिक तंगी के दिन थे और बड़ी ही मितव्ययिता से अपनी गृहस्थी चला रहे थे। जिस पर एक 'मार्क्सवादी' लेखक-बंधु का यह झूठा आरोप। राहुलजी की प्रतिक्रिया है- "इस सफेद झूठ का भी कोई अंत है ! ऐसा आदमी कैसे क्रांति का भक्त हो सकता है ? मुझे एक प्रतिभाशाली आदमी के इस पतन पर बहुत अफसोस हुआ ...डॉ. रघुवीर और हमारी परिभाषा-निर्माण -संबंधी नीति में जमीन-आसमान का अंतर है। उनके साथ मेरे नाम को जोड़ना यही बतलाता है कि शर्माजी बहुत निचले तल पर उतर आये हैं।"

1. लघुपत्रिकाएं :

1. संवेद-3 (जून 1993) :

सं. किशन कालजयी; संपर्क : बड़ी केशोपुर, जमालपुर, मुंगेर-811214, मूल्य-रु. 10.00

बहुत पहले किसी लघु-पत्रिका के संपादक ने मुझे एक पत्र में लिखा था : "आपका स्तंभ 'औरों के बहाने' 'हंस' के संतुलन को बनाये रखता है।" निश्चय ही इस टिप्पणी को पढ़कर मुझे प्रसन्नता हुई थी। लेकिन इस टिप्पणी ने कहीं मुझे संशय में भी डाल दिया था-क्या 'हंस' संपादक राजेन्द्र यादव लघु-पत्रिका-द्रोही या विद्रोही हैं ? बहुत सोचने के बाद भी इस बात की पुष्टि मेरे में नहीं हुई। बहरहाल राजेन्द्रजी ने 'हंस' के अगस्त अंक में लघु-पत्रिका के स्वरूप, चरित्र एवं भूमिका के बारे में एक महत्त्वपूर्ण टिप्पणी की है : "वस्तुतः लघु-पत्रिका बड़े पत्रों की व्यावसायिकता और वर्चस्व के खिलाफ एक विद्रोह और प्रतिरोध का स्वर है, जो कुछ बड़े पत्र अपने व्यावसायिक हितों, स्वार्थों, दबावों राजनीतियों और कुंठाओं के कारण नहीं छाप पाते वह लघु-पत्रिका करती है। लोकतांत्रिक अभिव्यक्ति की स्वतंत्रता ही इनका बल होती है-वे बड़े पत्रों की 'हैजेमनी (एकछत्र आधिपत्य) के समानांतर स्वतंत्र और निर्भीक आवाज है। सामाजिक आंदोलनों और लेखकीय विजन के साथ जुड़कर ही उनकी धार तेज होती है। इस दृष्टि से लघु-पत्रिकाओं की बड़ी भूमिकाएँ हमारे सामने हैं। राजनीतिक दमन के दौरान विरोध और प्रतिरोध का स्वर इन्हीं लघु-पत्रिकाओं ने खुले या भूमिगत रहकर उठाये रखा है।" कहने की जरूरत नहीं, राजेन्द्रजी की इस टिप्पणी में लघुपत्रिका के 'व्यक्तित्व' का सर्वस्व आ गया है। जो लोग यह समझते हैं, 'हंस' संपादक ज्ञानरंजन (पहल संपादक) के विरोधी हैं, उन्हें गंभीरता से 'पहल' एवं ज्ञानरंजन पर उनकी हार्दिक टिप्पणी को पढ़ना चाहिए, "ज्ञानरंजन की तरह हर अंक की तैयारी-परिश्रम किया जाये तो दर्जन-भर पत्रिकाएँ आज भी खड़ी की जा सकती हैं जिन्हें एक-दूसरे का स्थानापन्न कर सकना मुश्किल हो। यह विशिष्टता उन्हें अनिवार्य भी बनायेगी और महत्त्वपूर्ण भी।"

अब जब लघु-पत्रिकाओं की राष्ट्रीय समन्वय समिति का पहला अखिल भारतीय सम्मेलन 18-19 सितंबर 1993 को कुरुक्षेत्र में आयोजित-प्रस्तावित है, मैं समिति के अध्यक्ष ज्ञानरंजन से दो बातें जानना चाहूँगा। कलकत्ता की गोष्ठी के बाद एक बुलेटिन निकला। क्या लघु-पत्रिकाओं के अनावश्यक प्रजनन को आप रोक सके या विभिन्न शहरों से निकलनेवाली लघु-पत्रिकाओं के अंकों को संयोजित किया जा सका ! मिडियाकर लघु-पत्रिका-संपादकों से जुड़कर क्या आपका आंदोलन दिग्भ्रमित नहीं हो रहा ? मेरे पास करीब सौ लघु-पत्रिकाएँ आती हैं- संपादकों की दृष्टिहीनता को उजागर करती। क्या ऐसे लोगों को आप दो टूक शब्दों में पत्रिका निकालने से रोक नहीं सकते ?

यह खुशी की बात है कि 'संवेद' का प्रस्तुत अंक मुख्यतः लघु-पत्रिकाओं के विभिन्न पक्षों पर ही केंद्रित है। इस अंक में लघु-पत्रिकाएँ : विचारधारा और सामाजिक सरोकार (विजेन्द्रनारायाण सिंह), लघु-पत्रिकाओं की भूमिका (कर्मेन्दु शिशिर), लघुपत्रिका आंदोलन के नए आयाम (शंभुनाथ), नवजागरण और लघु-पत्रिका (बहादुर मिश्र), लघुपत्रिका की समस्याएँ एवं चुनौतियाँ (प्रभाष प्रसाद वर्मा), लघु-पत्रिका और पाठक वर्ग (अरविंद कुमार) तथा संपादक और पाठक (बटरोही) पर विचारोत्तेजक टिप्पणियाँ हैं।

इस अंक में ध्रुवनारायण गुप्त एवं रामलखन यादव की अच्छी कविताएँ हैं। स्थानाभाव

के कारण इस अंक पर मनमुताबिक टिप्पणी न करने की मेरी लाचारी है। लेकिन पत्रिका के स्पष्ट संपादकीय विवेक एवं दृष्टि ने मुझे प्रभावित किया है।

2. पत्रिकाओं के नए अंक :

1. **पल प्रतिपल**-23/24 (जनवरी-जून 1993)-संपादक देश निर्मोही, संपर्क-372/सेक्टर-17, पंचकूला (हरियाणा), मूल्य रु. 15.00
2. **अवांतर** -2/3 (जनवरी-जून 1993) संपादक कृत्यांश, संपर्क : अविनाश होमियो डिस्पेंसरी, ढोरी (बेरमो)-825102 (बिहार), मूल्य रु. 8.00
3. **आधारशिला**-11-संपादक नवीन नृपेन्द्र भट्ट, संपर्क : बड़ी मुखानी, हल्द्वानी, नैनीताल 263139, मूल्य रु. 8.00

(हंस, सितंबर 1993)

साहित्य में अश्लीलता का सवाल उतना ही पुराना है, जितनी हमारी सभ्यता। अश्लीलता का बोध संभवतः सभ्य होते ही हममें हुआ होगा। बाद में यह सवाल हमारे नैतिक एवं सामाजिक बोध से जुड़ा। अश्लीलता के सवाल पर पश्चिम में और हमारे देश में भी कम विचार-विमर्श नहीं हुए हैं। लेकिन जब इस साहित्यिक सवाल को अदालत के कठघरे में घसीटा जाता है तो हैरानी होती है। साहित्य में अश्लीलता का निर्णय कैसे हो। इससे ही जुड़ा दूसरा सवाल है इसका निर्णय कौन करेगा? जिन रचनाओं को अदालत ने अश्लील करार दिया, कालांतर में वही रचनाएँ श्रेष्ठ साहित्य में परिगणित हुईं। उर्दू के प्रसिद्ध कथाकार मंटो इसके ज्वलंत उदाहरण हैं।

"कानून की दृष्टि में प्रायः वह अश्लील साहित्य अथवा कला प्रतिबंध योग्य मानी जाती है जो पाठक, श्रोता, अथवा दर्शक में कुत्सित यौन प्रवृत्तियों को जन्म देने की संभावना रखे। 1955 में मिशिगन के एक सहायक प्रासिक्यूटर ने कहा था कि मेरी दृष्टि में प्रत्येक वह पुस्तक अश्लील और अवैध घोषित करने योग्य है, जिनका मैं अपनी 13 वर्षीया पुत्री द्वारा पढ़ा जाना पसंद नहीं करता।"

प्रश्न उठता है कि क्या साहित्य और कला के प्रतिमान केवल बच्चों के स्तर पर निर्धारित होने चाहिए ! इस दृष्टि से कालिदास, श्री हर्ष, विद्यापति, जायसी, होमर, शेक्सपियर, हाफिज, सभी से हमें हाथ धोना पड़ेगा। वस्तुतः जैसा कि डी. एच. लारेंस ने लिखा है, "संसार की आधी कविताएँ, चित्र और कहानियाँ अपने यौन अपील के कारण ही महान् बन सकी है। यदि यौन भावना को जगाने मात्र के कारण साहित्य-विशेष पर प्रतिबंध लगाया जाता है तो चूँकि पुरुष के लिए स्त्री और स्त्री के लिए पुरुष यौन-भावना जाग्रत करनेवाले होते हैं, सभी युवकों और युवतियों पर प्रतिबंध लगना चाहिए ।"

यदि किसी रचना पर अश्लीलता का आरोप रचना के समग्र प्रभाव को ओझल करके लगाया जाता है, तो संभावना लेखक के साथ अन्याय की ही अधिक होगी। अश्लीलता का निर्णय रचना के एकांश पर केंद्रित नहीं होकर दरअसल बहुलांश यानी समग्रता में होना चाहिए। जिस आसानी से किसी रचना पर अश्लीलता का आरोप लगा दिया जाता है, उतनी आसानी से इस आरोप पर फैसला नहीं दिया जा सकता।

पिछले दिनों 'परिवेश' संपादक मूलचंद गौतम एवं कुमार संभव ने महेश राही के दूसरे संग्रह 'आखिरी जवाब' पर रामपुर (मुरादाबाद) में आयोजित लोकार्पण समारोह में शामिल होने का आमंत्रण दिया तो मैंने खुशी-खुशी स्वीकार कर लिया। मेरे उत्साह के पीछे मुक्तिबोध की कविता अँधेरे में थी। महेश राही इसी संग्रह की शीर्ष कहानी 'आखिरी जवाब' के परिवेश-9 (1978) में प्रकाशित होने के कारण मुसीबत में पड़े थे। इस कहानी पर अश्लीलता

का आरोप लगाकर अदालत में संपादक काशीनाथ सिंह, कुमार संभव एवं कहानीकार पर मुकदमा चला था। काशीनाथ सिंह तो किसी तरह बच गये। लेकिन कुमार संभव एवं महेश राही गिरफ्तार हुए। कहानीकार को अपनी नौकरी से भी निलंबित होना पड़ा। अंततः प्रसिद्ध साहित्यकार श्रीलाल शुक्ल के, जो उन दिनों उत्तर प्रदेश सरकार के गृह विभाग में संयुक्त सचिव थे, हस्तक्षेप के कारण मुकदमा खारिज हुआ।

'आखिरी जवाब' कहानी पढ़ने पर मुझे लगा-इसमें अश्लीलता तो कहीं है ही नहीं। अलबत्ता नारी-चेतना की प्रखर कहानी है यह। लगता है, स्थानीय राजनीति के कारण कहानीकार को यह यंत्रणा झेलनी पड़ी। दिल्ली के अनेक साहित्यकारों के साथ मैं इस समारोह में शरीक हुआ, समारोह की शानदार सफलता से निश्चय ही वे लोग उदास एवं निराश हुए होंगे जिन्होंने महेश राही को अपना निशाना बनाया था। समारोह से लौटते मैं सोचता रहा साहित्य में 'मठ' और 'गढ़' तोड़ने की घोषणा तो खूब हो रही है और 'अभिव्यक्ति का खतरा' भी मन-ही-मन लोग उठा रहे हैं। लेकिन रामपुर के 'किले' के भीतर होकर भी महेश राही उन दिनों कितना असुरक्षित महसूस कर रहे होंगे, कहना मुश्किल है।

1. लघु पत्रिकाएं :

1. पल प्रतिपल-23/24 (जनवरी-जून 1993) :

सं. देश निर्मोही, संपर्क-372/ सेक्टर-17, पंचकूला (हरियाणा), यह अंक रु. 15.00

'पल प्रतिपल' को 'पहल' के बाद दूसरी अच्छी पत्रिका घोषित करने के लिए मुझे किसी गवाह की जरूरत महसूस नहीं होती। संपादक देश निर्मोही ने पत्रिका के इस अंक में जिस तरह सामग्री का संयोजन किया है, वह संपादकीय जिम्मेदारी का प्रमाण है। निश्चय ही रचनाओं के चुनाव एवं अंक संयोजन करने के पीछे साफ दृष्टि ही नहीं, एक सोच भी है। वे शमशेर की स्मृतियों से भी टकराते हैं और सांप्रदायिकता से भी। उनकी नजर से समकालीन रचनात्मकता भी ओझल नहीं है। शमशेर पर (मंगलेश डबराल एवं प्रयाग शुक्ल), सांप्रदायिकता पर भगवानसिंह का विचारोत्तेजक लेख एवं गिरिधर राठी की बातचीत रेखांकित करने योग्य है। कुमारेन्द्र का स्मरण भी प्रासंगिक है। सियाराम शर्मा 'व्यथित' का लेख 'नामवर सिंह और हिंदी आलोचना' बेशक कोई नया मुद्दा नहीं उठाता, लेकिन नई पीढ़ी की सोच का पता तो चलता ही है। ओमप्रकाश ग्रेवाल का समकालीन कहानी पर लेख पढ़ा जा सकता है। इस अंक में 'रास्ते बंद हैं' (मुहम्मद मंशा याद), एवं 'आलम-ए-नापायेदार' (रमेश उपाध्याय) अच्छी कहानियाँ हैं। पिछले अंकों की तुलना में प्रस्तुत अंक नई वैचारिक एवं रचनात्मक ऊर्जा से भरपूर है।

2. परिवेश (14-15) अप्रैल-सितम्बर 1993 :

सं. कुमार संभव, मूलचंद गौतम, अतिथि संपादक सत्येन्द्र कुमार रघुवंशी, संपर्क : शक्तिनगर, चंदौसी, मुरादाबाद-202412, मूल्य यह अंक रु. 30.00

बहुत पहले मुझे सत्येन्द्र कुमार रघुवंशी का एक पत्र मिला था, लेकिन तब मुझे अनुमान नहीं था कि वे एक महत्त्वपूर्ण दस्तावेज तैयार करने में लगे हैं। 'परिवेश' का यह नया अंक 6 दिसम्बर 1992 पर केंद्रित है। देखकर प्रसन्नता हुई कि इसे रघुवंशीजी ने संपादित किया है। मेरी दृष्टि में यह अंक 6 दिसम्बर के अयोध्या कांड की त्रासद घटना पर अब तक का सबसे अच्छा दस्तावेज है। बहुत सूझ-बूझ के साथ इस अंक के लिए धार्मिक एवं साम्प्रदायिक उन्माद के खिलाफ रचनाएँ संकलित की गयी हैं। आवरण पृष्ठ पर कैफी आजमी की प्रसिद्ध नज्म तो है ही, भीतर के पृष्ठों में-परंपरा, संकट, सृजन एवं संघर्ष उपशीर्षकों के अंतर्गत बहुमूल्य रचनाएँ संगृहीत हैं। परंपरा में कबीर से लेकर राममनोहर लोहिया तक के लेख हैं। संकट-अटल बिहारी वाजपेयी से होता हुआ-राजेन्द्र यादव (क्योंकि बहुसंख्यक हम हैं, आप नहीं) का स्पर्श करते-डी. प्रेमपति तक पहुँचता है। इस अंक में संकलित कवियों में उल्लेखनीय हैं-नागार्जुन, कुँवर नारायण, अशोक वाजपेयी, विनोद कुमार शुक्ल, राजेश जोशी, मंगलेश, ज्ञानेन्द्रपति, विष्णु नागर, उदयप्रकाश, स्वप्निल श्रीवास्तव, मदन कश्यप, विनोद दास, सुल्तान अहमद, शैवाल, नवल शुक्ल, नरेन्द्र पुंडरीक, शहंशाह आलम, बलराम, गुमाश्ता कात्यायनी, कृष्णमोहन झा, दिनेश कुशवाहा।

इस अंक में वैचारिक टकराहट भी है और सांप्रदायिकता को विभिन्न कोणों से देखने की दृष्टि भी। निश्चय ही इस अंक के अद्‌भुत संयोजन के लिए रघुवंशी जी सहित संपादक हमारे धन्यवाद के पात्र हैं।

3. आजकल (सितम्बर 1993) :

सं. प्रतापसिंह बिष्ट, संपर्क : प्रकाशन विभाग, पटियाला हाउस, नई दिल्ली-110001, यह अंक रु. 5.00

सरकारी संस्थानों से प्रकाशित पत्रिकाओं के बारे में प्रायः हिंदी पाठकों का ख्याल बहुत अच्छा नहीं है। इसलिए अब तक हिंदी के पाठकों ने 'आजकल'-विपाशा, शीराजा, मधुमती आदि को गंभीरता से नहीं लिया। अपवाद जरूर हैं-साक्षात्कार, इंद्रप्रस्थ भारती, समकालीन भारतीय साहित्य।

पंकज बिष्ट ने अगस्त '93 से 'आजकल' का संपादकीय उत्तरदायित्व सँभाला है। लेकिन जिस तरह उन्होंने इस मृतप्राय पत्रिका को पुनर्जीवित किया है, अपने आपमें एक सुखद उदाहरण है। उनकी श्रमशीलता, कल्पना, संयोजन एवं भाग-दौड़ का प्रमाण है-पत्रिका का नया अंक 'स्मृति शमशेर'। बहुत पहले 'पूर्वग्रह' ने शमशेर पर एक अंक निकाला था, लेकिन शमशेर को लेकर दिक्कत यह है कि हिंदी के बड़े-से-बड़े आलोचक भी अब तक उनको लेकर खुलकर नहीं लिखते रहे हैं। संभवतः सबसे पहले मुक्तिबोध ने ही हार्दिकता के साथ उन पर लिखा था। फिर विजयदेवनारायण साही ने, बहुत देर से नामवर सिंह ने। रामविलास शर्मा का उन पर लिखा लेख हार्दिकता से शून्य है। शमशेर के गद्य की जरूर उन्होंने मुक्तभाव से प्रशंसा की है।

'आजकल' का यह अंक अपने आप में अपूर्व संयोजन है। 'शमशेर का काव्यलोक' (विश्वनाथ त्रिपाठी) उनके काव्य-संसार में प्रवेश करने में मदद कर सकता था, लेकिन

उनकी अपनी सीमा है। क्या मजदूर, किसान पर कविता लिखने मात्र से कोई अच्छा कवि हो जाता है? त्रिपाठीजी ने निराला की कविता-पंक्ति को भी गलत उद्धृत किया है। शमशेर की गद्य रचनाओं पर आनंद प्रकाश का लेख ठीक है। पहली बार इस अंक से चित्रकार शमशेर का रंग-रूप उभरा है। गोविन्द प्रसाद की बातचीत भी ध्यान आकृष्ट करती है। 'परंपरा' के अंतर्गत 'कवियों के कवि' पर कुछ युवतर कवियों के विचार उल्लेखनीय हैं। लेकिन अच्छा होता कुछ आलोचकों के विचार भी संकलित होते। कवियों की आलोचना में वस्तुपरकता कम, भावुकता ज्यादा होती है। शमशेर के अनुज तेजबहादुर चौधरी का लिखा संस्मरण विशेष उल्लेखनीय हैं। लेकिन शमशेर को जानने की कुंजी पाठकों को मिल सकती है तो 'मलयज की डायरी' के पन्ने से। जिस तरह भागदौड़ कर शमशेर पर इतनी महत्त्वपूर्ण सामग्री पंकज बिष्ट ने इकट्ठी की है, खासकर शमशेर के रेखांकन एवं उनके अंतिम दिनों की तस्वीर, इसके लिए हिंदी साहित्य पंकज बिष्ट का ऋणी होगा।

2. पत्रिकाओं के नए अंक :

1. **विषयवस्तु-51 (मार्च 93) :** संपादक धर्मेन्द्र गुप्त, संपर्क : 274, राजधानी एन्क्लेव, रोड न. 44, शकूरबस्ती, दिल्ली-110034, मूल्य रु. 15.00
2. **सहचर-2**-संपादक कृष्णचंद्र लाल, संपर्क : डी-55, सूरजकुण्ड कॉलोनी, गोरखपुर-273001, मूल्य रु. 10.00
3. **कथ्य-रूप-11 (मार्च 1993)**-संपादक अनिल श्रीवास्तव, संपर्क : डी-224, तुलाराम बाग, इलाहाबाद-211006, मूल्य रु. 10.00
4. **काव्या-10** संपादक-हस्तीमल हस्ती, संपर्क : 28,. कालिका निवास, नेहरू रोड, सांताक्रुज (पूर्व) बम्बई-400055, मूल्य रु. 5.00

3. नये प्रकाशन

1. **दिलो दानिश** (उपन्यास)-कृष्णा सोबती, राजकमल प्रकाशन, 1-बी, नेताजी सुभाष मार्ग, नई दिल्ली-110002, मूल्य रु. 100.00
2. **माई** (उपन्यास)-गीतांजलिश्री-प्रकाशक-वही, मूल्य रु. 60.00
3. **कोठे पर कागा** (कहानी संग्रह)-चंद्रकांता किताबघर, 24 अंसारी रोड, दरियागंज, नई दिल्ली-110002, मूल्य रु. 60.00
4. **एक थे प्रो. बी. लाल** (कहानी)-मिथिलेश्वर, प्रकाशक-वही, मूल्य रु.60.00
5. **और वे चुप हो गये** (कहानी संग्रह) -अनिरुद्ध सिन्हा संजय प्रकाशन, रामपुर डुमरा, पटना-803305, मूल्य रु. 30.00
6. **कोई दूसरा नहीं** (कविता)-कुँवर नारायण, राजकमल प्रकाशन, नई दिल्ली, मूल्य रु. 75.00
7. **ग़र दादी की कोई खबर आये** (कविता) -शहंशाह आलम, संजय प्रकाशन, पटना मूल्य रु. 30.00

8. **स्वयंभू महापंडित** (आलोचना) -गुणाकर मुले राजकमल प्रकाशन, नई दिल्ली-110002, मूल्य रु. 150.00

9. **रामचंद्र शुक्ल के समीक्षा सिद्धांत और गीता रहस्य**-समीक्षा ठाकुर, राजकमल प्रकाशन, नई दिल्ली-110002, मूल्य रु. 45.00

(हंस, अक्तूरब, 1993)

• • •